温　故　而　知　新

鸕鶿文庫

公众舆论与北洋外交

应俊豪　著

浙江古籍出版社

图书在版编目(CIP)数据

公众舆论与北洋外交 / 应俊豪著. —杭州 ：浙江古籍出版社，2020.5
（文化中国研究丛书）
ISBN 978-7-5540-1680-0

Ⅰ.①公… Ⅱ.①应… Ⅲ.①北洋军阀政府－中外关系－国际关系史 Ⅳ.①D829

中国版本图书馆 CIP 数据核字(2020)第 002132 号

公众舆论与北洋外交

应俊豪　著

出版发行　浙江古籍出版社
（杭州市体育场路 347 号　邮编:310006)
网　　址　www.zjguji.com
责任编辑　刘　蔚
文字编辑　郭大帅
封面设计　周伟伟
责任校对　吴颖胤
责任印务　楼浩凯
照　　排　浙江时代出版服务有限公司
印　　刷　浙江全能工艺美术印刷有限公司
开　　本　880mm×1230mm　1/32
印　　张　8.875
字　　数　215 千
版　　次　2020 年 5 月第 1 版
印　　次　2020 年 5 月第 1 次印刷
书　　号　ISBN 978-7-5540-1680-0
定　　价　55.00 元

目　录

绪　论

一、问题意识与研究动机

巴黎和会中有关山东问题的讨论，是北洋政府对外交涉中，相当引人注意，又值得争议的事件。除了在国际政治上造成震撼外，也刺激中国青年知识分子，引发影响后世深远的“五四运动”。本书想以此（巴黎和会、山东问题）为切入点，探究北洋政府在处理此一事件时与当时公众舆论的互动关系，进而呈现出有异于以往面貌的北洋外交。

在以往史家论述中，北京政府在外交上的表现，常常是欠缺好评。[①] 然而实际情况却是如何？在研究一个政府外交表现优劣与否之时，不能仅单纯分析其外交政策与外交交涉的本身，而必须将其

---

① 如王正廷认为“中国承清廷积弱之余，继以袁政府私心自用，凡外交巨案，例为一二人秘密处置，深恐为国民所知，致起反对，民意则绝无由反对”，刘彦认为“五四”之前的中国外交，是一部“外交失败史、一部国权丧失史”。见傅启学编著《中国外交史》上册，台湾商务印书馆，1994，页342—343；刘彦原著，李方晨增补《中国外交史》，三民书局重印，1919，页591。

置于整个时代的场景（context）中，如此的分析才有意义。

事实上，任何一个政府在制订外交政策时最主要的考虑，总离不开国际现实与国内舆论。国际现实可以称为时代的大场景或外在场景，牵涉到整个纵横复杂的国际政治；国内舆论则是时代的小场景或内在场景，是国内实际情况的反映。前者（国际现实）是客观的外在条件，大多不是一国政府所能掌握的；而后者（国内舆论）虽然作为国内政局、公众舆情的客观反映，但是却掺杂了部分主观因素在内，因为制订外交政策的政府本身便是该国政情、舆情的一部分。政府有时是可以透过有意的煽动与安排来改变政情，鼓动公众舆论的支持，进而抗衡外在强大的国际现实。相反地，国内舆情有时也会掺入国内派系与国外势力，在舆论形式的包装下，形成对政府外交政策的监督力量；当该力量强大到某一种程度时，可以使政府改弦易辙，造成外交政策大转弯的情况。简言之，一国外交政策的形成与国际现实、国内舆论和政府本身三者间，存有相当密切的互动关系，绝非单一力量即可决定的。

公众舆论与外交政策间有着什么样的关系？公众舆论又有什么样的力量？一个国家在某一时期外交政策的定向，除了得考虑国内外客观的现实环境外，还受到国内公众舆论的影响。公众舆论对政府而言，扮演着两面刃的角色，既能拥护政府的决策，作为政府外交施政的民意后盾，但同时也可对政府大加挞伐，成为揭露政府外交劣政、迫其倒台的利器。换言之，公众舆论不但是国内政情、舆情的客观的反映，更可成为一种主观的工具，除了可以用来煽动民心以为政府外交决策后盾外，也可以用来攻击政府，迫其改变决策。关于舆论的力量，西方哲人伏尔泰就曾说过：

人们把舆论叫作世界之王，舆论就是世界之王。因为当理性来反对舆论时，理性就注定完蛋。[①]

舆论是一种相当抽象的东西，要观察舆论的力量，必须从能够体现舆论力量的媒介物着手。以中国的情况来说，当时（1910年代末期、1920年代初期）公众舆论最主要的传输媒介，无非是报纸。中国近代“言论运动界的骄子”[②] 梁启超说过“舆论无形，而发挥之代表之者，莫若报馆”；至于报纸言论的力量，梁氏亦曾引用拿破仑的话说“有以反对报馆，则其势力之可畏，视四千枝之毛瑟枪殆加焉”。[③]

正因为舆论的力量很大，任何集权、专制的政府都会想加以控制利用，连所谓的自由民主政府，亦不能抗拒舆论的魅力而置身事外。[④] 军阀轮流入主的北京政府便常透过种种方式，或用压迫、或用收买报馆，来达到控制公众舆论的目的。但令人吊诡的，由于列强势力的入侵与北京政府内部本身的多变乱，使得当时政府舆论控制无法获致成效。举当时反映社会舆论的媒介——报纸来说，设在租界内发行的报纸或者以外国人名义开设的报行，由于托庇于列强，而能免于政府的控制，[⑤] 但相对的，此类报纸受到外国势力的影响也就加深了。简言之，当时实际的情况为：不同的报纸，基于不同的生存考虑，往往会各有所倾、各有所偏，而形成不同立场的

---

① 伏尔泰：《一种自由的死亡》，中国人民大学新闻系内部译本，页172，转引自刘建明：《当代舆论学》，人民教育出版社，1990，页2。

② 李剑农：《中国近百年政治史》，台湾商务印书馆，1992，页220。

③ 梁启超：《敬告我同业诸君》，《饮冰室文集》，新兴书局，1962，页138—141。

④ 十九世纪末期以后历届的美国政府都十分重视公众舆论与其控制之道，见 Robert C. Hilderbrand, *Power and the People: Executive Management of Public Opinion in Foreign Affairs*, 1897-1921 (Chapel Hill: University of North Carolina Press, c1981), pp. 3-4.

⑤ 关于此点，见本书第二章第一节。

舆论。然而，有时由于民意的激昂与其高度感染力的影响，常使得报纸舆论超脱其原设立场，正直言事，客观地反映整个社会的某种舆情。这是当我们在研究北洋外交时，必须特别注意的现象，即北洋政局与公众舆论的种种互动情形。

在本书的研究动机方面，影响本书写作思维的为下列三本著作：一是顾维钧的回忆录，一是周策纵的《五四运动：现代中国的思想革命》，一是Chu，Pao-chin.（朱宝缙）的*V. K. Wellington Koo ：A Case Study of China's Diplomat and Diplomacy of Nationalism*，1912-1966.① 这三本书在许多地方极力强调公众舆论与政府外交之间的关系，启迪笔者在研究北洋外交的时候，不仅仅要从外交史与国际关系史去思考外交关系，更要注意公众舆论与外交的互动关系，因为在北洋政府时期下的中国，是处于一种国际政治诡谲多变（国际刺激多）、政府统治权力变动更迭（政府控制力弱）、民族主义情绪日趋高昂（民族情绪易于失控）的情境下。这恰巧是个十分适合国内公众舆论活跃的时期。任何有关中国重大外交事件的研究，如果忽视了公众舆论的力量，将会使得研究过分重视外缘因素而轻忽内缘因素，失去历史研究的完整性。本书写作的动机便是顺着上述思路来考虑论文主题的设定，最后选定以外交与舆论初次密切结合并展现公众舆论威力的巴黎和会中的山东议题为

---

① 顾维钧（V. K. Wellington Koo）著，中国社会科学院近代史研究所译《顾维钧回忆录》〔*The Wellington Koo's Memoir*（New York：Chinese Oral History Project of the East Asian Institute of Columbia University，1978)〕，中华书局，1982；周策纵著，周子平等译《五四运动：现代中国的思想革命》，江苏人民出版社，1996；Pao-chin Chu（朱宝缙），*V. K. Wellington Koo ：A Case Study of China's Diplomat and Diplomacy of Nationalism*，1912-1966（Hong Kong：Chinese University Press，1981）。

检视探究的主要目标。

二、题目界说

本书题目“公众舆论与北洋外交——以巴黎和会山东问题为中心的研究”，所包含的主题有三：一是公众舆论、一是北洋外交、一是巴黎和会山东问题。就结构上而言，前二者是研究的主题本身，而后者则是在探讨前二者相对关系时的切入点。

本书题目中的公众舆论是译自西方“public opinion”，其意义大约是指鲁索所说的“公意”。鲁索将舆论分为两种：一是众意，即是指社会上各种相同、不相同意志的总和；一是公意，亦即透过社会互动而产生以公共利益为依归的舆论，是众意的最大公约数。[①] 本书所要处理的公众舆论，并非是大范围的众意，而是专指那些比较有意愿参与公众事务之人的态度。换言之，一般丝毫不关心公众事务的大众，其意旨与意向，则不是本书研究的对象。简单来说，此处的公众舆论指的是关心公众事务之人的舆论。而就中文来讲，比较类似“庶政公诸舆论”中的舆论。

然而在参与公众事务的舆论中，又可区分为上层舆论与下层舆论。[②] 上层舆论指的是社会领导阶层的舆论，其中包括能直接与公众事务进行互动的政府或社会中的菁英人士等等的意向。而下层舆论指的是无法直接，而比较属于是被动、间接地接触公众事务之人的意向。在这两者之中，上层舆论有着引领下层舆论的作用，它虽

① 刘建明：《当代舆论学》，页2。
② 刘建明：《当代舆论学》，页8。

不能代表下层舆论，然而却对下层舆论有着极大的影响力，因而常被用来观测下层舆论。基于上述理由，以及有关下层舆论可资参考的数据不足，本书仍决定以较具代表性与影响力的上层舆论为主要着眼的焦点。

最后，因为本书的研究面向为探究政府外交与公众舆论间互动的情况，此处的公众舆论并非泛指当时国内所有的公众舆论，而是专指中国公众在看待对外关系上的种种问题时，所抱持的态度与所产生的舆论倾向，也就是有关中国国际事务的公众舆论。其中，“反日”舆论与“亲美”舆论的产生与互动，是本书的研究重心所在。

而在“北洋外交”一词上，此处指的是北京政府的外交举措、政策及其与外国的互动，即一般外交史或国际关系史范畴所研究之中国北京政府时期的外交。至于当时中国南方政府的对外举措，并不在本书讨论之列。

本书主要思路即着重在观察上述两个主题的互动关系。在切入角度方面，则选择以巴黎和会中的山东问题为观察点。巴黎和会对中国来说，是第一次在西方条约体系的模式下[①]，正式参与国际会议，加入国际家庭的开始。由于受到威尔逊理想主义的影响刺激，中国人对此次会议是充满期待与喜悦的，似乎过去一切的不平等束缚都将随着会议的召开而告终止。然而巴黎和会所反映的，并非只是一个单纯的战后国际会议。事实上它却是当时国际关系体系思潮相冲击一个汇合点，是一个已有百年传统的“欧洲协调”体系与新

① 关于西方的“条约体系”与中国的“华夷体系”或“天朝体系”间的冲突与调整，可以参见潘一宁：《近代中国外交的演进和蒲安臣使团》，载陶文钊、梁碧莹主编《美国与近现代中国》，中国社会科学出版社，1996，页21—24。

兴的"国际联盟"体系相汇流的时代。前者所代表的精神是现实主义与权力均衡，而后者则是理想主义与集体安全。[①] 在这两种体系与思潮的剧烈激荡下，中国怀抱着不切实际的理想恭逢如此盛会，并深深地卷入其中，对中国的未来要走的路子与前途影响甚巨。加以中国公众舆论对于重大外交事件的关心，自 1915 年中日"二十一条"交涉以来即被初次激动，民族情绪与力量也正在逐渐酝酿中；[②] 此时巴黎和会中山东问题适如其时地来临，无疑扮演着一个导火线与触发点的角色，而在中国公众舆论界引发重大回响。基于以上背景，本书乃决定以巴黎和会中的山东问题为研究公众舆论与北洋外交互动关系的切入点。

三、研究回顾与研究方法

历来研究巴黎和会与山东问题的著作相当丰富。其中影响较大，曾论及巴黎和会的一些外交通史类著作，早期有王芸生《六十年来中国与日本》、张忠绂《中华民国外交史（一）》、傅启学《中国外交史》、刘彦《中国外交史》等等，近期则有石源华《中华民国外交史》。其研究重心大都以北京政府的外交档案为主要史料来源，以一探北京政府在巴黎和会的种种施为。上述著作，除了强烈的民族主义观点外，较偏重于外交史实的陈述，是晚学后进从外交

① 关于这两种国际关系体系的探讨可以参看季辛吉（Kissinger，Henry）著，顾淑馨、林添贵译《大外交》（*Diplomacy*），智库文化，1998，页 291—327。该书对于此点有非常精辟的诠释。

② 关于此点，周策纵有详细的论证。详见周策纵著，周子平等译《五四运动：现代中国的思想革命》，页 22—27。

史研究入门时必读的基础参考书。此外亦有以外交人物为中心的研究，如金问泗《从巴黎和会到国联》、王凤真《顾维钧与巴黎和会》、张春兰《顾维钧的和会外交》与陈三井《陆征祥与巴黎和会》。这些研究的参考资料除了外交档案外，尚特别着重以当时担任外交折冲之人的回忆记载或相关传记，来研究巴黎和会时期的北京政府与中国代表团的外交举措。除了上述两类著作外，也有以山东问题的始末过程为核心的研究，如吴沧海《山东悬案解决之经纬》。此外，还有一些属于国际关系史性质的著作，如臼井胜美的《中日关系史（1912—1926）》、林宗贤《威尔逊、中国与巴黎和会》、项立岭《中美关系史上的一次曲折—从巴黎和会到华盛顿会议》[①] 与王纲领《美国与巴黎和会的中国问题》。这些作品大多运用外国资料，从美国或是日本的角度来检讨看待巴黎和会中的中国问题。较为特别的为史俊明《中日国际史》，此书可谓是最早的相关论著，完成于 1919 年；作者采集了当时外交档案，为北京政府的种种政策作辩护，立论鲜明。而廖敏淑《巴黎和会与中国外交》着重从外交部档案来全面研究在巴黎中国代表团的运作；特别的是在其第五章初步探究了巴黎和会与国民外交的蓬勃发展，这与一般外交史、国际关系史研究较不相同，而与本书主题有相关之处，有不少数据足供本书参考。唐启华《巴黎和会与中国外交》则是研究巴黎和会的权威著作，利用陆征祥留在驻比使馆的档案，重新探究中国代表团在巴黎和会的外交策略与交涉过程。[②]

---

① 项立岭研究的虽然是中美关系，然而主要史料却为国内的中文档案，除了北京外交部档案外，还大量参考了由徐世昌主持下所编辑而成的《秘籍录存》，该录存大量收录了徐任北京大总统期间秘书厅归档后的电报，足可与外交部档案相称。

② 以上所提及的研究著作，其详细书目资料见本书最后的参考书目。

从上述可知，过去以巴黎和会、山东问题为主题的研究，成果蔚然可观。然而笔者仍然选择以此为论文主题，目的是想要透过比较不一样的切入点来省视一个旧问题：经由公众舆论与政府外交的互动，重新检视中国的巴黎和会外交。综合言之，以往研究巴黎和会时期中国外交举措者，绝大部分都把论述重心放在北京政府外交政策与中国代表团在巴黎和会与诸列强的种种互动，彼此之间主要差异点仍在于所着重引用的史料不同，而有不同重心的研究；但性质仍是一样，即所谓外交史与国际关系史的研究。这些研究注重的焦点都是向外的，即强调中国实际的对外交涉及其与外国之间的互动上，而把当时国内公众舆论对此重大外交事件的激烈反应，视为是一项不证自明的事实，不加注意。毫无疑问地，当时在巴黎外交挫败消息的刺激下，全国舆情的极度高涨的的确确是不争的事实，然而这样的事实到底是如何产生以及如何作用在中国的外交事务上？① 还有政府与公众舆论的关系，是否真的如我们一般常理所推论，是站在两个迥然不同的对立立场？

在以往有关中国现代政治外交史的种种研究上，常常受到国民党（共产党）正统史观的影响，很容易形成一种二分法的观点：过份贬抑北京政府施政的价值，相对地提高在野舆论的正义性，而在

---

① 例如朱宝缙便十分强调公众舆论在中国巴黎和会外交中所扮演的角色，“中国的公众舆论，虽然是热情与不切实际的，但是藉由引领中国人民的心声……将一种令人印象深刻的责任，从全国各省带到在巴黎的中国代表团……报纸与有组织的抗议，对于中国中央政府的外交决策，形成压力以致产生某种程度的影响。……中国代表团与其说是完全对中央政府负责，倒不如说是部分地对中国人民负责，或者至少是对中国社会中受过教育、有组织的一群人负责……事实上，由于公众舆论的压力，中国代表团违反政府的训令，在镜厅中缺席（未在对德和约上签字）”。见 Pao-chin Chu, *V. K. Wellington Koo: A Case Study of China's Diplomat and Diplomacy of Nationalism*, 1912-1966, p. 31.

两者之间，即政府与舆论之间，几乎形成一种截然对立的相对面，忽略了在当时，政府与舆论间的互动，其实并不全然是对立对抗，有时甚至是互相为用的共生结构。① 所以，本书研究的目的便是想试图阐明在政府外交与公众舆论间详细的互动情形：从公众舆论的角度来看外交，同时也从外交的角度来看公众舆论，重新检视在当时引起轩然大波的巴黎和会问题。如此，本书研究的预期成果相信会与一般外交史著作有某种程度的差异。

简言之，本书的研究方法，不在于整理以往的学术成果，也不在于发掘一些前所未见的新数据以做历史翻案，而是在现有的资料与研究基础上，透过切入点与关注焦点的不同，换个不一样的角度来看问题：将重心放在探究当时舆论与外交互动上的特性，而不在于得出某种历史评价或定论。换句话说，本书重视的是过程，即当时外交与舆论互动的过程，至于结果，即这样的外交究竟是优是劣，则不是讨论的重点。

四、史料运用

本书研究的主体有二个：一是政府外交（包括外交事件与外交政策的人、事、物等综合体），一是公众舆论。织构前者的主要史料来源比较没有问题，仍然以北京政府外交档案及与中国外交事务有密切相关的日本外交档案与美国政府公私档案为重要参考依据，

---

① 这里所谓的共生结构，指的是政府举措与公众舆论常常是互为因果、互为表里。两者间纵然从表面上看来是有相当显著对立的，然而实质上却是十足纠结不清的模糊地带。

如台北“中央研究院”近代史研究所藏的《北京政府外交部档案》[①]、日本外务省的《外务省记录》、《日本外交文书》,[②] 以及美国方面的《中国国内事务档案》(*Records of the Department of State Relating to the Internal Affairs of China*, 1910-1929，以下简称 RIAC)、《美国对外关系文件：巴黎和会》(*Papers Relating to the Foreign Relations of the United States*：*Paris Peace Conference*, 1919，以下简称 *FRUS*)、《伍德罗·威尔逊文件》(*The Papers of Woodrow Wilson*，以下简称 *PWW*) 等等。[③] 至于公众舆论的形塑则有较大的争议。因为公众舆论是相当抽象的东西，无法靠当时的记载，全然地建构出其整体性。因此本书只能从一个可以略窥当时公众舆论的途径来建构其形象，那就是透过当时的报纸。

为什么选择以报纸为途径来研究公众舆论呢？因为报纸有一项与众不同的特性，它能形成“同质的、空洞的”时间观，[④] 而这种

---

① 台湾“中央研究院”近代史研究所藏《北京政府外交部档案》，03—33《中日关系》、03—37《巴黎和会》。

② 日本外务省外交史料馆所藏的《外务省记录》，其电子档案见于アジア歴史资料センター数字数据（https://www.jacar.go.jp/）；日本外务省编《日本外交文书》大正八年（1919年）三册（6卷）、巴里讲和会议经过概要一册，日本外务省，1970。

③ (United States) Department of State, *Records of the Department of State Relating to the Internal Affairs of China*, 1910-1929 (RIAC) (Washington: The National Archives, 1960)，“中央研究院”近代史研究所图书馆藏，微卷档案 (Microfilm)；Arthur Stanley Link, ed., *The Papers of Woodrow Wilson* (*PWW*), 69 vols. (Princeton: Princeton University Press, 1966-94)；(United States) Department of State, *Foreign Relations of the United States*: *Paris Peace Conference*, 1919 (hereafter referred to as *FRUS*：*PPC*), 8 vols. (Washington D. C.: Government Printing Office, 1958).

④ 班纳迪克·安德森 (Benedict Anderson) 著，吴叡人译《想象的共同体：民族主义的起源与散布》(*Imagined Communities*: *Reflections on the Origin and Spread of Nationalism*)，时报文化，1999，页28。

时间观是构织民族想象的关键。经由报纸的联系，在中国内众多彼此互不相识、互不相关的人们，均知晓了中国这个国家所发生的重大事件（此即所谓的同质），尽管他们都未曾亲身亲见这些重大事件的发展（此为空洞）。所以报纸的“依历史来计时”，[①] 将种种重要大事固结在报纸的时间上：如几年几月，日本对华提出了何种非分的要求，又何年何月，列强再度牺牲了中国的利益等等。如此，报纸将完全不相关的大家，都聚集在依日依时记载的大事上，有了某种程度的共识（即使你不认识我、我不认识他、他不认识你，但是透过报纸，完全不相识的你我他都知道国家发生了什么大事），进而形成一种有关民族国家的想象。这种想象就是一种公众舆论。

在透过报纸观察舆论前，必须要注意报纸的代表性、广泛性与地域性：代表性指的是其立论倾向与其背后所代表的政治属性，广泛性指的是其发行量与对舆论界的影响力，而地域性则意味着最好能在全国重要大都市中（如北京、上海等）选取报纸。也就是说，在选择报纸时最好能依据上述代表性、广泛性与地域性等重要的原则。综合以上的原则，本书选取北京的《晨报》[②]（研究系掌握，立

① 班纳迪克·安德森：《想象的共同体：民族主义的起源与散布》，页 36。

② “北京《晨钟报》是以梁启超、汤化龙为为首的进步党（后改为宪法研究会，即研究系）的机关报。1916 年 8 月 15 日创刊，1918 年 9 月因披露段祺瑞向日本大借款的消息而遭封闭，12 月该报改组为《晨报》继续出版，1928 年 6 月 5 日停刊”。见《影印者说明》，《晨报》。

论反对亲日)、与上海的《申报》[①]（位于上海租界，立场较客观）为本书主要参看的报纸。

当然，不可否认的，透过报纸途径来设想当时的舆论环境，是有其局限性的。受限于当时传播、交通工具的发展，本书所探讨的舆论现象与所构织的舆论图像，严格来说，比较可能是都市情况的反映，而非是普遍全国的。再者当时识字率、阅报率与发行量（报纸）是远低于现今的水平，而低识字率、低阅报率与低发行量似乎也就意味着，由报纸所形塑出的舆论形象是值得怀疑且有问题的。但必须注意的，自中、日“二十一条”交涉以降，中国民族主义的情绪已然极度高昂，公众舆论开始积极参与有关国家民族未来的重大事件。虽然大部分群众或许受限于教育水平与经济条件，无法直接从当时主要信息来源的报纸获致消息，但是却仍具备了对重大事件（尤其是关系国家民族未来的重大外交事件）的高度感受力。换言之，民族情绪使大众具备了参与公共事务的原动力，所欠缺只是人们与报纸之间的媒介（获致重要消息的管道），一种可以点燃动力的催化剂。然而，这种媒介在当时是否已充分地存在于社会中呢？如果是的话，这种媒介是属于自发性的，还是被动性的？其实问题很简单，有资格充当这个媒介，便是那些有识字能力之人（有

① 《申报》发刊于1872年为英人美查（F. Major）所有，“美查虽为英人，而一以营业为前提。谓此报乃与华人阅看，故于言论不加束缚。有时且自撰社论，无所偏倚，是其特色”。1905年席裕福借款接办，名义则犹属之外人。1912年席裕福将“申报馆”售予史量才，于是“申报馆”遂完全归华人所有。史量才“延陈冷为主笔、张竹平为经理，采取新法，引用新人，营业蒸蒸日上矣”。见戈公振：《中国报学史》，台湾学生书局，1964，页78—79。1920年代，《申报》与《时事新报》、《时报》、《新闻报》并称上海四大报。见陶菊隐：《陶菊隐回忆录》，汉京文化实业有限公司，1987，页105。

能力从报纸获取时事舆论信息)，试问，在大环境已是充满关心国事的民族情绪下，那些有识字能力之人又岂能置身事外(尤其是学生)，[①] 他们同样也是“二十一条”交涉冲击下激愤不已的群众。当他们从报纸获知重大消息之后，难道会不置一言？民族情绪的高度感染力便会在此时发生作用，透过特定的讲报、集会、活动、宣告、甚至口耳相传的方式等等，[②] 重要消息就由此传至那些广大不识字、或不看报纸的群众。是时，报纸所传达的公众舆论，虽然在传播过程中会造成某种程度扭曲变形的现象，但最终会获致强化与扩大的情况却是必然的。总而言之，报纸能反映出多少公众舆论的实际情况，最关键的因素，是整个社会大环境是否已然具备强烈民族情绪与群众积极参与公众事务的动力(关心国事)。

五、章节架构

本书除绪论与结论外，共分六章。绪论主要阐述本书的问题意识、题目界说、研究动机、研究回顾、研究方法、史料运用与章节架构等等。

第一章为“舆论与外交”。本章尝试构织出巴黎和会前夕中国

---

① 教育的学校化，使得学校成为学生受教育的集体场所，一来将学生与外在社会、家庭隔离，二来将年龄相近的学生拉拢在一起，形成青少年独有的集体意识。然而当这种集体意识，在民族危难的环境下，容易受到重大事件的刺激而有集体反应，这便是学生运动。关于都市学生的集体意识可以参考黄俊杰、吴素倩：《都市青少年的价值观》，巨流图书公司，1988，页25—31。

② 游说、演讲、聚众鼓动、口号与标语、刊发文论、藉助物像、游行示威等等都是造成舆论的重要手段，参见刘建明：《基础舆论学》，中国人民大学出版社，1988，页276—321。

对外公众舆论的形成与倾向，并初步分析公众舆论与外交之间的互动关系为何，以作为本书立论的背景基础。在章节安排上，首先是叙述中国知识界在当时所发生的“质”变与“量”变情形，并讨论此与公众舆论的形成之间，有着何种程度的关系。其次，乃是想从技术层面探究清末以至于民国时期新闻传播工具的进展与特色，因为它是影响舆论与外交互动之间成效与力度的关键因素。最后，则是分析威尔逊主义，与中国公众“反日”、“亲美”舆论间互动的实际经过。

第二章至第五章则大致分为两个领域进行探究。第二章与第三章为一个领域，论述重心放在“反日”舆论上，主要是分析巴黎和会前后，“反日”舆论与政治斗争间的问题。北京政局是一个异常复杂的组合，各种派系、势力掺杂其中，并在种种场合中互相较劲。外交舞台便是其中一个相当重要的斗劲场合。在前文中，已略述舆论是可以透过人为操作，作为攻击政敌的工具。本章就是想要深入探讨在巴黎和会的前后，相对的派系，是否利用重要外交事件发生的机会，藉助舆论的力量，互相对抗。以下将详细介绍第二章与第三章的章节结构与内容。

第二章为“反日舆论与派系斗争：研究系的外交要求”。本章选择在当时公众舆论界有着强大影响力的梁启超及其领导的“研究系”为研究对象，透过分析其种种外交要求，明白“反日”舆论与政治斗争的关系。在章节安排上，将由“大借款风波”、“徐世昌与研究系”、“国民外交”与“币制顾问争议”等四个面向，来剖析“研究系”的外交要求、“反日”舆论的运用与当时政治派系斗争之间的关系，进而清楚呈现外交、舆论与派系三者之间的互动情况。

第三章为“反日舆论与山东问题：中国代表团内部问题”。本章选择以中国代表团为研究对象，经由深入探究代表团内部成员在山东问题上的“对日”态度，点出“反日”舆论和政治斗争的关系。在章节安排上，将经由“陆征祥过日风波”、“中国代表团的反日主张”与“梁启超、刘崇杰亲日问题”等三个与中国代表团成员息息相关的“反日”问题为切入点，观看“反日舆论”是如何在代表团内部运作与影响。

第四章与第五章为另一个领域，论述重心放在巴黎和会期间，在山东问题上，中国官方（包括北京政府外交部与中国代表团）是如何通力合作，透过对内与对外的舆论活动，以博取美国方面的支持，抗衡日本的强势挑衅。这个领域选择巴黎和会期间发生的几个重大外交事件（主要以山东问题为主轴）为观察点，来了解外交事件与公众舆论间实际互相作用的过程：即外交事件如何刺激公众舆论，公众舆论又如何反应影响到外交事件身上。在这互相作用中，政府所扮演的角色将是研究的主要核心。以下将详细介绍第四章与第五章的章节结构与内容。

第四章为“舆论宣传与和会外交（一）：日使小幡酉吉恫吓事件”。本章主要以巴黎和会山东问题发生后，在北京所发生的日本公使小幡酉吉恫吓事件为研究对象。藉由探究该事件的发生经过，了解北京政府的外交官与中国代表团是如何地运用泄密策略，以鼓动国内公众舆情的热度，进而吸引美方的注意来为外交之助，而达到制衡日本方面的恫吓要求。在章节的安排上，为“山东问题的开始”（巴黎）、“恫吓事件”（北京）与“后续发展”（巴黎），经由巴黎与北京两个场景的相互切换，清楚地展现中国官方舆论宣传活动的过程与步骤。

第五章为“舆论宣传与和会外交（二）：中国代表团的舆论宣

传与国际现实”。本章主要延续着巴黎和会上有关山东问题的讨论过程，研究中国代表团是如何与国内各公私单位团体积极合作，透过舆论宣传工作，塑造出中国内外一致的舆论表象与有利中国的世界舆论，以执行“联美制日”的外交方针。在章节的安排上，以“中国代表团的舆论宣传”、“四人会与五人会有关山东问题的讨论”与“中国代表团舆论宣传的成与败”等三个部分为研究主题，除了分析中国代表团的舆论宣传模式外，并进一步检讨舆论宣传与国际现实之间的实际落差。

第六章“美国对‘中日山东问题争议后’续效应的观察与评估”则是改从美国的视角，分析“中日山东问题争议”与五四政治运动发生后，美国驻华使领官员以及商民对于中国民族主义舆情演变发展的观察与评估。此类报告，在某种程度上，可以用来检视中国联美制日舆论宣传策略的成效，毕竟美国驻华使领与商民的各种报告，当逐渐汇整送交至华府国务院时，多少会影响到美国政府当局后续在处理与因应中日争执的重要决策。

结论部分，则总结在本书探讨的诸多主题中，究竟呈现出何种的历史意义。透过外交与舆论的互动，巴黎和会中的山东问题，这个重大的外交议题，到底给中国带来怎么样的影响冲击？形成了何种的政治环境？而人民则在这外交与舆论的互动中体会了什么？此外，更为重要的，在巴黎和会山东问题议题中，中国外交与舆论互动所展现出的两个面向：第一是外部战线，鼓动舆论的目的在于应付外来的侵略者，也就是处于外交弱势的北京政府，如何利用舆论造势作为政府外交的后盾，抵御外来的侵略。第二是内部战线，鼓动舆论的目标是对向本国内部敌对的政治派系或个人，换句话说，即有心人士如何在有意的宣传营造与赤裸裸的政治斗争背景下，利用重大的外交事件，挟国内民族舆情之势，攻击政敌。这内、外两种战线，目的与对象虽然不同，但操作手法却相当类似，即充分利用当时的传播媒介，如报纸、电报等，来形塑出想要的舆论走向。另外饶富历史意义的，是这两种战线竟殊归同途地，同时也是出乎其原本所预期的，都导致了国内舆情的极度高涨与国民意识的觉醒，间接促成民族主义观念的激昂，进而影响了中国的未来。而以往以外交来刺激舆论的模式，在五四政治运动爆发后，也渐渐过渡为国内舆论约束政府外交的情形。最后，尤有要者，在中国联美制日的舆论宣传运作下，美国驻华领馆官员与商民等究竟如何看待中国局势发展，他们的观察报告后来又如何影响到美国的远东政策，不但间接介入斡旋中日山东问题争议，更促成华盛顿会议中国决议案的出现。

第一章　舆论与外交

由于种种“技术”条件成熟，[①] 在民国初年，中国开始形成一种类似西方国家所特有，以国家大事为讨论议题的全国性公众舆论：知识分子积极关心国家大事，参与公共事务讨论。这股关心国事的公众舆论，在对外关系上，受到现实环境的刺激与人为有意的宣传营造，逐渐走向“反日”、“亲美”的方向。一般中国人对于日本军国主义的仇恨与怀疑，以及对美国总统威尔逊“十四点原则”的仰赖与迷恋，反映出这种对外舆论倾向的极端对立性。这样的公众舆论是如何形成？又是如何被导引至两个极端的方向？以下将做进一步讨论。

---

① 此处的“技术”条件，主要是指安德森所谓有助于形成民族想象认同的种种相关条件。安德森认为“小说”与“报纸”为“重现民族这种想象共同体”，“提供了技术上的手段”。安德森又说欧洲“民族意识”的起源，“主要是从资本主义、科技和人类语言的多样性这三者间爆炸性的互动之中所产生的”。班纳迪克·安德森：《想象的共同体：民族主义的起源与散布》，页28、页55。本书参酌安德森的观点，略加变化，从知识界的变化、传播媒介的蜕变、文字形式的转变等等技术层次来思考当时中国公众舆论与民族意识想象的形成与走向。

第一节　公众舆论的形成

公众舆论是如何形成？它与传播技术之间有着什么样的关系？在1919年前后，在中国特有时空环境下孕育出的舆论，又有什么特色？

班纳迪克·安德森（Benedict Anderson）在思考欧洲民族主义起源时，认为“小说与报纸”为“重现民族这种想象共同体，提供了技术上的手段”。[①] 安德森强调民族主义与“资本—印刷主义”间密切的关系，他说“资本主义、印刷科技与人类语言宿命的多样性，这三者的重和，使得一个新形式的想象共同体成为可能”，[②] 这就是民族主义。当时空场景切换至二十世纪初期的亚洲，情况又是如何？甫于1911年结束两百多年清朝统治的中国人，在重新形成民族的想象共同体时，是否亦透过某些“技术上的手段”来完成的？

清末以至民国时期，中国知识分子中，最能体现时代精神，莫过于梁启超。[③] 无论是变法维新，还是提倡新知识、新观念，梁启超都是当时中国言论界的第一人，后世学者誉其为“中国近代最重要的一个言论运动家”。[④] 这位身为当时中国“言论界之骄子”[⑤] 的梁启超，究竟如何看待，在西方学者安德森眼中为“重现民族这种

① 班纳迪克·安德森：《想象的共同体：民族主义的起源与散布》，页28。

② 班纳迪克·安德森：《想象的共同体：民族主义的起源与散布》，页55。

③ 以下有关梁启超对于报纸与小说的看法，部分参考自赖光临：《中国近代报人与报业》上册，台湾商务印书馆，1987，第三篇“梁启超与近代报业研究”，页154—273。

④ 李剑农：《中国近百年政治史》，页217—218。

⑤ 李剑农：《中国近百年政治史》，页217—218。

想象共同体”重要条件的“小说与报纸”？

关于报纸，早在1895年甲午战争败师后不久，梁启超便提出“欲开（学）会，非有报馆不可，报馆之议论既久浸渍于人心，则风气之成不远矣”。[①] 又说“去塞求通，报馆导其端也”，“阅报愈多者，其人愈智；报馆愈多者，其国愈强”，是以“报馆有益于国事”。[②] 梁启超认为“报馆有两大天职，一曰对政府，而为其监督者；二曰对于国民，而为其向导者也”。[③] 简言之，在梁启超认知中，报纸扮演的角色，对上在于监督政府施政，对下在于去塞求通、开通民智，尤有要者，报纸更是改造人心、形成新风气的重要手段。

关于小说的重要性，梁启超也有深刻的体认，他主张：

> 欲新一国之民，不可不先新一国之小说。欲新道德，必新小说，欲新宗教，必新小说，欲新政治，必新小说。[④]

梁启超举日本为例，认为日本“著书（小说）之人皆一时之大政论家，寄托书中之人物，以写自己之政见，固不得专以小说目之”“而其浸润于国民脑质者，则《经国美谈》、《佳人奇遇》两书为最”。[⑤] 1902年，他率先创办《新小说报》，自谓其用意在藉小说

---

① 梁启超：《梁启超与穗卿足下书》，1895年5月间，载在丁文江编著《梁任公先生年谱长编初稿》，世界书局，1959，页25。

② 梁启超：《论报馆有益于国事》，《饮冰室文集》第一分册，中华书局，1960，文集之一，页100—103。

③ 梁启超：《敬告我同业诸君》，《饮冰室文集》卷一，新兴书局，1962，论著类，页138—141。

④ 梁启超：《论小说与群治之关系》，《新小说报》第一号，转引自赖光临：《中国近代报人与报业》上册，第二十章“梁启超经营之报刊”，页194。

⑤ 梁启超：《传播文明三利器》，《饮冰室全集》第四十二册，中华书局，1916），转引自赖光临：《中国近代报人与报业》上册，第二十章“梁启超经营之报刊”，页195。

"专欲鼓吹革命";[1] 同时梁启超也身体力行创作小说《新中国未来记》,[2] 将本身政治理念与时代观感融入其中。直言之,梁启超改变中国以往视小说为学问末流的看法,重新赋予小说应有的地位,将小说视为潜移默化国民思想最有力的工具。

西方学者安德森于1980年代初期提出,"小说与报纸"是欧洲"重现民族这种想象共同体"时,重要的"技术上的手段"。中国的梁启超却在清末民初之际(1890年代到1920年代),便已体认小说与报纸的重要性,视其为开通民智的关键工具。梁启超虽未明言开通民智所隐含的真实意义;然而事实上,小说与报纸进行的开通民智,是从最易普及人心处着手,建构出中华民族的新思想观。以下将从几个方面,探究自清末以至民初,有助中国公众舆论发展的几项重要关键因素。

一、民国时期知识界情况

清末西力入侵中国以来,受到屡次战败与不平等条约的刺激,中国人的民族危机意识已经初现端倪,知识分子开始运用集会、结社、办报等方式,宣传民族观念,汇积力量。[3] 其中由西方传来的报纸形式,是当时最常被用来联络同志感情、开通民智的媒介工具之一。但受限于识字率、阅报率以及文字形式的艰涩,报纸影响力与散播范围,局限于一小撮具有新观念的知识分子,无法扩大力量。

---

① 梁启超:《鄙人对于言论界之过去与将来》,《饮冰室文集》第十一分册,中华书局,1960,文集之二十九,页1—6。

② 梁启超:《鄙人对于言论界之过去与将来》,页1—6。

③ 如清末康有为、梁启超的维新变法运动,便是把办报纸、立会社、兴学校、译西书等活动作为中国的救亡之道。见毛礼锐等著《中国教育史》,五南图书公司,1998,页519—522。

到了民国时期，这种情况略有改变，晚清以来施行的西化教育，如开办新式学堂、引进新式教材、送学生出国留学等措施逐渐开花结果，具有新观念的知识分子越来越多。知识分子在“质”与“量”上的成长，[①] 提高了知识阶层（intelligentsia）在中国社会中影响力的比重。首先是归国留学生，不但是新观念、新知识的主要来源，其特有的“民族意识”、“反传统意识”、“团体意识”，[②] 更深深影响国内知识界，如强烈民族观念、勇于批判传统精神，透过组织团体汇集力量。相较于留学生从外带回新生力量，国内各级新式学堂培养的学生，则是由内提供改变的动力。他们大量而且广泛地陆续在中国各地涌现，从沿海省份到内陆省份，无一不有新式学堂学生的踪迹。旧有社会规范与秩序，也因他们的出现，而渐趋消灭。自辛亥革命以来，以学潮为活动形式，以爱国主义、民主精神为内涵的学生运动此起彼落的出现。他们活动的频率与规模，随着时间进展，日趋频繁与扩大，不但成为“舆论传媒关注的热点”，[③] 更对中国社会原有稳定机制，造成巨大冲击。[④] 但从正面的角度思考，教育环境的改善、新式教育的大量出现，为社会提供多元化的动能；科举制度的废除，使中国人力与思想精力从八股制文中获得

---

① 就“量”来说，中国各级新式学堂教育的学生人数，1902 年有 6912 人、1909 年有 1638884 人、1912 年有 2933387、1916 年有 3974454 人、1919 年有 5704254 人。见《宣统元年份教育统计图表》、《中华民国第四次教育统计图表》，转引自陈景盘：《中国近代教育史》，人民教育出版社，页 271、305；桑兵：《晚清学堂：学生与社会变迁》，学林出版社，1995，页 2。

② 李喜所：《中国留学生与五四运动》，台湾政治大学文学院编《五四运动八十周年学术研讨会论文集》，政治大学文学院，1999，页 721—729。

③ 桑兵：《晚清学堂：学生与社会变迁》，页 5。

④ 以上有关国内新式学堂学生的成长与活动参考自桑兵《晚清学堂：学生与社会变迁》，绪论，页 1—21。

解放，不再以四书五经为奉行不二的圭臬。这些反映着人们思考方式即将改变，以往循规蹈距的旧式典范，渐渐为批判传统的精神所取代。简单来说，新式教育的日趋普及，为中国社会求新求变的路子，提供充分的资源与人力。

换言之，无论是海外归国留学生，还是国内新式学堂学生，均为传统中国带来了“变”的动力与活力。但是除了要有质、量兼具的人力资源外，还需要充分的传播条件，来流通消息与运用这些人力资源，使“变”的倾向，进一步化为“变”的实际行动，此即当时主要舆论传播工具——报纸扮演的角色。一方面，新知识分子对于“报纸”传播的各种舆情与家国大事，有着至为强烈的感受力，也是最有力量与意愿去推动、扩大舆论影响力的一群；另外一方面，要去实现或者扩大上述现象，还需辅以适当的报纸传播条件，才能使得新知识分子的求“变”活动扩大到社会各层面。

二、报纸与其他传播通讯媒介的发展

从清末以至民国时期的报纸生态，有巨幅的改变，经营模式也日趋多元。从以往知识分子为议论国家大事，专办的政论性报纸，到以营利为目的的商办报纸；专业办报人的陆续出现、新印刷工具的引进、报纸发行量与张数的愈见扩充，[①] 在在都使得报纸对整个社会的影响力，不同于清末时期。以下举上海四大报[②]之一的《新

---

① 如上海四大报之一的《新闻报》，在1914年时的每日发行量就已达到2万份，1916年时更达到3万份，1921年达到5万份。见陶菊隐：《陶菊隐回忆录》，汉京文化实业有限公司，1987，页104。

② 20世纪20年代的上海四大报为《申报》、《时事新报》、《时报》与《新闻报》。见陶菊隐：《陶菊隐回忆录》，页105。

闻报》为例，说明民国时期中国报业的发展情况。《新闻报》是在1893年由英国商人丹福司创办于上海，因丹氏经商失败，1899年由美国人福开森（John Calvin Ferguson）买下，委由时任上海南洋公学庶务的中国人汪汉溪全权经营管理。在汪汉溪苦心经营下，《新闻报》后来成为上海四大报之一。汪汉溪成功的经营之道为：物资的储备、生产工具的不断革新[①]以及向银行借款扩大经营规模。[②] 由《新闻报》的例子，我们可以约略发现安德森口中"印刷—资本主义"的影子，似乎意味着中国在1910、20年代前后，也开始出现能助长中国民族主义发展的"技术"条件了。

报纸功能的强化，结合国内知识界发生的"质"变与"量"变，使得以报纸为主要传播媒介的公众舆论，有着更为广泛的舆论基础，影响层面也大为增加。报纸体现的，不仅是代表士大夫的一人一家之言，而是能深入并反映社会各个领域民情的强大舆论宣传工具。透过报纸媒介形成舆论的模式，遂渐趋成形。

然而，经由报纸形成的舆论，并非是超然客观的意识形态；实际上，报纸舆论不过是各种势力混合运作的结果。党派间的争权夺

---

① 例如随着科技的发达，中国印报的技术，也从二层轮转印报机、三层轮转印报机到四层轮转印报机等，这些改进不但加快了印报的速度，印报的数量也同见提升。见陶菊隐：《陶菊隐回忆录》，页104。

② 由上述《新闻报》的发展，可以归纳出几个特色：一是专业经理人的出现。报馆的大股东为福开森，但整个报馆的经营全由汪汉溪负责。汪氏的经营方式也不再是以往读书人为关心国事而经营的政论性报纸，而是以扩大营业规模为目标的商业报纸经营模式。二是印刷科技的更新。汪氏不断引进新式印刷机，大幅提高印刷的速度、质量与数量，最后获致成功。这是新闻事业与科技发展相结合的例子。三是资本的流通。汪氏不再延用以往中国商人以经营事业累积资本的传统模式，而是透过与银行间的信用关系，不断向银行贷款，扩大经营规模，从"借款、还款、再借款；款子越借越多，直至全部还清为止"。汪汉溪这套结合资本主义的报馆经营模式，透露出新闻事业与资本发展间的密切关系。详见陶菊隐：《陶菊隐回忆录》，页103—105。

利，就常以报纸为舆论工具，或自我标榜，或攻击政敌。报纸舆论力量扩充的情形，可以由频频出现在民国舞台上，以报纸为对象，施行的舆论控制措施得到证明。[①] 由此可以观察到，报纸易于用来鼓动公众舆论、扩大政治影响力的特性，是以彼此竞争的敌对势力，无不想要掌握控制报纸这个舆论工具。换言之，控制了报纸，就等于控制了舆论论述的权力，这就是力量。

报纸角色的扩充，改变以往一言堂式的专制体制，家国大事不再局限于国家庙堂之内。透过报纸的媒介，国家大事能传播到任何报纸所能到达的地方。理论上，任何有意预闻或关心国事之人，均可透过报纸媒介，知晓国家近来发生的各种大事；同时，一旦知晓国事的人多了，有意参与讨论的人也就随之增加，是以报纸能扩大人民对于公众事务的参与度。至此，国事不再只是政府之事，而是国民之事。这样所形成的，就是一种关心国事的公众舆论。

除了报纸事业的发展外，还需要其他交通、通讯等事业的辅助，才能使讯息流通更为便捷迅速。中国领土幅员广袤，重要的国家大事，不易传遍全国，以往联络各地消息的沟通网络，几乎全部仰仗官方驿传制度传递。清末以来的实业建设，铁路、电（报）线的铺设，使得全国消息的流通更为迅捷。再透过各地报纸的推波助澜，可使重大事件于短短几天之内，传遍全国各大都市。

总结来说，报纸、通讯、交通等事业的发展，对于国内公众舆

---

① 如1913年二次革命后，袁世凯所派的湖南都督汤芗铭不但查封所有国民党系的报纸，同时规定“办报需向警厅立案，否则不许发行”。见陶菊隐：《陶菊隐回忆录》，页104。严密的舆论控制在袁世凯当政下切实执行，在推动帝制运动时（1915年）达到一个高潮，不但使得全国报纸发行量锐减300万份，从1913年的4200万份，减为1915年的3900万份，同时也使得北京、上海、汉口等地报馆数目大为减少。见周策纵：《五四运动：现代中国的思想革命》，页58。

论的形成，有着非常大的帮助。一位十九世纪的法国学者（塔尔德）就曾预言“印刷、铁路、电信三大发明互为补充而产生的新闻威力，将加强公众这一概念的重要性”。[①] 简言之，民国时期，累积清末以来经营成果，加深全国讯息流通的速度、幅度与深度，所谓的公众舆论，也逐渐在中国各地形成。

三、白话文运动

清末以降，新知识分子推动的白话文运动，进一步强化中国公众舆论的广度与深度。白话文与中国传统文言文最大的不同，在于白话文是一般凡夫俗子、市井小民通用的语言，而文言文则是官场上、科考上的制式语言，这使得政府与民间，在语言沟通上有很大的问题：政府官员或传统知识分子使用的话语，均不是一般群众所能理解的。[②] 清末以来，白话文报刊的出现，[③] 带动白话文发展，“因为其说理平浅，最易开下等人之知识，故各报从而效之者日众”。[④] 此外，透过“讲报”来公开说讲白话报的形式，在当时也“已经是许多人共同的看法”。从民间茶楼、学馆附设的讲报处、报馆自设的讲报处，以至“各州县的宣讲所”，都选择以口头公开宣讲白话文报纸的方式，来开通民智。其他白话文形式，例如官厅的

---

① 刘建明：《当代舆论学》，页 49。

② 费正清（John Fairbank）著，张理京译《美国与中国（*The United States and China*）》，世界知识出版社，2000，页 215—216。

③ 根据一项统计，自清末以至于“五四”之前，中国所出现的白话报刊已经有一百多种。详见黄远庸：《北京之会党与报馆》，《黄远生遗著》，文海书局，1987，页 163—164；李孝悌：《胡适与白话文运动的再评估》，《胡适与近现代中国》，时报文化，1991，页 3。

④ 《本馆特白》，《大公报》，1905 年 8 月 20 日；李孝悌：《胡适与白话文运动的再评估》，《胡适与近现代中国》，页 4。

白话文公告、民间的白话文传单、讲本等也都助长白话文运动的发展。简言之，由于白话文报刊的蓬勃发展，辅以“讲报”形式的普遍流行，使得清末以来，报纸扮演的社会角色进一步扩充，不仅可在知识分子圈里流通重要讯息，连目不识丁的一般民众，也同样受到报纸的宣传与影响，达到开通民智的目地。这种趋势，到了民国时期更为显著，在陈独秀、胡适等公开宣扬与大力提倡下，又将白话文运动进一步拓展，除了用以开化中下阶层人民外，更提升到上流阶层，成为全国性运动。上至大学教授，下至贩夫走卒，均是白话文运动努力影响的对象。[①]

白话文运动的结果，打破官民之间、知识分子与群众之间的隔阂，将一般大众纳入“公众”的观念里。国家大事不再只以知识分子的语言在讨论着，而是用人人皆能通晓的话语在进行着。有资格关心国事的，不再局限于能读书识字的知识分子，还包括一般社会大众。西方学者奈伦（Tom Nairn）曾说过“民族主义的新中产阶级分子必须邀请群众进入历史之中；而且这张邀请卡得要用人们看懂得语言来写才行”。[②]

虽然对于中国广大的文盲人口来说，不管文字是以白话或文言的形式来书写，都是毫无意义的书写符号。然而由于白话文运动的推行，加以口头宣讲形式的盛行，不但破除政府官员、知识分子与一般大众之间口语沟通的障碍，在口头舆情宣传上，也较易扩大至

---

① 以上有关白话文报刊、讲报以及其他白话文形式文宣的发展，均参考自李孝悌：《胡适与白话文运动的再评估》，《胡适与近现代中国》，页1—29。

② Tom Nairn, *The Break-up of Britain: Crisis and Neo-nationalism* (London: NLB, 1977), p. 340；班纳迪克·安德森（Benedict Anderson）：《想象的共同体：民族主义的起源与散布》，页89。

社会大众。尤其在关乎国家民族存亡问题的重大事件上，透过白话文的使用，新知识分子不但可以拉近与社会大众的距离，更能够藉之鼓动更为广泛的舆情，使民族主义情绪深入群众之间，蓄积更大的力量。

简言之，白话文运动的推行，对于事件讯息的流通深度，以及新知识分子带动民众舆论的幅度，均有正面、积极的作用，使中国公众舆情获致进一步的发展。

四、“反日”、“亲美”的民族舆情

当以关心国事为核心的公众舆论，渐趋形成之际，1915 年日本利用欧战发生，西方列强无暇东顾之机，提出“二十一条”要求，“国人切齿扼腕，民气达于沸腾”。[①] 稍后的“西原借款”，又加深中国公众对日本谋华企图的质疑。透过交通、传播工具与报纸媒介，这股“反日”舆情，开始在中国晕染开来。在这样的舆论环境与条件影响下，日本对华的种种文攻武吓，刺激中国公众舆论的发展；清末以来孕育出的新知识分子，又极富民族情绪感受力，使得以“反日”、“疑日”为主轴的公众舆情迅速成型。[②] 另一方面，欧战即将告终，威尔逊揭橥的“民族自决”主张，符合中国人心理需求，撼动中国人心，在正面积极的传播媒体宣传助势下，[③] 掀起广大舆论旋风，中国人希望美国出面主持公道的心声也慢慢涌现，

① 梁启超：《外交失败之原因及今后国民之觉悟》，《饮冰室文集》第十二分册，中华书局，1960，文集之三十五，页 22—28。

② 臼井胜美著，陈鹏仁译《中日关系史（1912—1926）》，水牛出版社，1989，页 113。

③ 此即美国驻华公使馆与美国公共新闻委员会（Committee on Public Information）驻中国单位，在欧战发生期间所积极进行的舆论宣传活动，目的在加深中国人对美国以及威尔逊总统的了解与亲善。详情见本章第二节。

“亲美”的舆论由是形成。

民国以来，对于国家社会动向有着强大影响力的知识界，开始“质”变与“量”变，加上传播、交通等“技术”条件的渐趋成熟，全国性公众舆论于焉出现。而关乎国家民族利益的重大外交事件，永远是最易深入人心的刺激性因素，进而形塑出中国公众的对外态度，此即“亲美”、“反日”舆论。

然而，日本的侵略固然加深中国人的民族危机意识，美国威尔逊总统的“民主自决”主张，却也刺激中国民族的自决意识。[①] 日、美两国对于中国公众舆情的影响方式或有不同，但对于中国民族主义发展的促进之功，则是无分轩轾的。在以上种种因素影响下，中国全国性关心国事的公众舆论逐渐出现，民族主义思潮也在舆论形塑过程中，获得茁壮的机会。

五、政治环境的影响

1910、20 年代北京政局内部的更迭，也是造就公众舆论渐趋激昂的因素之一。1916 年，日本寺内正毅内阁上台，检讨对华外交方针，改变大限重信内阁时代的武力恫吓政策，以扶持北京“亲日”政权为主要外交考虑。1917 年的“西原借款”与 1918 年的“中日军事协议”，是日本改行所谓亲善外交后的成品。可是在 1918 年下半年，北京政局开始发生变化，素来对于国内公众舆论界，有

① Carl Crow, *China Takes Her Place* (New York: Harper & Bros., c1944), p. 112.

着巨大影响力的梁启超及其所领导的“研究系”,[①] 开始与当权派段祺瑞的“皖系”发生权力摩擦，彼此渐行渐远，渐成陌路，在“对日”外交政策上更显得南辕北辙。

段祺瑞军政大权在握，“研究系”虽无实力，但能依恃笔杆子，透过报纸鼓动公众舆情以相抗衡。[②] “研究系”先利用“大借款”[③]风波为引子，揭露段氏政权与日本相互勾结的种种情事，结果使得“二十一条”交涉以来酝积的民族情绪,[④] 再度引发开来，形成中国公众舆论对段氏政权与日本大加挞伐的情况。段氏一派动用军警力量进行干涉，鼓动“反段”、“反日”舆情的报纸报馆尽数遭到查禁。因此事件而起的民族情绪舆情，虽勉强被压制，但并未消失，只是暂时潜伏，伺机再起。

1918 年底、1919 年初，随着巴黎和会的召开，威尔逊理想思潮似乎就要付诸实现。对于国际事务富有热情，且抱持乐观态度的公众舆情，开始普遍存在于中国知识分子心中，他们志在满满地筹

---

① 袁世凯去世后，为袁世凯所废的国会于 1916 年 8 月重新召开，梁启超与汤化龙为对抗国民党的势力，分别成立“宪法研究同志会”与“宪法讨论会”，后合并为“宪法研究会”，以梁启超、汤化龙、林长民等为首，人称“研究系”。见郭廷以：《近代中国史纲》，香港中文大学出版社，1986，页 449。

② 中国报学研究的先驱戈公振便曾说道“在野之有识者，知政治之有待改革，而又无柄可操，则不得不借报纸以发疏其意见，亦势也”。见戈公振：《中国报学史》，台湾学生书局，1964，页 179。

③ 见本书第二章第一节。

④ 1915 年日本悍然的提出“二十一条”要求，袁世凯采取泄密的方式，鼓动海内外舆论，抗衡日本的要求。中国“仇日”、“反日”的民族主义情绪，便在袁世凯的外交策略运用下，达到了第一次的高峰。关于“二十一条”对中国民族意识的刺激与影响，可以详见下列专书：周策纵著，周子平等译《五四运动：现代中国的思想革命》，江苏人民出版社，1996，页 22—27；Alfred Whitney Griswold，*The Far Eastern Policy of the United States*（New Haven：Yale University Press，1962.），pp. 190-191；臼井胜美：《中日关系史（1912-1926）》，页 114—118。

组各种组织，迎接国际正义公理的新时代。与此同时，北京政局也于1918年发生巨大变化，徐世昌出任大总统，任命钱能训筹组新内阁。原先主掌国家政权的段祺瑞，虽仍握有实际权力，但是面对新局面的到来，也不得不暂时收敛而侧居幕后；在这政局的更迭中，之前为段氏强压的"对日"舆论力量，因此获得再度舒展与运作的空间。

在内、外均有利于公众舆论发展的环境下，不久即发生撼动国际视听的日本驻华公使小幡酉吉恫吓事件。[①] 北京政府的外交家们，为应付日本突如其来的武力威胁，重师袁世凯政府处理"二十一条"交涉时的故技，透过泄密于外，鼓动海外舆情，遏抑日本图谋。稍后，随着中、外报纸的肆意渲染，先前为段祺瑞强压下的"反日"舆论，就此宣泄而出，与关心巴黎和会的热诚相合流，形成了巨大的舆论力量。尤有甚者，这股力量不但成为政府外交谈判的舆论后盾，更反客为主，跃然成为监督政府外交的无形力量。

此时此刻起，"反日"的公众舆论，朝着中国"对日"舆论的主流之路迈进。之后，以巴黎和会山东问题为核心的外交事件，则是最后促使这股舆论力量发展成型的主要因子。

第二节　威尔逊主义与"亲美"、"反日"舆论

1918年1月8日，美国总统威尔逊（Woodrow Wilson）在参众两院联席会议上，提出举世闻名的"十四点原则"，其中分为两大部分，一是"务必"达成的八项目标：公开外交、海洋自由、全

---

① 见本书第四章第三节。

面裁军、消除贸易障碍、公正处理殖民地争议、撤出俄罗斯领土、建立国际联盟；一是“应该”达成的六项目标：法国收复亚尔萨斯与洛林、奥匈帝国及奥斯曼帝国少数民族自治、重新调整意大利边界、达达内尔海峡自由化、建立拥有出海口的独立波兰国。[①] 其中对中国较具启发意义的为：公开外交、公正处理殖民地问题、奥匈帝国及奥斯曼帝国少数民族自治等。

“十四点原则”清楚体现出威尔逊扬弃秘密外交、尊重民族自决、建立集体安全体系的理想。这些主张对于弱国来说，格外具有说服力，希望能经由强国的提倡，确保自己国家的地位。换言之，威尔逊努力的方向，在以新的国际正义观，取代以往弱肉强食的局面。这样的要求，对当时深陷内忧外患困顿里的中国人而言，犹如久旱逢甘霖。

具有特殊意涵的“十四点原则”，原本是美国总统对战后世界和局安排的政策宣示，如何在现实生活里影响到中国知识分子的思考方式，使其对威尔逊主义与巴黎和会，抱以异乎寻常的期待与信心？在深入探讨这个问题前，我们必须先了解近代以来，美国外交事务与新闻舆论之间关系的演变。这些将有助于理解，为何美国政府宣扬的主张，会在中国引起如此重大的回响。

一、美国政府与公众舆论

在19世纪末期、20世纪初期前后，随着通讯科技的发展、公众事务的勃兴、进步主义观点的盛行与美国在国际事务上所扮演角

① 季辛吉（Henry Kissinger）著，顾淑馨、林添贵译《大外交》上册，智库文化，1998，页299。

色的扩充等种种因素，美国的历任总统们开始注意到公众舆论的重要性，并试图透过各种方式来经营或影响舆论的流向，尤其是在美国对外关系上等重大议题上。[①] 这种由总统透过各种手段操纵传播媒体，向人民推销外交政策，进而影响公众舆论，主导美国对外政策的模式，近代学者称之为“皇帝式的总统职位”（Imperial Presidency）。[②] 在 1913 年—1921 年担任美国总统的威尔逊总统，自然也不例外，深谙美国总统控制媒体与公众舆论之道；他认为“民主政府需要的是一个强有力的行政领导中心”而“指导公众舆论正是总统领导统率力的保证”。[③] 因为秉持这样的信念，威尔逊十分重视传播媒体与公众舆论的影响力，也相当清楚国家对外政策与民间公众舆论间的密切关联性，所以在他考虑美国是否要参加欧战这么一个重大议题时，便非常注意美国国内公众舆论对此事的看法。当时美国国内孤立主义论述仍然有相当大的势力，极力反对美国过分涉入欧洲事务，遑论要加入欧洲战局。此外虽然大部分的美国人是主张参战的，不过反战的少数仍然是很大的问题，毕竟美国是一个民族大熔炉式（Melting Pot）的国家，境内存在数以百万计德、奥、匈等民族后裔的美国人，加上国会里反对参战的“顽固派”，这些可能的反弹力量都是威尔逊无法忽视；更何况威尔逊在寻求连任第二次总统任期时，顺利连任成功的竞选口号正是反战的“他（威尔

---

① Robert C. Hilderbrand, *Power and the People: Executive Management of Public Opinion in Foreign Affairs*, 1897-1921 (Chapel Hill: University of North Carolina Press, c1981), pp. 3-4.

② Robert C. Hilderbrand, *Power and the People: Executive Management of Public Opinion in Foreign Affairs*, 1897-1921, pp. 3-4.

③ Robert C. Hilderbrand, *Power and the People: Executive Management of Public Opinion in Foreign Affairs*, 1897-1921, p. 94.

逊）曾使我们远离战争”（He kept us out of war）。[①] 这样的背景使得威尔逊在决定是否要对德宣战加入欧战前，不能轻忽美国公众舆论对参战一事的看法。为了有效控制新闻媒体，进而达到操纵公众舆论的目的，威尔逊在向国会提出宣战要求之前，便接受幕僚的建议，准备筹组一个委员会，专门负责控制战争时期美国国内所有新闻讯息的流通。在 1917 年 4 月 7 日美国正式对德宣战后数日，这样一个以控制新闻媒体为手段，以影响国内舆论动向“巩固内部战线”为宗旨的组织便在威尔逊总统的一纸行政命令下，于 4 月 13 日宣告成立。这便是公共新闻委员会（Committee on Public Information，简称 CPI）。[②]

同一天（4 月 13 日）由美国国务卿、战争部长、海军部长联名写给威尔逊总统的信中，透露了他们预期公共新闻委员会所应该发挥的功能：

> （为了防止政府）政策、计划与特定活动，被不成熟和错误地宣扬，（新闻检查似乎是必须的）……检查与公开，这两个功能可以诚挚有益地结合在公共新闻委员会里……将可以阻止所有有利于敌人的消息（的出现），同时也可以将政府部门尽可能地公开在人民的监督下。[③]

关键便在于“检查”（censorship）和“公开”（publicity），这

---

① James R. Mock and Cederic Larson, *Words That Won the War: The Story of the Committee on Public Information*, 1917-1919 (New York: Russell & Russell, c1939), p. 1.

② James R. Mock and Cederic Larson, *Words That Won the War: The Story of the Committee on Public Information*, 1917-1919, p. 4.

③ Robert C. Hilderbrand, *Power and the People: Executive Management of Public Opinion in Foreign Affairs*, 1897-1921, pp. 143-144.

是“公共新闻委员会”所需达成的两个主要任务。所谓“检查”，便是检查删去新闻中可能出现的有利于敌方的言论，问题在于究竟何者属于有利于敌方的新闻言论，认定的标准又是如何，还有反战论述是否亦属于这样范畴之内等问题，都不是能够轻易地一言论定。然而如此关系重大的新闻检查权，却被赋予一个政府单位，也就是说，新闻登删与否的认定标准来源，全然只凭执政者的良心与主观认定。另外所谓的“公开”，美国政府在实际上能做到什么程度的开诚布公，也是一大疑问。处在战争时期的美国政府，面对德国间谍作战的阴影，有可能如上述地将政府施政“尽可能地公开在人民的监督下”吗？政府重要施政方针如果真能公开，又何必要有新闻检查呢？所以基本上，“检查”与“公开”便是一组似是而非、相互矛盾的结合。因此这里“公开”的真正意涵可能只在公开对政府有利的新闻言论，这样才能与“检查”功能毫无矛盾地相辅相成。换言之，“检查”的功能便是筛去不利于政府而有利于敌人的新闻言论，“公开”则在尽力公开宣扬有利于政府但不利敌人的新闻言论。“巩固国内战线”的意义即在于此。本来新闻舆论应是站在政府的对立面，担负着监督政府对内与对外作为的力量，然而随着“公共新闻委员会”的成立，原先被赋予监督功能的新闻舆论却被政府收编进政府行政的一部分。这种球员兼裁判的新闻舆论处理模式，无疑的，对美国所高喊的民主共和与言论自由而言，是莫大的讽刺。

二、“公共新闻委员会”与中国的“亲美”、“反日”舆论

“公共新闻委员会”的功能并不仅限于“巩固国内战线”，事实上，它还担负着美国对世界的新闻舆论作战，亦即巩固协约国战线

与中立国战线的任务，这便是“公共新闻委员会”在世界各地分驻机构所勠力的方向，透过结合美国在各地的外交、军事资源，一方面消除敌人在世界各地的影响力，另外一方面则加强美国的影响力。后世学者便分析“公共新闻委员会”在战时宣传的主要任务有四：

1. 动员对敌人的仇恨。

2. 维持协约国之间的友谊。

3. 维持中立国的友谊，如果可能的话，获致中立国的合作。

4. 打击敌人的士气。[①]

此处与中国有着密切相关的，便是美国“公共新闻委员会”在中国的宣传活动。[②] 中国在美国加入战争不久后，亦对德宣战，成为协约国中的一员。上述第二项任务为“维持协约国之间的友谊”，所以当时美国“公共新闻委员会”的驻中国机构是如何运作来维持中、美之间的友谊呢？这与中国那时出现，而且日趋强烈的“亲美”、“反日”舆论，到底有无连带关系？最重要的是，威尔逊本人与其“十四点建议”、“民族自决”等主张，之所以在中国享有如此

---

① Harold D. Lasswell, *Propaganda Technique in The World War*, cited from James R. Mock and Cederic Larson, *Words That Won the War: The Story of the Committee on Public Information*, 1917-1919, p. ix.

② 关于欧战期间，美国在中国的舆论宣传活动可以参见日本学者山腰宽敏的学术论文。见山腰宽敏：The Media Wars: Launching the May Fourth Movement, World War I and the American Propaganda Activities in China, Led by P. S. Reinsch and Carl Crow（“五四运动与美国对于中国宣传活动再论”），台湾政治大学文学院编《五四运动八十周年学术研讨会论文集》，台湾政治大学文学院，1999，页111—136。此处有关美国政府在中国的“亲美”与“反日”宣传工作的讨论，在相当程度上受到山腰宽敏论文的启发。

高的知名度，并进而使中国知识分子对于巴黎和会产生异乎寻常的期望，原因究竟何在？换言之，问题便在于，这些对中国未来影响既深且巨的现象与当时美国“公共新闻委员会”在中国所进行的宣传活动有无密切的关系？

当时美国“公共新闻委员会”驻中国代表为卡尔·克罗（Carl Crow）。[①] 他在中国的主要任务便是在美国驻华公使“芮恩施（Paul S. Reinsch）的指挥下”，在中国“为威尔逊总统的演说与言论，提供理想的宣传材料”，将威尔逊的一言一行，作“最大可能地公开”宣传；[②] 同时也将经由美国海军无线电每日传送过来的各种有关美国的消息，译成中文送交中文报纸登载，[③] 使中国人知晓美国与欧洲所发生的种种事情，进而增进中国对美国与整个世界局势的了解。[④] 换言之，克罗所执行的任务，便是上述美国“公共新闻委员会”两大任务之一的“公开”，目的在尽力宣扬有利于美国与威尔逊总统的言论。1918 年初，当威尔逊发表“十四点原则”之后，芮恩施更建议要收集威尔总统所有战时言论，将之翻成中文

---

① Carl Crow 于 1911 年前来中国后，先是任职于 Thomas F. F. Millard 所创办的英文报纸《大陆报》（*China Press*），并担任“联合通讯社”（*The United Press*）驻中国的特派员，后来前往日本，负责经营一份名为 *Japan Advertiser* 的英文报纸，同时担任“联合通讯社”驻东京特派员。美国参战后，“公共新闻委员会”成立，Crow 成为该委员会驻中国的代表。详见 Carl Crow, *China Takes Her Place* , pp. 1-7. 以及 Carl Crow, *I Speak for the Chinese* (New York: Harper & Brothers, 1937), 3rd ed. , p. 1.

② Carl Crow, *China Takes Her Place*, p. 113.

③ Carl Crow, *I Speak for the Chinese*, p. 16.

④ 芮恩施（Paul S. Reinsch）著，李抱宏、盛震溯译《一个美国外交官使华记》〔*An American Diplomat In China* (New York: Doubleday, Page & Company, 1922.)〕，商务印书馆，1982，页 126。

并编印成书。[1] 于是克罗便商请一位知名的中国学者将之翻译为中文，交由商务印书馆出版。[2] 据克罗本人的回忆，此书在中国出版后引起广大的回响，读者响应的信件，如雪花般地飘来，最后竟然有超过一万封的来信。在这些来信者中，各行各业都有，有“寺庙方丈、退休官员、孙中山的支持者、学生以及许多受过旧式教育的知识分子”；在他们的信中都流露出一股“对未来的信心，深信威尔逊总统的言论将会实现，而中国以及其他被压迫的国家，都将获得解放”。[3]

由以上可以确知，美国“公共新闻委员会”透过芮恩施以及克罗的努力，已成功地在许多中国人心中塑造出威尔逊总统完美的形象，似乎他已经成为中国的救星，并即将带领所有受压迫的国家迈向解放之路。就宣传“亲美”舆论这点上，“公共新闻委员会”在中国所获致的成就实在令人惊讶。

然而克罗与“公共新闻委员会”在中国所扮演的角色，不仅仅作为“亲美”舆论的推手，事实上克罗在华工作还有另一努力方向，不过这个方向却已经有些超脱出“公共新闻委员会”海外工作原先所定义的主要功能之一“维持协约国之间的友谊”，这便是揭发日本对华野心与图谋。而此举却间接促成中国“反日”舆论的更加激昂。中国与日本同样为协约国的一员，也都是美国的盟友，克罗的这项工作似乎与“维持协约国之间的友谊”此一目标明显地互相抵触。克罗如此作为的用意何在？由于克罗的宣传工作必须与芮

---

① Carl Crow, *China Takes Her Place*, pp. 113-114.

② 这本书是由蒋梦麟翻译，书名为《美国总统参战演说》，详见杨玉圣：《中国人的美国观》，复旦大学出版社，1996，页 76。

③ Carl Crow, *China Takes Her Place*, pp. 113-114.

恩施和美国驻华公使馆官员合作，分享机密事宜，所以有机会接触许多中、日间所发生的事情，愈加确信日本对中国的野心。他不讳言地表示“美国公使馆的主要工作便在遏抑日本在中国的活动，并尝试去阻止他们（日本）的阴谋”，因为欧洲战场的胜利固然非常重要，可是将中国暴露在日本野心下，也是一件危险之事，毕竟“协约国在欧洲的所获得”有可能被“在东方的损失”所抵销。[①] 正由于秉持这样的信念，芮恩施与克罗，除了致力于宣扬有利于威尔逊与美国政府的舆论、增进中美两国之间的友谊外，同时也十分注意日本在华的一举一动。克罗出身新闻记者，加上又负责“公共新闻委员会”的宣传工作，自然清楚新闻舆论可能产生的作用。美国驻华公使芮恩施则在经历 1915 年中日“二十一条”交涉后，明白阻止日本企图的最好方法，便是公开这些图谋。[②] 是以在芮恩施、克罗的主导下，每当日本有所行动之时，他们制止日本的手段便是将所获得的机密消息，透露给美国人在中国的报纸（如大陆报 China Press、密勒氏评论报 Millard's Review 等），再传给华文报纸，藉之兴起庞大的舆论攻势，挞伐日本的所作所为。如 1917 年日本公使重提“二十一条”要求中的第五号，[③] 以及 1919 年日本公使为约束在巴黎和会中国代表的言行所提出的恫吓等等，[④] 都是大致遵循这样的模式来进行“反日”的宣传工作。中国公众舆论界的“反日”倾向也就是在这样的推波助澜下，日益壮大。

---

① Carl Crow, *I Speak for the Chinese*, p. 16.

② J. B. Powell, *My Twenty-five Years in China* (New York: The Macmillan Company, 1942), 2nd ed., p. 43-45.

③ J. B. Powell, *My Twenty-five Years in China*, p. 43-45.

④ 此即 1919 年 2 月的小幡酉吉公使恫吓事件。

美国公使馆、“公共新闻委员会”等美国在华官员所勠力形成的“亲美”“反日”舆论，其成效如何可由日本报界对此事的态度得到证明。在 1918 年 12 月 1 日的大阪《每日新闻》有着这样的评论：

> 中国近日以媾和会议为机会，盛起排日运动者不一而足……此事之背面，必有某国人从中煽动……数月以来，美国大总统威尔逊声望日隆，于是趁此时机，利用中国人趋炎附势之心里，鼓吹亲美排日，而以日本为第二德国者不乏其人。①

这则日本新闻评论正好呼应上述美国在华机构的努力方向，证明芮恩施与克罗等人“亲美”“反日”的舆论宣传的确发挥了一定功效。日本报界已经强烈感受到中国公众舆论界的转变，更不用说日本政府了，当然也深知个中的冷暖。虽然，美国在华宣传活动与中国“亲美”“反日”舆论的形成，两者之间不一定存在绝对必然的因果关系，但是可以想见的，前者的所作所为势必为后者提供了更多成长与茁壮的机会。

三、中国的回响

处在上述舆论宣传背景下的中国知识分子，对于未来有着什么样的看法？是否已经为威尔逊理想主义与“亲美”舆论所深深吸引，以致于对于即将到来的巴黎和会，抱持着不切实际的期待？美国在华机构，无论是公使馆还是“公共新闻委员会”，所宣扬的威尔逊与美国的主张，与事实又有着多大的落差呢？

当威尔逊总统在 1918 年 1 月发表“十四点原则”时，中国报

---

① 《东报反对收回山东利权》，《晨报》1918 年 12 月 10 日，第 3 版。

纸虽然曾经报导此事，但知识分子那时并未对此产生很大的兴趣。可是随着美国宣传活动的进行、报纸的大力报导，以及欧战的即将告终，威尔逊与“十四点原则”的魅力也就愈来愈大，中国知识分子渐渐堕入威尔逊的梦想里。似乎威尔逊三字便代表一切，是美满未来的化身，由此产生的，则是中国知识分子的巴黎和会热，因此纷纷筹组讨论巴黎和议事的团体。知识分子也开始针对中国在巴黎和会上应有的主张，提出各种建言。显而易见，这是一种受到威尔逊理想主义刺激而产生且范围相当广泛的知识分子运动。

我们可以从在当时社会具有重大影响力的“意见领袖”[①] 身上，进一步窥看一般知识分子对于威尔逊主义抱持着的怎么样的态度。[②] 蔡元培在 1918 年 11 月 8 在北京天安门“庆祝协约国胜利大会会场”上，发表以“黑暗与光明的消长”为题的演说，称“美总统提出的十四条……是武断主义的末日，平民主义的新纪元”。[③] 1918 年 12 月下旬，梁启超在“协约国民协会”上所发表的演说中，认为威尔逊所倡建的国际联盟“当可实现中国政治学者之理想为大同”，几乎已将国际联盟比拟成中国“世界大同”的政治理想。[④] 在 1918 年 12 月《每周评论》的发刊词中，陈独秀亦持同样正面论调，

---

① 此处意见领袖的定义为“耸立在公众之上，提出指导性见解，具有广泛社会影响的人，叫意见领袖，又称作舆论领袖……舆论领袖必然具有政治品格和引人敬慕的气质，善于就国家、世界的重大事项发表意见……舆论领袖不是孤立无援的独立思想家，他们或加入一定的党派……或站在某种思潮的前列，成为政治传播者或社会理想的宣传家”。详见刘建明：《当代舆论学》，陕西人民出版社，1990，页 54—57。

② 以下有关国内意见领袖对于威尔逊的种种看法，部分参考自杨玉圣：《中国人的美国观》，第五章，页 73—90。

③ 蔡元培：《黑暗与光明的消长》，载孙常炜编著，《蔡元培先生年谱传记》中册，国史馆，1986，页 203。

④ 梁启超：《梁启超在协约国民协会之演说词》，《晨报》1918 年 12 月 25 日，第 2 版。

称威尔逊为“世界上第一等好人”：

> 美国大总统威尔逊屡次的演说，都是光明正大，可算得现在世界上第一个好人。他说的话很多，其中顶要紧的是两个主义：第一不许各国拿强权来侵害他国的平等自由？第二不许各国政府拿强权来侵害百姓的平等自由。这两个主义，不正是讲公理、不讲强权吗？所以我说它是世界上第一个好人。[①]

在蔡元培的谈话中，即清楚点明威尔逊主义与平民主义的关联性；在梁启超的认知中，将国际联盟等同了世界大同的最高理想；陈独秀则不但点出威尔逊“民族自决”的主张，还将威尔逊封为“世界上第一等好人”。任何与威尔逊有关的事物，都是好的，都是光明正大，都是正义与公理的化身，威尔逊三个字也就几乎成为无所不包、无所不能的。事实上，在中国人的心中，威尔逊已经活脱脱成为“新世界秩序的象征”；而产生的普遍现象为：人们热衷地引用“威尔逊式的词汇”，如“国家主权”与“民族自决”等。[②]

简单来说，那时中国知识分子对于威尔逊的主张有了过分乐观的看法，随意“自由地”理解威尔逊的主张，尤其是对于“民族自决”的观点。他们天真地以为在威尔逊的领导之下，中国人民将可以“决定自己命运”，并收回国家的“主权”，似乎一切的不平等条约与所有外人在华的租借地、租界、特别行政区，都将在威尔逊主义的摧枯拉朽下，宣告结束。[③] 中国知识分子们的确相信，不平等

---

① 《每周评论》发刊词，收录在《陈独秀文章选编》上册，页 304，转引自杨玉圣：《中国人的美国观》，第五章，页 75。

② Akira Iriye, *Across the Pacific: An Inner History of American-East Asian Relations*, Rev. Ed., p. 137.

③ Carl Crow, *China Takes Her Place*, pp. 112-113.

的时代过去了，公理与正义的时代即将来临，中国将摆脱以往种种不平等条约的束缚，迈向独立自主的未来。

然而，在中国人自以为是的想象与国际现实之间，却有着相当大的距离。实际上威尔逊所提出的“国家主权”与“民族自决”观念主要是运用在欧洲地区，并非适用于世界上其他地方。美国政府亦无打算要立刻无条件的为中国国家主权的完整作保证与背书的工作。[①] 日本在战时与英、法、义等国所签订有关山东问题的密约，更是可能破坏威尔逊主义的最大黑手。宣传与想象是如此崇高美好，但现实上却是如此不定与充满变数，这种在想象与现实间有着明显落差的情况，毫无疑问对中国未来将有很大影响。对中国知识分子而言，巴黎和会这个充满威尔逊理想主义色彩的集会又将为中国舆情带来什么样的冲击呢？胡适在回忆“五四”时，便说过“正因为有了那六个月的乐观与奢望，所以那四五月间的大失望能引起有热力的反动……我们不能不承认那引起全世界人类乐观的威尔逊主义在当日确是‘五四运动’的一种原动力”。[②]

小　结

自民国以来，以知识分子为核心成员，以国家大事为主要议题的公众舆论，逐渐开始运作，发挥影响力量。一方面是因为中国由原先的专制政体改变成民主共和政体，中国知识分子在这政体的转换过程中，透过集会、结社、办报等模式，逐渐蕴积力量，织就出

---

① Akira Iriye, *After Imperialism: The Search for a New Order in the Far East*, 1921-1931 (Cambridge: Harvard University Press, 1965), pp. 10-11.

② 胡适：《纪念五四》，《五四与中国》，时报文化，1979，页597—606。

关心国事的公众舆论。加以种种“技术”条件的成熟，新知识分子在“质”、“量”上的提高，使得全国性的公众舆论成为事实。然而造成这种倾向的原因，除了中国知识分子本身内部力量运作（如具有民主新知观念的本土知识分子或海外归国的留学生）的结果，还有一部分是因为受到威尔逊理想主义的激荡影响，使得当时知识分子对于有关中国的国际事务，有了过分高度的期许，以及过分激昂的热诚，深深以为中国人在国际上的地位或将就此改观，脱离“人为刀俎，我为鱼肉”的悲惨境界。中国的民族自尊心也是在这种情况下，获得充分滋长。换言之，受到威尔逊主义的影响，中国公众关心国家大事的热诚随之雀跃了起来。

无可讳言的，欧战期间日本对华所施行的武力恫吓外交或金钱外交，是促成中国公众舆论日趋高涨的一个主因。从 1915 年武力恫吓的“二十一条”交涉、1917 年“欲取先予”的西原借款，到后来 1918 年军事渗透的军事协议，中国的公众舆论，随着日本对华有所图谋政策的揭露，受到相当大的刺激，遂将舆论的矛头对向了日本，“疑日”或“仇日”倾向愈加深刻，中国民族主义情绪也渐趋高昂。在这种“对日”公众舆论渐趋强化的过程中，不可忽略的，北京政府的外交施政扮演了关键性的媒介角色。因为北京政府中主持外交事务的官员们，有时为了抗衡日本强势的外交压迫，不得不援引政府本身以外的力量来为外交谈判之助，那就是泄密于外，鼓动海外舆情；这种外交手法所造成的效果，不仅招致外国势力的加入干涉，国内公众舆论蓄积的力量亦在同时获得发展空间。如在“二十一条”交涉时，由于袁世凯外交策略的运用——“密联英美”，间接使得中国公众舆论与民族情绪大为激昂，国人“疑日”“仇日”的倾向便在那时奠立了基础。

同样的，北京政府内部的政治斗争也是促成民族主义情绪与公众舆情高涨的一个原因。敌对的政治派系，有时为了私人党派利益，动辄利用外交事件，掀起广大的舆论风波。在当时，“反日”舆论几乎已经成为政客们彼此攻讦的最佳利器。“反日”的公众舆情便是在这样的挑动刺激下愈发地壮大，且与民族主义情绪合流，形成无法抗拒的时代潮流。

促成中国民族主义力量滋长的另一重要因素，便是美国总统威尔逊所宣扬的理想主义。威尔逊这套思维从另一个面向积极营造适合中国民族主义动力发展的环境。中国近代以来民族主义曾有多次活跃的纪录，从单一的英法联军之役下的广州三元里事件，以及频繁于晚清政局的各种教案，一直到引起八国联军之役的义和团“拳乱”，都可看作是中国民族主义具体的展现。然而这些展现后来却没有汇集成更大力量，这固然是许多原因所致，如缺乏适当的领导人才、政府的态度转变等等。然而不可忽略的，列强共同合作所形成的强有力控制是促成中国民族主义力量转趋消沉的重要因素之一。美国总统威尔逊的理想主义则是从外提供能使这种动力继续活跃滋长的空间。他所高举的理想主义、“民族自决”，将列强为遏止中国民族主义力量滋长所形成的围堤，打出了一道裂缝。[①]

美国加入欧战爆后，又成立了负责美国国内与海外舆论宣传工作的“公共新闻委员会”。中国部分的宣传工作，在美国驻华公使芮恩施与“公共新闻委员会”驻中国代表克罗的共同努力下，获致空前的成就，威尔逊成为中国人心中的救世主，同时也加速刺激中

---

① Akira Iriye, *Across the Pacific*: *An Inner History of American-East Asian Relations*, Rev. Ed. (Chicago: Imprint Publications, Inc., 1992c), p. 138.

国“亲美”、“反日”舆情的形成。

总而言之，高涨的民族主义情绪，极端鲜明的“亲美”“反日”舆情，还有对未来过分乐观的期许，这些便是在巴黎和会前夕，中国对外公众舆论的大致背景。

第二章　“反日”舆论与派系之争：“研究系”的外交要求

以梁启超为首的“研究系”，在国内公众舆论与山东议题的互动上，扮演着何种角色？随着巴黎和会山东问题失利消息的传来，国内公众舆论随之激昂，以致爆发影响深远的“五四运动”。但失败消息如何传到国内？内容又是如何？失败传闻与真正事实间有无差距？传达国内公众舆论的重要媒介——报纸又是如何诠释这外交挫败？在这一系列因果关系上，“研究系”有无从中运作施力，以致引发国内公众舆论的激烈反应，最后形成重大政治事件？要回答这些问题，绝非一句——因当时国内民族意识高涨，就能概括解决的。凡事有果，必有其因。要明晰“研究系”在上述事件中扮演的角色，首先必须厘清“反日”舆论与国内政争间的关系。“研究系”素来相当关心外交事务，固然可归因于民族使命感所驱使，而热衷国事；然而在关心过程中，有无牵涉到国家民族利益以外的党派之争；换句话说，“研究系”有无假借重大外交事件，鼓动国内舆情，以进行政治斗争的情事？其中关键在于“研究系”与段祺瑞一派和曹汝霖新交通系之间关系的发展与演变。

袁世凯去世后，国会于1916年8月重新召开，梁启超与汤化龙为对抗国民党势力，分别成立“宪法研究同志会”与“宪法讨论会”，后合并为“宪法研究会”，以梁启超、汤化龙、林长民等为首，人称“研究系”。[①] 这便是“研究系”的开始。“研究系”政治路线仍沿袭昔日与袁世凯合作模式，与当权派（段祺瑞等）结合，共同对付在国会中居优势的国民党。1917年初，中国参战问题发生，国务总理段祺瑞与“研究系”主张参战，大总统黎元洪与国民党籍国会议员则反对，为此造成激烈政争，黎元洪最后愤而免除段祺瑞国务总理之位。但情况并未改善，进而演变成“督军团叛变”与“张勋复辟”等严重乱事。黎元洪于是不安于位，除请副总统冯国璋代行总统职权外，并重新起复段祺瑞。1917年7月段祺瑞出兵平息复辟之乱，重组内阁，大量起用研究系人士为阁员，是为“段、梁内阁”。其中财政、内务、司法、外交、农商、教育等部均由“研究系”或亲“研究系”人马出掌。此时是“研究系”与当权的段祺瑞一派交相结合的时代（1917年7月至11月）。

这段时期，“研究系”对日本的态度，可以由梁启超出任段内阁的财政总长后，提出的借日款改革币制之议略窥一二。梁启超在1917年8月为此事致书日本政要犬养毅：

> ……中日提携，吾与公所同抱之政策也。年来亲善之说大倡，诚可为两国幸，惟言亲善则易，而所以实行亲善者，贵有具体方法……币制改革可以增进贸易，刷新财政……以为此策而行，不独日本目前资金可以输出，而国际贸易获益尤大，故此次有币制借款之提议……贵国朝野……倘若赞同，使此举得

---

① 郭廷以：《近代中国史纲》，香港中文大学出版社，1986，页449。

以实现，岂独敝国蒙庥，而于亲善之义尤有大也。①

梁启超并不反对中日亲善之说，主张借日款改革币制。这种以借日款名目，加强中日亲善提携之说的模式，与段祺瑞执政时的西原借款相类似。虽然，两者在目的上有显著差异，一是用于国家财政的改善，一是用于个人军事力量的扩充。大致而言，段、梁均是透过迎合日本寺内内阁的中日亲善之说，向日本举借外债；其结果亦同样造成日本势力进一步渗入中国：一是经济势力入侵，一是军事势力入侵，所以就结果言，两者并无多大差异。总之，在"对日"政策的手段运用上，梁启超不反对中日亲善之说与借用日款形式。

然而梁启超与段祺瑞一派相互结盟，对日本采取亲善提携的政策，却招致其他知识分子的不满。曾琦在 1917 年 11 月从日本致书梁启超，表达对研究系"联段亲日"政策的忧惧：

> 今则国事愈棘矣，官僚愈横矣！日、美共同宣言发表（兰辛石井协议），我国主权已潜移矣！（中日）军器同盟告成，敌人则制我死命矣……不能救国而反与他人同蒙卖国之名，前途痴梦，亦可醒矣……公于此时进退大节，宜慨然自决……再者军器同盟之说传来，留学界中人责望我公者甚多……似宜有以解之为妙。②

曾琦此信透露出在当时，"反日"或"疑日"舆论的盛行。信

---

① 《梁启超致日本犬养毅书》，1917 年 8 月 23 日，载丁文江编著《梁任公先生年谱长编初稿》，页 529；吴天任编著《民国梁任公先生启超年谱》第三册，台湾商务印书馆，1988，页 1354。

② 《曾琦致任公吾师书》，1917 年 11 月 13 日，载丁文江编著《梁任公先生年谱长编初稿》，页 538；吴天任编著《民国梁任公先生启超年谱》第三册，页 1366。

中曾琦陈述的舆论情况，虽主要是留日学界对中日军器同盟的反应，但仍能体现中国舆论界“反日”与“疑日”的倾向。文中“敌人”、“同蒙卖国之名”两词，点出当时舆论界对中日亲善的普遍看法：将日本视为敌人，把中日亲善之说等同卖国行为。段祺瑞一派也就成为敌国日本在中国内部的同路人。曾琦所以建议梁启超当机立断，尽早与段氏分道扬镳，即经由上述逻辑思维而形成的。他论述重心为，“联段亲日”会导致“卖国”骂名，梁启超最好能早早“解之为妙”。简言之，曾琦这封信除清楚呈现当时中国公众舆论的“对日”看法外，也意味着这种“反日”舆论企图透过文字形式来施展力量。不论梁启超从何种权宜角度思考，以致做成“联段亲日”的决定，但曾琦以“卖国”这样大的罪名来加以论说，对素以国家民族利益自诩的梁启超来说，究竟很难无动于衷。另一方面，先不论梁启超对这股“反日”舆论的看法为何，是否在权衡轻重后决定改弦易辙；至少此时梁启超已相当清楚“反日”舆论，在中国知识分子的“日本观”中，所居的分量了。

1917 年底，梁启超与“研究系”并未与段氏一派公然决裂。同年 11 月中旬，段祺瑞内阁因对南方用兵问题提出总辞，但为大总统冯国璋慰留之际，梁启超在个人单独的请辞文中，[①] 是以财政艰难为由，请辞财政总长一职；文中未见一言半句抨击段祺瑞“亲日”政策，或表达对中、日“军器同盟”之说的不满。可见梁启超尚未放弃“联段”“亲日”策略。至于“研究系”与段祺瑞一派开始渐行渐远，并非由于“反日”舆论考虑，而导因于政治上实际利

---

① 《梁启超辞呈》，1917 年 11 月 18 日，丁文江编著《梁任公先生年谱长编初稿》，页 539—540；吴天任编著《民国梁任公先生启超年谱》第三册，页 1371—73。

害关系，先是双方对武力统一政策的不同看法，大致而言，段祺瑞主战，而梁启超因考虑与占有两桂地盘陆荣廷间的同盟关系而主和，段、梁嫌隙由此而生。之后在 1917 年底临时参议院席次安排上，段派（以徐树铮为主）与新交通系（以曹汝霖为首）合作，联手排挤“研究系”，取得 2/3 的席次。继之，在 1918 年春夏之交的国会大选中（两院总共 470 席），段派（安福系）与新交通系更一举囊括大部分席次，研究系只不过占有二十余席。[①] 至此“研究系”与段祺瑞一派（包括新交通系）间已几如水火之势。双方第一次实际的冲突，即发生在此时，这就是“大借款”风波。

第一节　“大借款”风波

一、事件的发生与泄密问题

1918 年 9 月，北京《晨钟报》、《国民公报》等报刊陆续揭露段祺瑞政权与日本政府间多次借款纪录，其中包括济顺、高徐铁路借款换文等问题，因此引起重大回响。

> 政府又向日人方面缔结军械借款一节，业经本报一再刊载，以促国人之注意。迩复有人投函本馆，据其所述款项极巨，不仅前传之三千万名目颇多，又不仅军械借款一项……（原函云）“自曹（汝霖）、陆（宗舆）与西原龟三……同盟，而国产已为其拍卖殆尽。国人口诛笔伐，原冀其稍有觉悟，乃

① 以上有关“研究系”与段派、新交通系之间的种种关系详见张朋园：《梁启超与民国政治》，食货出版社，1978，页 90—101。

事生奇变。当兹徐总统将次就职，陆内阁将告下野之际，忽传有一万万元之空前大借款出现……陆买办只顾自己为犹太老板，而国亡身殉在所不惜……寺内与段内阁改组在即……不谓此重大借款竟有限一星期成立之恶耗。曹、陆有意乘机大甩卖取得大宗回扣，实无可逭。闻……其条件较袁项城时代第五项为尤甚……我中华民国何其不幸，乃有此败类……全额总数一万万，分为铁路垫款、政费垫款、军械借款三项……”①

其详细借款名目与条件兹整理如下：

（一）铁路垫款

（甲）金额：四千万。（乙）利息：八厘。（丙）抵押品：路线（山东、东三省、江苏、直隶等四条）。（丁）条件：承认山东民政署、开放山东全省矿山。

（二）政费垫款

（甲）金额：四千万。（乙）利息：八厘。（丙）条件：财政监督权之授与。

（三）军械借款

（甲）金额：二千万。（乙）利息：八厘。（丙）抵押品：全国烟酒税。（丁）条件：扩张军事协议、中国陆军归日军官教练。②

以上即为9月21日《晨钟报》揭露的中、日“大借款”内容。考诸事实，在1918年9月前后，曹汝霖、陆宗舆与章宗祥与日本议定的借款共有三笔，分别为满蒙四路借款二千万元、高徐济顺铁

---

① 《人言凿凿之大借款》,《晨钟报》，1918年9月21日，第2版。

② 《人言凿凿之大借款》,《晨钟报》，1918年9月21日，第2版。

路借款二千万元、参战借款二千万元，[①] 借款名目与金额均与《晨钟报》所刊内容有所出入，详细的借款条件亦不太相同，不少是颠倒黑白者，如高徐、济顺铁路借款条件实际上是撤废民政署，而不是承认，此外也并无提及开放山东全省矿山者。

是以这封密告信函内容多少有些问题，有可能是密告者为避免被查出身份，故意更改部分内容；再者，亦有可能藉修改、夸大内容，激起更广泛反弹声浪，形成政府压力。据当时主持这些借款交涉的交通总长曹汝霖回忆，当驻日公使章宗祥与日方大致商妥相关条件后，曹汝霖因事关铁路，故曾将“原委告知”交通部次长叶恭绰，但次日早晨即“有八家报馆和两家通信社，用同样的文字，略改一二，将此事完全发表，并加以指责”。[②] 曹汝霖自谓，在北京详知内情者，除曹汝霖、陆宗舆外，只有叶恭绰与负责替曹汝霖收发电文的秘书知情，但曹、陆二人不可能泄露内情，曹的秘书又是极可信赖之人，言下之意是叶恭绰将此事泄露。曹汝霖忆及段祺瑞知晓此事后，尝道“这明明是叶次长的事了，行政官泄露秘密，不能不负责”。[③] 不过，另一当事人叶恭绰在事后回忆，却否认是其告的密。[④] 事实真相如何，殊难断言，不过曹汝霖的论点，有其可能性；因事关机密，曹、陆等不可能不小心行事，试论当时可能熟悉内情

① 关于1918年9月的大借款，详见周叔廉：《西原借款》，载中国人民政治协商会议全国委员会文史资料研究委员会编《文史资料选辑》第35辑，中国文史出版社，1980，页8—9；与叶恭绰：《西原借款内幕》，载中国人民政治协商会议全国委员会文史资料研究委员会编，《文史资料选辑》第3辑，中国文史出版社，1980，页106。

② 曹汝霖：《曹汝霖一生之回忆》，页142。

③ 曹汝霖：《曹汝霖一生之回忆》，页142。

④ 叶恭绰：《西原借款内幕》，载中国人民政治协商会议全国委员会文史资料研究委员会编《文史资料选辑》第3辑，页110。

者，叶恭绰身为交通部次长是极有可能知情的，加上叶氏亦自言“始终反对西原借款”，[①] 是以叶恭绰有泄密的可能性。此外当时报纸对此泄密之事，亦是绘声绘影，报导内容与曹汝霖回忆所言雷同，甚有过之者，如天津《益世报》有谓“大借款需以顺济、高徐铁路为酬……某总长因其抵押品以铁道为大宗，乃持电往商某次长。某次长尝从事南浔铁道借款，为某总长所梗，且泄其秘密，卒以无成，恨之，欲图报复而未得其间。至是，各通讯社于是各得绝好之匿名投稿”。[②] 其中某总长指的应是曹汝霖，某次长则为叶恭绰，此报导认为叶恭绰泄密是挟怨报复。

此件泄密案透露出北京政府内部，存在着反对“段系”与“新交通系”中日亲善提携政策的势力。这群反段势力，不论其动机为何，已深知利用新闻媒体为工具，藉由泄漏消息，激起“反日”舆论，以舆论力量形成对段氏政权的牵制与监督。这种利用新闻媒体，鼓动舆论攻击敌人的手法，不仅可施展于处于弱势的外交交涉中，亦常在北京政局内部斗争里运作。可见利用舆论造势，不是外交交涉专利，政治斗争中亦常被援引使用。

二、“研究系”在舆论战中所扮演的角色

另一方面，“研究系”所属《晨钟报》收到此封密告函后，未加证实便以显著标题、耸动字眼大加指责段氏政权与新交通系的卖国之举。“研究系”真正用意，可能也不仅仅如其字面上所言，是

---

① 叶恭绰：《西原借款内幕》，载中国人民政治协商会议全国委员会文史资料研究委员会编《文史资料选辑》第 3 辑，页 110。

② 《大借款消息之消息》，《申报》，1918 年 9 月 27 日，第 3 版。同时可见南海胤子编《安福祸国记》，页 66。

因民族气愤之故；借机激起“反日”舆论，打击政敌（段系与新交通系），恐怕亦为原因之一。

一年前，当“研究系”与段系共组政权（“段、梁内阁”）时，梁启超不反对向日本借款。梁启超财政总长任内，就曾与日本政府达成以盐税为担保的一千万元垫款。[①] 尤有甚者，梁启超还主张借日款来改革中国币制，并有聘日人为币制顾问之议。美国公使芮恩施（Paul Reinsch）也回忆道，在梁启超担任财政总长期间，“采取的财政管理措施导致日本在华势力的急遽增长”。[②] 梁启超昔日的外交财政举措，如以此时“研究系”机关报《晨钟报》的言论口径来加以衡量，[③] 应当也是卖国之举！如果向日本大举借款确是“卖国”之举，那梁启超与“研究系”，在本质上跟段系与新交通系并无多大的差别，均可谓是形塑此一共犯结构的一分子。是以时人曾著作评论，抨击梁启超自身才是抱持“亲日”主义者：

> 查梁启超亡命日本最久，本抱亲日主义。其于币制，首向日本借款，正以实行亲日政策。故不但一垫款也，而并附以请日人顾问之条件。汪大燮上年（1917 年）专使赴日，并令与日本前大藏大臣阪谷芳郎订聘约……陆宗舆辞币制局总裁（按：五四运动之后）呈文中，有汪、梁订聘阪谷非其主张等语……此当系实事。然则梁、汪固亦亲日派之首偭，而以忘中

---

① 《中、日一千万垫款合同》，1918 年 8 月 28 日，载史俊明：《中日国际史》，文海出版社重印，1919 年，页 166—170。

② 芮恩施：《一个美国外交官使华记》，页 223。

③ 关于币制问题后来所引发的争议，见后文讨论。

国之顾问条约媚日乎！[①]

何以一年之内，梁启超为首的“研究系”，在“对日”政策上有着一百八十度的转变？[②] 从昔日的“亲日”之嫌，到后来极端富有“反日”民族主义色彩？前已提及，1918 年底，曾琦尝写信给梁启超，痛言指责“联段亲日”政策的不当，[③] 但梁氏当时并无改弦易辙的打算，直到“研究系”惨遭段系、新交通系联手排挤其国会活动空间后，才幡然醒悟，其中必有奥妙！所以“研究系”此时“反日”论调的形成，未必全然是基于国家民族大义的考虑，有可能仅是与段系等当权派决裂后，采取的策略性手段，即试图透过报纸新闻媒体工具，挥舞“反日”舆论大旗，攻击政敌。简言之，便是以舆论作势，行政治斗争之实。经此转变，梁启超也就从“亲日”政策健将，摇身一变成为“反日”舆论的掌旗者。

三、“亲日”派的反扑

“研究系”利用新闻工具揭露“大借款”秘密，藉此鼓动“反

① 史俊明：《中日国际史》，页 178—179。此书成于 1919 年 12 月，系作者感于世人尽将和会失败之责任归诸曹汝霖、陆宗舆、章宗祥等，实是昧于事实，故根据中日种种条文，写作此书为曹等辩诬，证明曹、陆等在外交上并无重大过失。

② 梁启超后来对于曾经与北洋军阀合作共事，感到十分痛苦。在 1921 年在北京高等师范学校平民教育社演讲时，梁氏回忆道“别人怎么议论我，我不管。我近来却发现自己一种罪恶……因为以前我总抛不掉贤人政治的旧观念，始终想凭借一种固有的势力来改良这个国家，所以和那些不该共事的人共过几回事（似指两次入阁当政）。虽然我自信没有作坏事，多少总不免被人利用做坏事，我良心上无限痛苦，觉得简直是我直接的作恶”，见梁启超：《外交欤政治欤》，《饮冰室文集》第十三册，中华书局，1960，页 41—42；梁漱溟：《写在〈纪念梁任公先生〉一文之后》，载陈引驰编《自述与印象：梁启超》，上海三联书店，1997，页 165—167。

③ 《曾琦致任公吾师书》，1917 年 11 月 13 日，载丁文江编著《梁任公先生年谱长编初稿》，页 538；吴天任《民国梁任公先生启超年谱》第三册，页 1366。

日”舆论，达到“反段”目的。然而，被攻击的段系份子如何看待此一作法，又将如何应付“研究系”发动的舆论攻势？

徐树铮负责运筹帷幄的段系阵营，在“大借款”风波后不久，立刻有所行动。“研究系”既然以报纸媒体为鼓动舆论攻势的工具，段系自然从此“工具”处下手，以为釜底抽薪之法。此即1918年9月24日由参战督办处发动的“查封报馆”行动！

> 北京电，政府因新闻交通社披露大借款之投稿，以扰乱政局罪名传逮社员。该社已暂停。段主严究投稿者之作用，将成政治问题。（24日下午3点）
>
> 北京电，晨钟、大中、国民公、中华、新民强、大中华、亚陆、经世八家报馆停刊。（24日下午9点）[①]

段系利用军警力量，发动新闻箝制行动，目的在杀鸡儆猴，控制“反段”、“反日”舆论的继续滋长。此次“前所未有”的行动中，徐树铮以“督办参战处”名义，经“警备司令部”转函“警厅”，按照“戒严法”，以“损坏邦交、扰乱秩序、颠覆政府”等罪名，[②] 直接调动军警查封各通讯社、报馆，并逮捕各社经理编辑人！此事未经正常法定程序，可见段系的专断擅为。即将就任大总统的徐世昌虽表示“对于此次新闻界发生风潮，决议以和平两字解决，以免引起公愤”[③]；梁启超亦为被查封报馆向徐世昌请命；[④] 但直到10月15日，被查禁的八家报馆中，虽已有五家获准复刊，但是《大中报》、《中华报》与“研究系”所属的《晨钟报》却仍在查禁

---

① 《北京电》，《申报》，1918年9月25日，第2版。

② 《北京报界之借款厄（一）》，《申报》，1918年9月25日，第6版。

③ 《北京报界之借款厄（二）》，《申报》，1918年9月30日，第3版。

④ 《北京电》，1918年10月4日，《申报》，1918年10月5日，第3版。

之列，引起外界“同罪异罚”的质疑。[①] 由此可见，徐世昌虽已就任总统（1918 年 10 月 10 日），新内阁亦已成立，但“段系”势力依然笼罩北京；《晨钟报》之所以未被允准复刊，有可能是因为“段系”深知，此报为“研究系”重要舆论工具，故坚持反对之故。

另一方面，此次查封报馆事件，亦显露出段系在试图控制舆论工具、箝制言论思想时，无法着力之处，此即外国报馆远在政府的控制之外。北京报界揭露“大借款”风波的，不只上述通讯社、报馆，多家外国报馆亦同样刊载借款之事。但受到治外法权与列强势力的庇佑，段系意图控制舆论的策略，便无法落实至外国报馆，使得政府舆论控制的功效大打折扣。这种对待中、外报馆一紧一松的两样作法，亦引发相当非议，“此案发生后，京师报界……皆极不平……外国报馆之在京师自由发言，触政府之忌，政府亦哑忍之而无如何。今徒施威于势力微弱之报馆，是谓务小清大，轻重倒置……此说又确自西报发出，今政府不能封禁西报，请徒为渊驱鱼，亦令外人取笑。”[②]

从“大借款”风波来说，报纸舆论工具的利用与反制，成为北京政局中敌对派系相互较劲的常用手法。反段的派系，包括“研究系”，均知利用重大外交事件的泄密案，鼓动“反日”舆论，大加抨击政府“亲日”卖国的行为，进而达到攻击“段系”、“新交通系”等当权派的目的。“段系”亦非省油之灯，他们掌握首都军警力量，封锁揭露相关消息的通讯社、报馆，逮捕各社主笔，藉此除去敌对派系的舆论工具（报馆），从而进行严密舆论控制。但段系

① 《京华短简》，《申报》，1918 年 10 月 15 日，第 6 版。
② 《北京报界之借款厄（一）》，《申报》，1918 年 9 月 25 日，第 6 版。

施行的舆论控制，受到外人在华治外法权影响，控制范围无法扩及外人报纸，形成政府舆论控制的一大缺口。换言之，无论政府如何控制，外人报纸还是可以自由鼓动舆论风潮。此处所形成一大迷思，透过舆论工具来监督、抗衡政府施政的模式，竟靠“治外法权”的不平等制度来保证其运行无碍，实为一大讽刺。

“大借款”风波后，“研究系”与段祺瑞一派在政治上合作关系形同瓦解，梁启超对于段系态度亦转趋对立。他在 1918 年 10 月下旬接受记者访问时，谈及对“军国主义”与“武人干政”的极度不满：

> 我国之为军国主义，乃有少数蠢如豕、贪如羊、狠如狼之武人，窃取名号，以营其私，若此者无南无北、无新无旧，已一丘之貉也……实吾国民公敌……今举国痛恨武人之干政矣，然干涉武人之干政，亦唯武人，调和武人者，亦唯武人，递相乘除，安有纪极！[①]

访谈中，梁启超虽未指名道姓地指责段氏一派，但身为北方军阀之首，且有“武人干政”纪录的段祺瑞一派，自然同在指责之列。梁启超此时已对所谓的“武人”感到极度痛恶，不可能再与之合作。对于那些仍操控有国家权柄的武人们，又该如何应付呢？梁氏言道：

> 今欧战将终，世界思潮剧变……军国主义亦已于世界所不容……观美国总统之宣言，此见其端也……武人运命终必随欧战完结而消灭，但国人自消灭之耶，抑外人代消灭之耶？此则

① 《梁任公之平和谈》，《申报》，1918 年 10 月 26 日，第 6 版。

在我国民之为彻底觉悟，尤在少数明大体有天良之武人有彻底觉悟耳。[①]

换言之，“武人干政”的情况如继续恶化，国家将因此招致外辱，届时武人将与整个国家俱归消灭。此处揭露出，梁氏虽仍不放弃寄望少数有良知之“武人”能有所醒悟，但已开始强调“国人自灭之（武人）”与“国民之为彻底觉悟”。然而该如何才能使国民彻底觉悟，以终结“武人干政”？梁启超对此并未详加说明，但是根据其文中“世界思潮剧变”、“美国总统之宣言”等句可以得知，他极有可能是受到威尔逊理想主义中民族自决观点的影响，将活动的中心与目标拓展至下层，不再拘泥于与政府当权派的合作，试图藉由种种方式，运动国民，使之“彻底觉悟”，汇集革新政府现况的力量。[②] 简单地说，随着威尔逊民族自决观点的风靡，“国民”的重要性被凸显出来；在梁启超眼中，“国民”成为重要名词与主要要求对象，是重振国家民族的基本单位。因此如何设法运动国民、汇集力量，成为梁启超与“研究系”今后努力的方向。

考之以往，梁氏与“研究系”藉以运动国民、汇集力量的工具，似乎只能借重于报纸。透过报纸揭发军人劣行，鼓动舆论，使国民明了国家民族的危难，藉之激起国民关心国事的热情，形成日

---

① 《梁任公之平和谈》，《申报》，1918 年 10 月 26 日，第 6 版。

② 在 1918 年南北和平运动初起之时，梁启超便认为“若非双方当事者及大多数国民有根本觉悟，则终恐无成”，同上注。可见除了军阀势力外，梁启超已经开始重视“国民觉悟”方面。五四运动后，1919 年至 1920 年间，梁启超又发表一系列与“国民”有关的文章，如“外交失败之原因及今后国民之觉悟”、“军阀私斲与国民自卫”，而在制宪议题上，梁启超又主张以国民动议（initiative）的方式来推动国民制宪，见梁启超：《国民自卫之第一义》与《主张国民动议制宪之理由》，《饮冰室文集》第十三册，中华书局，1960，文集之三十五，页 22—40。换言之，至少自 1918 年起，梁启超就相当重视“国民”的观念了。

趋强大的公众舆论，达到监督或改变政府对内与对外举措的目的。从另一角度观察，如果能妥善利用民意，掌控舆论论述力量，这亦是一种十分重要的政治资源。“研究系”稍后即是利用这项方式对抗当权的段系，其中“反日”舆论仍是主要着力的焦点。

第二节 徐世昌与“研究系”

当思考巴黎和会前后北京政府种种对外举措时，是否可将北京政府本身视为一个完整的决策体？1919 年初的中国局势，不但南北分立，各种势力割据一方，连对外代表中国政权的北京政府，也没有一个绝对的决策中心，而是各种派系力量混杂而成。先前几次由段祺瑞组阁的北京政府，或许勉强称得上是一个具有完整决策中枢的政府，[①] 因段祺瑞控有军、政大权，政府决策较具完整和一致性。

巴黎和会期间的北洋政府情况便有所不同。徐世昌已就任大总统，内阁亦由其亲信钱能训领导，[②] 徐世昌名义上主导着政府外交决策。段祺瑞一派虽在军事、国会等方面握有绝对优势，[③] 但无法直接控制政府对外政策，因名不正则言不顺，段祺瑞似乎也不敢明目张胆地干涉政府决策，更何况还有个在北洋系里辈份甚高的徐世

---

① 段祺瑞组阁的时间分别为，1916 年 4 月—1917 年 5 月、1917 年 7 月—11 月、1918 年 3 月—10 月，其中后两次组阁时间，段祺瑞完全主导了政府的“亲日”政策。

② 钱能训为徐世昌任前清东三省总督时的参赞，为徐的亲信。可参见南海胤子编《安福祸国记》，文海出版社重印，1920，页 51。

③ 段祺瑞除了拥有日式装备的国防军外，鲁、皖、浙、闽、陕、甘等省督军均附段。国会方面，1918 年成立之国会两院约五百余人，段的安福系约有三百八十余人，几乎囊括国会 3/4 以上的席次。可参见南海胤子编《安福祸国记》，页 14。

昌大总统在主持政府。然而从另一角度思考，徐世昌、钱能训领导的政府也不是完全自主，因为在北京政府内部，除受限于前任大总统冯国璋、直隶督军曹锟为首的“直系”势力外，相当程度上仍受段祺瑞一派的掣肘。段祺瑞虽是国防军督办，但对北京政局还是有非常大的影响力。简言之，北京政局名义上虽由徐世昌、钱能训领导的政府主持，但在重大决策上不免受到直系与段系（皖系、安福系）的牵制。

由于上述情况，北京政府在对外举措上，是诡谲多变的。北京政府背后的实力派是段祺瑞一派与直系军人，徐世昌虽能主导外交决策，但是却无法不顾忌段系，更不可能轻忽段系背后、近在咫尺的强国日本。外交是内政的延长，这样的政治背景岂能不造成某种程度的外交摇摆？处于恶劣政治环境下，徐世昌该如何走出较自主的道路呢？

一、大总统徐世昌

徐世昌在北洋系中，辈分高于段祺瑞，[①] 但是却无军事实力。此外，就对内、对外的立场而言：对内，段主战，徐主和；对外，段主“亲日”，徐则较亲美。两人在对内、对外主张上的迥然互异，除彼此政治理念不同外，极有可能是徐世昌想摆脱段系控制的企图。[②] 徐世昌在实力上虽无法与段祺瑞相较，但名义上他是大总统、全国最高首领，徐世昌凭借这一点与段祺瑞一派相抗衡。此外“当时人民厌恶内战，痛恨军阀”，徐世昌“为了迎合人民的心理，标

① 沈云龙：《徐世昌评传》，传记文学出版社，1979，页 381。

② 沈云龙：《徐世昌评传》，页 394。

榜自己是文治派，以区别于北洋军阀”。[①]

徐世昌从对内、对外两方面着手，以抗衡段氏。他除利用大总统身份取得巴黎和会的外交主导权外，亦试图促成上海南北和平会议的召开，“一方面是为了提高自己的声誉，另外一方面是希图藉此摆脱各军阀的挟制”。[②] 如巴黎和会与上海和平会议均能获致成功，徐的总统声望与实际影响力必然大振，成为全中国真正的总统。段祺瑞虽是实力派，但对内主武力统一、对外主张“亲日”的态度，却久为国内公众舆论所诟病。徐世昌如能适时利用此点，即可博取舆论支持。所以徐世昌反击段祺瑞一派的策略为，对内倡言主和，对外暗联英美以“反日”，不但能提高国内声望，更可藉此鼓动舆论支持，抵制段的势力。

巴黎和会召开前，徐世昌接受“研究系”梁启超、林长民等人建议，在总统府之下，筹组一个为应付战后和会的跨部会外交委员会，[③] 其用意在希望由总统府领导中国的和会外交决策。中国外交决策权的重大转变，可由下列事件得到证实：段氏组阁期间，“对日”重要外交交涉均由段氏亲信掌控，但何以到了巴黎和会，中国派出的和谈代表却无一是段氏亲信或“亲日”派外交家？相反地，

---

① 张达骧：《我所知道的徐世昌》，载中国人民政治协商会议全国委员会文史资料研究委员会编《文史资料选辑》第48辑，中国文史出版社，1981，页216—239。

② 叶恭绰：《一九一九年南北和议之经过及其内幕》，载中国人民政治协商会议全国委员会文史资料研究委员会编《文史资料选辑》第26辑，中国文史出版社，1980，页33—34。

③ 叶景莘：《巴黎和会期间我国拒签和约运动的见闻》，载中国人民政治协商会议全国委员会文史资料研究委员会编，《文史资料选辑》第2辑，中国文史出版社，1980，页144—45。

立场较为亲英、美的“英美系”外交家[①]却掌握着中国代表团的主导权，造就影响后世深远的山东问题。中国全权代表的人选问题，虽是由外交总长兼代表团首席代表陆征祥决定，但若无大总统徐世昌的暗中指示与支持，素来意志软弱又无明显外交立场的陆征祥，岂又会干冒大不讳，将当权段系的“亲日”人马摒除于全权代表人选之外，而尽挑亲英美系外交家？

这样的决定，在某种程度而言，几乎在拆段系一派的台，但考诸陆征祥以往作为，似乎不太可能主动地进行这种举措。在陆征祥外交人事决策权背后，极有可能是徐世昌在陆征祥出国前，已有所交代。[②] 从另一方面思考，假如段祺瑞在当时能控制政府外交决策，又岂会不派自己的亲信为和会代表，以便为之前的外交政策作护航工作？[③] 果真如此，即中国代表团是由段氏“亲日”派外交家所掌握，势必将是另一种局面。是故，段祺瑞虽是北京政府背后最有权

---

① 中国的“英美系”外交家（Anglo-American Group），包括施肇基、王正廷、颜惠庆、顾维钧等。据朱宝缙（Chu Pao-chin）的分析，所谓的英美系外交家有以下的特征：1. 出生于中国东南沿海省分，且为发达的商人之子；2. 在早期受教育过程中，曾受过几年的传统教育；3. 曾经在中国的基督教会学校就学过；4. 在美国受进一步的教育；5. 起初担任过英（美）专家、秘书或教师的工作；6. 先后在北洋政府与南京国民政府服务过等等，详见 Chu Pao-chin，“V. K. Wellington Koo：The Diploamcy of Nationalism”，Richard Dean Burns and Edward M. Bennett ed.，*Diplomats in Crisis：United States-Chinese-Japanese relations* 1919-1941，（Santa Barbara：ABC-Clio Books，1974），pp. 125-126.

② 以往史家在论述这段经过时，往往只重视陆征祥，而忽略了陆征祥背后的徐世昌。陆征祥虽是当时的外交总长，但若无大总统徐世昌的支持，陆氏是否能出顺利出任中国代表团首席代表也是未定之数。徐世昌、陆征祥与当时中国巴黎和会外交的人事决策权之间，一定有相当密切的关系，值得进一步研究。

③ 从一个相反角度思考，北京政府之所以组成以“英美系”外交家为主要成员的中国代表团，可能与中国当时留日外交家养成教育起步较晚有关。是以在巴黎和会时期，中国留日外交家尚不足以担当国际会议的重责大任。感谢台湾师范大学历史系吴翎君老师提供的意见。

势之人，势力遍及北洋政局，但在巴黎和会外交决策上，段氏并不能完全控制，而是由徐世昌握有较具关键性的主导权。[①] 为进一步强固中国的和会外交决策权，并无实权的徐世昌，不能不援引舆论力量的支持，这便是“反日”舆论！

中国仇日民族情绪的滋长，“二十一条”交涉是一个关键点。袁世凯政府当时基于政治动机，试图激起世界舆论，以为“对日”谈判后盾，乃将交涉内容，透过新闻媒体传诸大众。[②] 此事件产生极大影响：透过新闻媒体对“二十一条”交涉的报导，激起国内舆论，唤醒公众对国家、民族大事的关心，开启日后民族舆论预闻国事之势。中国公众舆论界“仇日”情绪，在此时扎下根基。[③]

“反日”舆论随着报纸媒体的发展，日趋显著。由报纸带起的公众舆论，愈来愈关心国家大事，民族主义也渐趋强烈，这归功于随后段祺瑞政府施行的“亲日”政策，许多尽是丧权辱国之举，经由报纸媒体揭露，形成公众舆论的愤慨，渐渐演变为“仇日”的，或至少是“疑日”的民族情绪。这种“仇日”或“疑日”公众舆论，使得徐世昌有活动的空间：虽然在表面上，他不能与段系有所对立，但实际上，徐可以适度运用舆论来支持自己，同时打击段系。在选派和会代表时，徐世昌之所以钟情于亲英美系外交家，一

---

① 1919年1月底，由于中、日两国代表在巴黎和会就山东问题产生的激烈辩论，于是2月初在北京引发日本驻华公使小幡酉吉恫吓事件。事件发生后不久，当时的代理外交总长陈箓便曾亲口对美国驻华公使芮恩施表示“日本公使的要求明天将由总统与总理接手”，换言之，中国“对日”重要的外交决策权是控在徐世昌手上。见“Form P. S. Reinsch to Frank Lyon Polk”, Feb. 3, 1919, *PWW*, vol. 54, pp. 474-476. 以及本书第四章第二节。

② 顾维钧：《顾维钧回忆录》第一分册，页122—124。

③ 周策纵著，周子平等译《五四运动：现代中国的思想革命》，页22—27。

来在取得外交人事决定权，二来避免同段系落入同一情境，惹来“亲日”之嫌。

二、徐世昌、舆论与“研究系”

因明白舆论力量之所在，徐世昌就任总统后，即特别重视与舆论界的互动，除邀请上海报界的重要人物史量才、狄楚卿、余毅民、孙叔子、张春帆等五人前来北京参与茶话会、联络感情外，[①]更在总统府设立“新闻记者处”：

> 东海就任以来，对新闻记者异常注意。前者邀请京沪报界诸代表谭话，以表示尊重舆论之诚意。现闻府中特设接待新闻记者之机关……除军事外交秘密事件外，所有时政之施行、各事实均可提交各报随时刊布，俾国民晓然政府举措之真相，其无隔阂之弊。[②]

徐世昌在总统府内创设新闻记者处，不但可博取尊重舆论、下通民意美名，必要时亦可挟舆论以为己身之用，此即徐世昌“对新闻记者异常注意”的用心所在。有趣的是，徐世昌在总统府所设立的“新闻记者处”，似乎与1917年威尔逊设立的“公共新闻委员会”有异曲同工之妙。上文中“所有时政之施行、各事实均可提交各报随时刊布，俾国民晓然政府举措之真相，其无隔阂之弊”即与美国公共新闻委员会的“公开”功能相仿佛。[③]

同时他也在府内设立“晚晴簃诗社”，召集名人饮酒赋诗，又

---

① 《今日颐和园之会》，《晨报》，1918年12月2日，第3版。

② 《府中设新闻记者处》，《晨报》，1918年12月11日，第3版。

③ 见本书第一章第二节有关威尔逊与“公共新闻委员会”的讨论。

设"画学研究会"，研究图画。创立这些会、社的用意，除个人兴趣外，也可藉之标榜其"文治派"总统的形象，以示与军阀的不同，"迎合人民的心理"。[①] 就这点来说，徐世昌相当懂得迎合大众心理，透过优络新闻记者、创立诗画社的手段，替自己塑造正面的舆论形象。此外，基于运用舆论力量的同一考虑，徐世昌亦结合在公众舆论界素有影响力，却与段祺瑞一派如同水火的"研究系"，其动机或许便是"拉拢各党派的势力以增加他的势力"。[②]

在与段祺瑞一派因"大借款"风波决裂后，在政治军事上毫无实力的"研究系"，似乎只能寄望将来，经由办报纸、鼓动舆论的方式，取得活动空间，继续抗衡段祺瑞的当权派。1918 年底，欧战即将告终，美、英、法等国为首的协约国获得最后胜利，世界一片和平之声，可望在威尔逊十四项和平建议主导下，迎接新局面的到来。中国在徐世昌出任大总统后，钱能训为首的新内阁随之成立，力主对内和平。这些因素使得段祺瑞一派退居幕后，在上述情况下，曾遭段氏一派大力打压而蛰伏一段时间的"研究系"，又有了活动的空间，此即再办新报，以《晨报》代替之前因"大借款"风波而为段氏所查封的《晨钟报》，重新在北京舆论界立足。

---

① 张达骧：《我所知道的徐世昌》，载中国人民政治协商会议全国委员会文史资料研究委员会《文史资料选辑》第 48 辑，页 232。

② 叶景莘：《巴黎和会期间我国拒签和约运动的见闻》，载中国人民政治协商会议全国委员会文史资料研究委员会编，《文史资料选辑》第 2 辑，页 144—153。

第三节　“国民外交”[1]

1918年底，梁启超在上海“国际税法平等会”上演说道，“现在世界之新潮流，曰国民外交……国民外交之新时代，凡事之行，固在政府，而所以监督政府者，则在国民审查内外形势，造成健全之舆论，以为政府后盾”。[2] 此即梁启超对“国民外交”的精辟见解，可知梁氏认为“国民外交”至少包含两层意思，一是监督政府，一是“为政府后盾”。以下将透过《晨报》上种种言论，针对梁启超与“研究系”和“国民外交”运动之间的关系，做一番探讨。

一、《晨报》发刊词与特别启事

在《晨报》的发刊词与特别启事中，透露“研究系”对内与对外的政治倾向与着重要点。发刊词主要是对内而论，首先论及新闻究竟为何而作，是否只为政府“所讳而为之弥补辩护”“力避权要之忌”“置大事而不论不议”？又谓“文字兴狱”“言论贾祸”，影射段祺瑞执政下对新闻言论的箝制，文中所言种种似乎直指数月前，段氏政权以“大借款风波”查封京师反动各报一事（当然包括《晨钟报》）。继之则抨击国内政争、南北分裂的劣形劣状，“军阀干政，计吏卖国，恃权者专制宰割而不顾民生民意”，似乎也暗指段系的

① 关于巴黎和会前后，中国“国民外交”的种种活动，可参见唐启华：《五四运动与中国外交之重估》，载台湾政治大学文学院编《五四运动八十周年学术研讨会论文集》，政治大学文学院，1999，页63—92；廖敏淑：《巴黎和会与中国外交》，页144—193。

② 梁启超：《梁任公在国际税法会平等会之演说词》，《东方杂志》，第16卷第2号。

“军阀干政”与新交通系的“计吏卖国”。[①] 总而言之，《晨报》发刊词固然是针对国内新闻与政治环境的艰困，发表感言与建言，但是文句间不少是针对“研究系”的政敌——段祺瑞一派与新交通系所发，个中缘由值得细细琢磨。此即“研究系”有无利用报纸舆论工具，遂行攻击政敌之实？

如前所述，比较“研究系”此时言论与一年前的政策，当可发现有所改变。“研究系”在一年前仍与所谓“干政”的“军阀”密切合作，也曾力主借日款以行币制改革。[②] 昔日在《曾琦致任公吾师书》中谴责梁氏，如不尽早脱离“联段亲日”政策，恐将与段氏等“同蒙卖国之名”，而今竟成为《晨报》发刊词中，“研究系”指责新交通系“计吏卖国”的罪名。[③]

此外，《晨报》自 1918 年 12 月 1 日创刊以来，到 1919 年 1 月 20 日间，每日“特别启事”中，都在二版开头以显著文字写着：[④]

> 欧战告终，和议将始。我国列席发言，应有种种准备。本报特辟投稿专栏征求国人意见，以作政府后援。凡关于此项问题之著作，如承惠稿不尽欢迎。[⑤]

长达一个半月的时光里，《晨报》毫不间断地刊载此特别启事，透露出“研究系”对巴黎和会外交问题的高度重视。《晨报》普遍

---

① 《晨报发刊词》，《晨报》，1918 年 12 月 1 日，第 2 版。

② 《梁启超致日本犬养毅书》，1917 年 8 月 23 日，载丁文江编著《梁任公先生年谱长编初稿》，页 529；吴天任编著《民国梁任公先生启超年谱》第三册，页 1354。

③ 《曾琦致任公吾师书》，1917 年 11 月 13 日，载丁文江编著《梁任公先生年谱长编初稿》，页 538；吴天任编著《民国梁任公先生启超年谱》第三册，页 1366。

④ 当时的报纸第一版多为商业广告，至于重要的新闻报导与论说则列在第 2 版以后。因此当时的“头条新闻”可以说是在第 2 版，而非现在的第 1 版。《晨报》亦是如此。

⑤ 《晨报特别启事（二）》，《晨报》，1918 年 12 月 1 日，第 2 版。

征求国人对外交问题的意见，似乎已预开“研究系”主张“国民外交”之先河、广集国人对外交的意见，除监督政府外交施政外，并为政府外交后援。

1918年11月，梁启超来到北京，除“以个人资格赴欧之事”与徐世昌“总统作几度之深谈”外，更频频与驻京英、美、日等国公使联系，显见其对外交问题的用心。① 他表示“此次来京，专为预备赴欧，注重外交问题，国内问题反不甚措意”。② 12月初梁启超、林长民等又与前来北京的上海新闻界重要人物史量才、狄楚卿、余毅民、孙叔子、张春帆等五人，在颐和园“开茶话会”，会中梁氏发表即席演说谓：

> 余此次欧行纯以个人资格……为谋考虑各方情形及发言上之便利，尤望全国报界共同考虑研究，发表一致之主张，以匡不逮。至于将来议和会议五国所应提出条件，总须权衡厉害轻重，宁可少提而务求扼要……惟一条件既经提出，全国舆论务须一致以贯彻其主张。③

梁启超此言意在串连全国舆论，就中国在巴黎和会上应该提出的谈判条件，统一国内舆论界口径，故希望在舆论界有举足轻重地位的上海报界能共襄盛举。梁氏在谈话中“全国舆论务须一致以贯彻其主张”其实有相当意涵，尤其“贯彻”二字富有强制性意味，

---

① 《梁任公赴欧所闻》，《晨报》，1918年12月1日，第6版。

② 《梁任公出京有期》，《晨报》，1918年12月5日，第3版。

③ 《昨日颐和园茶话会情形：梁任公与上海新闻记者》，《晨报》，1918年12月3日，第6版。

恐怕不仅仅对外作为政府外交声援，同时也可对内监督政府外交立场。[①] 换言之，梁启超此次发言，至少隐含动员全国舆论关心巴黎议题的企图，并尝试去统一这种舆论，以汇集力量、“贯彻”主张。至于这种被动员、统一形式的全国舆论，其目标将指向何方，对内还是对外，则有待北京政府的外交举措了！

1918 年 12 月下旬，即将离开北京、赴欧参与和会前夕，梁启超在“战后外交研究会”与“外交后援会”举办的外交讲演会上，力倡“国民外交之说”。梁氏首先慨叹此次为外交而开的讲演会，“与会者竟寥如晨星”，以及国民对外交事务的“冷淡”，直称“环顾我国能注意外交，集合讨论者有几?”他继而分析“国民外交”不盛行之因，“一方固由当局之不注重，一方亦由我国民未造成此等势力”，梁启超呼吁“此后应当切实研究并造成此等势力”。[②] 在演讲中，梁启超虽未明言该透过何种方式，以“造成”“国民外交”势力，但考诸梁氏演讲的言外之意，及当时“研究系”可能运用推动“国民外交”的途径，不外两种方法，一是上层路线向政府高层发展，一是下层路线从社会基层着力。[③] 向政府高层发展，是透过种种途径，结交或运动政府有力人士，影响政府外交决策，其中最主要、也最可能有所成效的目标，便是大总统徐世昌。从社会基层着力，是透过报纸媒体的密集宣传与呼吁，鼓动人心、汇聚舆论力量，以推动“国民外交”。“研究系”频频在其机关报《晨报》上刊

---

① 梁启超对“国民外交”的阐释，包含监督政府与为政府后盾两者，见梁启超：《梁任公在国际税法会平等会之演说词》，《东方杂志》，第 16 卷第 2 号。

② 《湖广会馆之外交讲演会》，《晨报》，1918 年 12 月 23 日，第 2 版。

③ 梁启超相当注重报纸所能发挥的舆论功能，曾谓“报馆有两大天职，一曰对政府，而为其监督者；二曰对于国民，而为其向导者也”。见梁启超：《敬告我同业诸君》，《饮冰室文集》卷一，新兴书局，1962，论著类，页 138—141。

登特别启事，广集国人外交建言，其目的便在于此。

简单来说，由《晨报》发刊词到梁启超至北京后的种种动作，从与徐世昌的深谈，与各国驻华公使的联系，以至在“颐和园茶话会”、“外交讲演会”上的演说，在在隐含“研究系”此番卷土重来，可能延续先前作法（“大借款”风波），[①] 将报纸舆论为施力中心，放在重大外交问题上；尤有甚者，他们试图藉由串连全国舆论界与提倡“国民外交”之说，汇聚力量，名义上是为政府外交后盾，实际却已超脱到影响政府外交决策。

然而，在舆论与外交的施力之中（即政府外交决策与民间公众舆论之间的互动），“反日”舆论依然扮演着重要课题，此可由《晨报》之后就山东问题发出的多次高分贝“反日”论述得到印证。在段祺瑞、徐树铮侧居幕后操控的北京政府里，“对日”外交路线仍不脱先前段祺瑞执政时的中、日亲善提携政策。徐世昌出任大总统后，不论是基于民族意识与国家利益的考虑，还是为抗衡段祺瑞专擅势力，取得“对日”外交路线的主导权，是徐世昌必须加以着力与用心的。就某种程度而言，如能透过报纸媒体，号召、汇集“反日”舆论力量，将之逐步推展至实际“对日”外交层次，监督政府“对日”政策，届时便能利用“反日”舆论论述力量，抗衡实力在握但主张中日亲善的段祺瑞一派与新交通系。

在上述的思维与考虑下，名义上在朝、居大总统之位，却无多大实权的徐世昌，与在野、但试图藉巴黎和会议题，引导“反日”外交舆论论述力量的“研究系”，有所默契地合作起来。其结合动机，如前所述，可能是受“反日”舆论影响，担心段系与新交通系

---

① 见本章第一节。

的“亲日”，会导致国家民族利益的沦丧；另一方面，也极可能是为了应付彼此共同的政敌。

直言之，北京政局里，外交上“反日”舆论与内政上政治斗争间，有着相当暧昧的关系。就当权的实力派——段祺瑞一派（与新交通系）而言，其历来“对日”政策，大致与日本在军事、经济上相互提携。然而，民间关于“对日”外交的主流舆论，却持相当负面的态度，此肇因于日本以往种种不友善行为（军事上入侵山东、“二十一条”、经济借款、军事协议等等），导致国内舆论界对日本野心的警惕与挞伐。[①] 这种现象使得公众舆论与政府外交施政间，在“对日”外交议题上，有着颇为严重的歧异；此即公众普遍“疑日”、“反日”舆论的盛行，与段系奉行之中日亲善政策间，形成的重大落差。公众舆论与现实外交间，呈现明显落差的情形，对于意图反段的人来说，无论是因政治利益与段冲突而反段者，或是愤恨段氏勾结日本丧权辱国而反段者，均是可藉之施力的着力点。利用“适当事件”来激起民气，进而挟“反日”舆论气势，打击当权实力派；对于屈居弱势的一方而言，却不失为可行方案。徐世昌与“研究系”间的合作也究因于此。

二、“外交委员会”与“国民外交协会”

徐世昌与“研究系”在外交事务上，彼此合作的显著表征，为“外交委员会”与“国民外交协会”。“研究系”为分享和会外交决

---

① 根据《西原日记》的记载，陆宗舆在1918年4月与日本签订电信借款时“深怕被骂为卖国奴，而战战兢兢而签了字”，由此可见当时“反日”舆论力量的一斑。在1918年中日军事协议的争议上，尤其激起了学生运动与反日论述之间的关系。见臼井胜美：《中日关系史（1912—1926）》，页172—174、182—186。

策权，有种种动作，其中“外交委员会”是“研究系”上层路线运作的成果，“国民外交协会”则是下层路线的结果：

> 政府方面近日亦拟设立外交调查会，罗致朝野外交通才……国民方面亦有外交调查机关，系由各界人士会合组成……值此外交媾和之际，外交上一举一动均关国家存亡大问题，此时果能设立外交调查会，网罗朝野各派有力者，共同商榷外交大方针，以及今后应付之方则。①

“政府方面”的“外交调查会”与“国民方面”的“外交调查机关”便是后来的“外交委员会”与“国民外交协会”。这两个组织的成立与运作，均与“研究系”有十分密切的关系，可见外交议题是“研究系”此番活动施力的重心。“网罗朝野各派有力者，共同商榷外交大方针”，透露出“研究系”企图透过这一公一私、一上一下组织的运作，参预国家外交大政。

先是“梁启超、林长民二人向徐世昌建议在总统府设立外交委员会”，② 目的在藉由“外交委员会”，预闻或影响北京政府有关巴黎和会的外交决策。如前所述，徐世昌为拉拢各派以抗衡北京政府幕后的“段系”势力，与“研究系”合作，藉此主导和会外交权。“外交委员会”名义上虽是“因为外交问题，模仿日本办法特设”，③ 但实质上是徐世昌与“研究系”合作下，意图控制和会外交主导权的产物。对“研究系”来说，此即“国民外交”上层路线，透过结交政府中有力人士，影响政府原先“亲日”外交政策，使政府外交

---

① 《政府将设外交调查会说》，《晨报》，1918 年 12 月 1 日，第 3 版。

② 叶景莘：《巴黎和会期间我国拒签和约运动的见闻》，载中国人民政治协商会议全国委员会文史资料研究委员会编，《文史资料选辑》第 2 辑，页 145。

③ 《将有两大委员会发生》，《晨报》，1918 年 12 月 7 日，第 2 版。

作为符合“国民外交”要求。

“外交委员会”于1918年12月18日正式成立，职权为“承大总统之命，调查审议外交事件”，设委员长一名，委员十四名，事务主任一名，事务员若干人。[①] 与“研究系”关系密切的汪大燮出任委员长，“研究系”健将林长民则担任委员之一并兼事务主任。其他十三名委员为：熊希龄、张国淦、周树模、周自齐、朱启钤、沈瑞霖、新云鹏、陆宗舆、王宠惠、高而谦、陈箓、张志谭、孙宝琦。[②] “外交委员会”的职权性质，虽仅是备顾问与提建议，但在徐世昌大总统一定程度支持下，对于中国外交决策，还是具有相当发言权。委员会中，较关心外交事务，且经常参与会务讨论的，有汪大燮、林长民、熊希龄、王宠惠等四人，[③] 这四人与“研究系”关系密切，在态度上又较亲英美，而“反日”。此处由亲“研究系”人士对“外交委员会”的特别热衷用心，可看出其企图透过外交委员会，参预中国外交决策。在他们积极运作下，“外交委员会”政治倾向与主张，逐渐迈向亲英美的路子，与段系“亲日”政策有所抵触。

委员会成立后不久，段派（安福系）重要人物、众议院议长王揖唐便向徐世昌施压，要求加派为外交委员会委员。[④] 此举动机并不单纯。王揖唐是安福系大将，他主动要求参加“外交委员会”，

---

① 关于外交委员会的组织规则，详见《昨日外交委员会开会情形》，《晨报》，1918年12月19日，第2版。

② 《外交委员会之内容》，《晨报》，1918年12月7日，第2版。

③ 叶景莘：《巴黎和会期间我国拒签和约运动的见闻》，载中国人民政治协商会议全国委员会文史资料研究委员会编《文史资料选辑》，第2辑，页151。

④ 此外，还有刘式训、许士熊亦同时与王揖唐被加派为外交委员会委员，见《外交委员会增员》，《晨报》，1918年12月30日，第2版。

或许是担心“研究系”可能利用“外交委员会”有所图谋。

之后，“研究系”与段派（安福系、新交通系等），即以“外交委员会”为舞台，发生冲突，此即“铁路统一案”。① 汪大燮、林长民等主张将外资兴建的铁路，统一纳入管理，并将所有铁路借款合而为一，举一总债。此法表面上用意，是将铁路与铁路借款划一管理，但另一方面，却是针对以往段祺瑞政府专厚日本借款而发，意图藉由铁路管理与债务的统一，透过向新银行团借款，改变之前日本独大的情形。深究其实，“铁路统一案”的策略，是利用欧战过后，欧美强国势将重返中国的局面，藉由铁路管理权与借款权的更动，重新引进诸国力量，以分日本在欧战期间壮大的在华势力。此提案体现出“研究系”试图“联英美”以“反日”的用心。② 此议必然牵动到在华拥有诸多铁路借款权的日本。段派、新交通系（以曹汝霖为首）与旧交通系（以梁士诒为首）虑及日本政府态度，坚决反对此案。处于争执双方间的徐世昌，虽然希望利用“研究系”等人势力，以分段派专擅之权，但毕竟不敢为此与段派产生龃龉，最终还是认可段派的主张。这是“研究系”与段派间，以铁路统一问题为题，就“反日”政策与“亲日”政策产生的政争。

段系、新交通系等“亲日”派在政府中的势力不容小觑，仅靠

---

① 关于“铁路统一案”的争执经过，详见叶景莘：《巴黎和会期间我国拒签和约运动的见闻》，载中国人民政治协商会议全国委员会文史资料研究委员会编《文史资料选辑》，第2辑，页147—149。

② 梁启超在事后相当感叹中国当初未能利用巴黎和会之机会，提出铁路统一案，因为“和议初开，英美方面之为我谋者，方盛倡统一铁路外债之议……以防制日本”“英美必极力为我后援”。梁氏也同时对于“国中一部分人（指安福系与新、旧交通系）……与东报（日本报纸）相结托，作桴鼓应，一致反对”感到相当的不满。由此可见梁启超意图挟英美之力抗拒日本势力的企图。见梁启超：《外交失败之原因及今后国民之觉悟》，《饮冰室文集》第十三册，文集之三十五，页22—28。

“外交委员会”与之抗衡，并非易事，“研究系”尚须结合民间舆论力量。此即“研究系”试图“造成”“国民外交势力”的下层路线，除透过报纸宣传，广集民间外交建言外，亦欲透过集会结社形式，将具有相同理想的人士汇集在一起，形成另一种舆论力量。“国民外交协会”就是在上述背景下成立的。其成立的经过为：

> 去年十二月（1918年），同人以此欧洲和平会议及将来国际联盟，于国际间一切处分均以民族自决为前提。我国民亟应组织团体和全国人民悉心研究，表示真正民意态度于国际间，足以政府之后援，并以增进我国国际间之地位。因此国民外交后援会、平和期成会、财政金融学会及兰社某约集讨论，并各愿负始终不懈之完全责任。
>
> ……公推代表分途联络在京各团体……最后议决组成外交协会，并函电全国商会、教育会、省议会、各法定团体要求同意加入本会，以举全国民意公同研究之实。[①]

这是以“研究系”为主力，推动的“国民外交”运动，旨在透过串联全国公私团体，共同筹组以研究外交问题为中心的外交协会，一个似乎能体现“全国民意”的民间单位。为扩大影响力，“国民外交”运动在实际执行上，经常透过舆论宣传手段，鼓动群众参与国家重大外交事件的讨论，除经由结社形式，筹组各种民间团体外，还藉由举办外交讲演会对群众公开宣传，[②] 藉此导引出中国人民对于外交事务的看法。然而，其目的不仅仅是“为政府之后

① 《国民外交协会成立纪事》，《晨报》，1919年2月17日，第3版。

② 如“外交后援会”与“战后外交研究会”便决定自1919年1月开始，每半月就举行一次“演讲会”，邀请名流演讲”。这两个组织的活动与后来的“国民外交协会”有着相当密切的关系。见《两外交会之联合》，《晨报》，1918年12月31日，第3版。

援”，更重要的是透过这个名义上能代表“真正民意”、“全国民意”的“国民外交协会”，监督政府外交施为，避免政府“亲日”倾向：

> 外交委员会成立之时，我们早已感觉到政府的亲日倾向，就组织了一个国民外交协会，以备与外交委员会互相呼应。[①]

换言之，“国民外交协会”成立动机有二，一是为监督政府“亲日”倾向，二是为与“外交委员会”相呼应。这样的动机，明显是针对段派与新交通系“亲日”外交路线而来。我们可以由“国民外交协会”成立后，运作的种种活动，得知其政治性质。

总结来说，在上述情况相互作用下，形成的新局面：大总统徐世昌与“研究系”有所默契的合作，透过政府内“外交委员会”与民间“国民外交协会”这一公一私单位的运作，无形中塑造出以“反日”舆论为主轴的外交路线；在“反日”舆论背后，则隐含“反段”意图。由此可看出徐世昌、“研究系”与“反日”舆论三者间，相当暧昧的牵连与瓜葛。

第四节　“币制顾问”问题

“研究系”利用“反日”舆论，打击段派“亲日”政策的另一着眼点，是“币制顾问”问题。如前所述，“段、梁内阁”（1917年）期间，梁启超掌管财政部，为推动“币制借款”改革中国币制、整顿金融，曾亲自写信给日本政要犬养毅，表达借款之意，并

---

① 叶景莘：《巴黎和会期间我国拒签和约运动的见闻》，载中国人民政治协商会议全国委员会文史资料研究委员会编《文史资料选辑》，第2辑，页151。

谓币制借款适足以体现中日亲善之说。[①] 为促成借款，梁启超“附以请日人顾问之条件”，由汪大燮“专使赴日”“与日本前大藏大臣阪谷芳郎订聘约”。[②] “币制借款”与聘日人为“币制顾问”之事，后来随着“段、梁内阁”结束、梁启超下台，而暂时告终。此事直到1918年底，才在新交通系曹汝霖、陆宗舆等主导下宣告完成。甫于1918年12月创刊的“研究系”机关报《晨报》，如何看待这件由梁启超创议未成，而由曹、陆等续行推动的“币制借款”与“币制顾问”之事呢？

一、币制顾问争议

1918年12月11日，《晨报》第二版“繁要新闻”中，以显著字体写着“政府已聘阪谷为币制顾问”：

> 今年春间有所谓……阪谷芳郎其人者，奔走京津沪汉各处调查我国财政情形……驻华日本公使林权助屡次要求我政府聘用阪谷为有实权之最高财政顾问……政府踌躇不敢决……日本亦未继续要求，则此事自可无形打消。乃某方面消息传来，谓财政部忽于本月初旬以公函正式聘阪谷为币制顾问……此次聘用阪谷实因某方面欲借美款以抵日，他方面仍则仍欲借日债以抵美，故急聘阪谷为先发制人之计……公函发出之翌日，美公使即到外交部质问，该部如何答复则未可知。[③]

若将此则消息，对照年前梁氏聘日人阪谷为币制顾问之事，可

---

① 《梁启超致犬养毅书》，载丁文江编著《梁任公先生年谱长编初稿》，页529；吴天任编著《民国梁任公先生启超年谱》第三册，页1353—1359。

② 史俊明：《中日国际史》，页178—179。

③ 《政府已聘阪谷为币制顾问》，《晨报》，1919年2月11日，第3版。

以获知该事原委：梁启超在财政部长任内（1917 年）为借日款改革币制，尝令汪大燮赴日，与阪谷晤谈担任中国币制顾问一事，[①]所以阪谷才会于 1918 年初来华视察财政，日本公使也因而屡次要求中国聘用阪谷为顾问。但是后来因主其事的梁启超已经下台，此事亦只好不了了之。然而，《晨报》在报导中，完全不提梁启超先前有意聘用阪谷为顾问之事。若无人邀请，阪谷岂会无端主动来华调查财政，日使林权助又岂会提出要中国任用阪谷为顾问的非分要求？《晨报》此处交代不清、含混其词，恐怕在为梁启超隐讳，文中"此事自可无形打消"的深意也即在此。

《晨报》刊登有关币制顾问之旧事，并非要自揭疮疤，关键处在于北京政府内部"亲美"势力与"亲日"势力的互斗。文中提到阪谷问题的再起，是因为"某方面欲借美款以抵日，他方面则仍欲借日债以抵美，故急聘阪谷为先发制人之计"。虽不清楚其中的"某方面"指涉为谁，但"亲美抵日"政策，却与"研究系"外交策略相吻合。"研究系"不论基于民族利益，还是自身党派利益的考虑，此时必须站在"亲美"、"反日"的路线上。文中"他方面"自然是指奉"亲日"政策为圭臬的"新交通系"等。

在上述"外交委员会"的"铁路统一案"争议中，"研究系"与"新交通系"对立之因，也是基于相同道理。一言以蔽之，即是"亲英美"与"亲日"路线之争。"新交通系"无视"反日"舆论存在，突然聘用阪谷为币制顾问，也是某种策略性运用：除有"先发制人"作用外，尚有"卸责"功用。聘用阪谷为顾问一事，毕竟为梁启超所创议，将来若因此遭受非议，"新交通系"尽可推卸责任，

① 史俊明：《中日国际史》，页 178—179。

辩解此乃延续梁启超等人的政策罢了。事实上，在后来陆宗舆因五四运动发生，请辞币制局总裁，其辞职呈文中，便有聘阪谷为顾问一事“非其主张”等语。[①]

二、“亲美”、“反日”舆论的力量

币制顾问聘任一案，透露出北京政府内部“亲美”、“反日”势力的运作。何以在政府发出公函聘任阪谷为顾问的次日早上，美国公使即能闻讯赶至外交部质疑此事？[②] 促成此人事案的“新交通系”，没有必要泄露风声，泄密者必另有其人。考诸以往，自中、日“二十一条”交涉以降，袁世凯首次实行“密联英美”以“制日”政策以来，每当中、日两国间有所互动时（无论是日本恫吓或是中、日勾结），北京政府内部，总有人将此告知新闻媒体，辗转传至美国公使馆。1917 年，即“二十一条”交涉二年后，当日本公使至中国外交部重提第五号（关于整个中国）要求时，日本公使刚离开外交部，便有“密电”传出，通知在华英、美记者或报馆，[③] 而与报界关系密切的美国公使芮恩施，随即获知此一重要消息内

---

① 《陆宗舆呈请辞职呈文》，1919 年 5 月 9 日，载史俊明：《中日国际史》，页 337—340。

② “……公函发出之翌日美公使即到外交部质问……”，见《政府已聘阪谷为币制顾问》，《晨报》，1919 年 2 月 11 日，第 3 版。

③ J. B. Powell, *My Twenty Five Years in China* (New York: Macmillan, 1945), pp. 43-45.

容。币制顾问一案的揭露，美国公使能当下立知，从而出面干预，[①]恐怕也是经由相同管道，否则无以解释美国公使如何可在北京政府发函聘用阪谷为顾问的次日早上，即出面质疑。

由此可见，"亲美"、"反日"势力一直潜藏在北京政府内部，不因段祺瑞等当权派力行"亲日"政策而有所更张。这些人有着相似的泄密手法：透过报纸揭露，以鼓动舆论。至于动机，则各有所图！或许是受"反日"舆论宣传影响，在民族意识感召下所为，也有部分是因个人或党派利益的冲突而为。不过两者间实在很难区隔开来，因有不少人是在"反日"的大帽子下，进行权力或利益的斗争。

为进一步阻止阪谷就任顾问之事成为事实，《晨报》又以相当篇幅刊登"留日学生救国团"来电，标题为"反对政府聘阪谷为币制顾问"：

> 近据京讯，政府聘阪谷芳郎为币制顾问……并附以凡有建议，必须实行之奇异条件，似此消息殊骇听闻……日本近日所倡中日交通统一、中日币制统一、中日关税同盟为彼国朝野上下欲以经济政策并吞我国之铁证……惟冀全国上下，急起力

---

① 美国公使芮恩施特别热衷关注于中、日外交事务的进展，除了由于芮氏本人素来亲华的立场外，实际上部分也反映出当时日、美两国在东亚国际政治上的角力情形。关于1913—1917年间，日、美两国政府在国际政治上的冲突角力，可以参见罗伊·沃森·柯里（Roy Watson Curry）著，张玮瑛、曾学白译《伍德罗·威尔逊与远东政策》〔*Woodrow Wilson and Far Eastern Policy*，1913-1921（New York：Octagon Books Inc.，1968.）〕，社会科学文献出版社，1994，页94—145。此外在威尔逊总统任内，美国对华政策基本是在现实主义与理想主义之间游离不定，这可以解释美国在涉入中、日外交事务时的坚持与妥协。关于此点详见吴翎君：《美国与中国政治（1917—1928）》，东大图书公司，1996，页2。

争，烛照奸谋，打消前议。[①]

该电文就三点论说，大谈反对聘任阪谷为顾问的理由。一为“币制顾问”是随着“币制借款”而来，如今“币制借款”一议既已告停顿，又何来聘用“币制顾问”之说？二是聘日人为币制顾问，无疑将中国币制改革权交与日人之手，不但会招致其他列强不满，更会破坏列强在中国的均势。三是赋予顾问的权限过大，恐怕开列强共管中国之恶例。[②]《晨报》刊登此则电文，明显在为“研究系”本身反对聘任阪谷的立场作声援，故称道这则电文为“反对兹事的第一声”。[③] 留日学生与国内党派利益向来无关，此时发出电文抗议，当然是激于爱国心驱使所为。但《晨报》刊登这则电文的用意，可能不仅止于爱国、民族意识的感染，其中涉及的党派斗争，恐怕也是主因之一。电文中“彼国朝野上下，欲以经济政策并吞我国之铁证”，有鼓动舆论、撼动人心之效果。加上是由“留日”学生传来的电文，似乎更加强日本有意图谋中国这则传闻的可信度。此外，文中“烛照奸谋”的呼吁，亦契合“研究系”诸公的心声。这些都在为《晨报》或“研究系”的“反日”与“反段”主张，作背书与强化的功用。无论如何，此事应可视为“研究系”援引“反日”舆论力量，打击政敌的明证。

再者，“研究系”对段派、新交通系等当权派的攻击，并不仅限于“反日”舆论的操作与运用。直接指责其行政不当，也是“研究系”施展的方法之一，如在币制局相关问题上大加抨击。当币制

① 《反对政府聘阪谷为币制顾问》，《晨报》，1919 年 2 月 20 日，第 3 版。
② 《反对政府聘阪谷为币制顾问》，《晨报》，1919 年 2 月 20 日，第 3 版。
③ 《反对政府聘阪谷为币制顾问》，《晨报》，1919 年 2 月 20 日，第 3 版。

局筹备良久，却迟迟未见运作之际，在一篇名为《大规模的币制局》评论中，《晨报》攻击道：“我国每设一机关，必先扩大其规模，大抵董其事者以之位置亲友……可谓极其卑污矣！”“币制局为改良币制之重要机关，为吾人甚望其实事求是，勿踏以前之覆辙。”[①] 换言之，暗指币制局总裁陆宗舆意图扩大该局规模，以安置私人，却不知身负币制改革重责大任，实在是“极其卑污矣”。此处措辞严厉，可知“研究系”与“新交通系”间争执的激烈程度。

小　结

外交是内政的延伸，一国外交事务往往受到内政羁绊，无法超然客观的独立存在。巴黎和会前后的北洋政局是个异常复杂的局面，国家分裂呈南北对立之势，政府内部更是弥漫勾心斗角、尔虞我诈的气氛，不难想象这段时期，中国外交事务与内政事务有着何种程度的纠葛。我们从巴黎和会前“研究系”的种种外交要求中，清楚看到外交与内政事务混杂的情况。国家民族利益固然重要，党派私利似乎也是不容忽视。事实上，有多少因外交事件而引起的舆论风波，关涉的不仅止于国与国间的外交问题，党派与党派之间的明争暗斗更是牵扯其中。

表面看来，从“大借款”风波以至币制顾问争议，似乎人人均可义正词严地，在国家民族大旗纛下，挞伐指责政府“亲日”与“卖国”。然而实际情况是否如此单纯？一句国家民族大义，是否就能涵盖所有“对日”交涉问题？多少人美其名喊着民族大义之声，

---

① 《大规模的币制局》，《晨报》，1919 年 2 月 11 日，第 3 版。

实际上却另有图谋地遂行权力斗争之实？

以上是探索派系斗争与“反日”舆论间互动模式后，所得的几点看法。除此之外，还有一个相当值得玩味的观点，此即“国民外交”与当时世界体系思想间的关连。在“研究系”外交要求中，最有意义者莫如“国民外交”这套主张。威尔逊“民族自决”的观点，是导引出中国“国民外交”呼声的最大推手。威尔逊当初提出“十四项建议”的动机，不全然是其个人理想主义思维运作的结果，部分是受到俄国无产阶级革命成功的刺激所致，[①] 而“民族自决”观点，是用来化解民族间仇恨，避免共产主义势力趁机渗透到其他地区，危及西方民主、资本主义社会的存在。[②] 然而问题在于，中国“国民外交”口号的出现，除呼应威尔逊“民族自决”观点外，与同为当时世界体系思想两大主流之一的马克思、列宁主义间，[③] 有无直接的关系？

在理念上，“国民外交”是呼应自威尔逊“民族自决”观点，“国民”二字是由西方社会中的国民意识或公民意识（指的是人民会主动参与并关心公众事务）而来。但不可忽略的，威尔逊“民族自决”观点以及列宁主义，均重新检讨过去的世界体系模式，严厉批判帝国主义的不当之处，[④] 也将关注焦点，由政府部分，转移到

---

① 王晓德：《梦想与现实：威尔逊“理想主义”外交研究》，中国社会科学出版社，1995，页 212—217。

② 在 1919 年 4 月 18 日的四人会上，威尔逊就曾清楚表示担心，中、日山东问题如果不能完善解决，布尔什维克（Bolshevik）会在远东地区滋长。见“Mantoux's Notes of A Meeting of Council of Four”, April 18, 1919, *PWW*, vol. 57, p. 454.

③ 当时世界体系思想两大主流为列宁主义与威尔逊主义，见唐启华：《北京政府与国际联盟 1919—1928》，东大图书公司，1998，引言，页 2—3。

④ 唐启华：《北京政府与国际联盟 1919—1928》，引言，页 2—3。

人民身上。这种因马列主义与威尔逊主义，引起的世界观与价值观转变，对于中国有所启发，深深影响“国民外交”的内涵。因为“国民外交”的要求，着眼在因应世界新思潮、新潮流的到来，推动国民积极参与外交事务。不容否认的，鼓励国民积极参与外交事务的观念，间接促成后来的五四政治运动。五四政治运动在本质上，反映和延续着“国民外交”的路子，只是国民的热情与参与度，远超乎“国民外交”先前所期许的。

换言之，“国民外交”体现的，或许不仅仅是威尔逊“民族自决”观点，还有部分列宁主义影响的成分。[①] 这意味着，中国已经深深卷入世界体系思想的纠葛中。至于中国将来是要依循威尔逊主义的温和改良路线，还是马列主义的激进改革路线，则有待于巴黎和会的考验了。

① 在当时报纸上常常有介绍俄国革命事迹与马克思主义，至少中国知识分子对于列宁及其所领导的革命有某种程度的了解。见 Maurice Meisner, *Li Ta-chao and the Origins of Chinese Marxism* (Cambridge: Harvard University Press, 1967), p. 115.

第三章 “反日”舆论与山东问题：中国代表团内部问题

在北京政局内部斗争中，已经约略见识到“反日”舆论力量的展现。这股意识形态在层层人为因素推波助澜下，汇积巨大的力量，势必不只影响国内舆情，也将波及远在巴黎、肩负外交折冲任务的中国代表团。这对中国代表团，与未来巴黎和会上山东问题的争议，产生何种程度的影响？此外，国内不乏利用“反日”舆论力量进行政治斗争的例子，然而这股风气是否同样存在于中国代表团之内？以下将以山东问题为着力点，一探“反日”舆论在中国代表团内部引发的种种问题。

第一节 陆征祥“过日”风波[①]

要观察中国“反日”公众舆论运作情形，以及其具体影响政府外交的过程，可从陆征祥“过日”风波着手。所谓陆征祥“过日”风波，指的是陆征祥在前往巴黎参与和会途中，经过日本时，是否许诺日本外相内田康哉，将在巴黎和会上与日本代表密切合作。此事后来在和会上，形成中、日两国代表团间某种程度的争执。

就中国代表团而言，这件事造成外界对代表团首席代表陆征祥的质疑，深恐北京政府已经透过陆氏之手与日本政府达成秘密协议，牺牲国家权利。中国代表团内部即曾因此事产生争辩，最后迫使当时陪同陆征祥前往日本，参与陆氏和内田外相谈话、有“亲日”之嫌的外交部参事刘崇杰出面澄清。就日本代表团而言，日本代表不但曾就此事提醒中国代表团要信守承诺，甚至在中日间因山东问题陷于僵局之际，多次向美国代表团痛责陆征祥的失信。[②] 以下将针对此事的来龙去脉与影响作深入分析，探讨其中牵涉的“反

---

① 之前对陆征祥“过日”事件有相当探讨的学术研究，可以参见陈三井：《陆征祥与巴黎和会》，《近代中法关系史论》，页188—192。此处除了参酌陈三井论文外，并将依据其他当事人的日记、回忆与当时的报纸、中国代表团会议记录与美国方面的档案做更深入的探究。

② 如在1919年4月21日日本代表与美国总统威尔逊的谈话，以及1919年4月26日日本代表与美国代表团成员兰辛（Robert Lasnsing）与卫理（Edward T. Williams）的谈话，都可以清楚看到日本代表痛责陆征祥的言而无信，见《在法国松井大使致内田外务大臣（电报）》，1919年4月22日，《日本外交文书》第3卷上册，页244—247；“A Translation of a Telegram from Keshiro Masui to Viscount Yasuya Uchida”, *PWW*, vol. 57, pp. 581-585. 以及“A Memorandum By Edward Thomas Williams”, April 26, 1919, *PWW*, vol. 58, pp. 165-168.

日”舆论运作痕迹。

一、北京政府的外交决策与陆征祥的个人态度

关于北京政府对于中国参与巴黎和会的外交决策，据当时担任交通总长的曹汝霖回忆：

> （代表团）出发前，总统召集会议，商订应付方针……合肥（段祺瑞）发言，以此次参战，宣布过迟，有名无实，不应多提要求。除收回德奥租界，并取消在中国之权益法权外，拟提议撤销庚子条约驻兵一条，及修改海关税则。至青岛问题，日本一再宣言交还中国，谅不致食言，且看日本有无提议，随机应付，没有确定。众无异议，就此决定。[①]

由以上可知，段祺瑞虽已下台辞去国务总理一职，但关于巴黎和会等重大决策，其发言仍然具有举足轻重的地位，北京政府的和会决策便是以段氏态度作最后定夺。另外，从上述决策内容来分析，关于青岛问题，北京政府原先的态度是希望日本能依照“宣言”“交还中国”。然而日本所宣言的交还，是否附有其他条件？1915 年因日本“二十一条”要求而产生的中日“民四条约”中，日本对于归还青岛是有但书的，即中国同意让日本继承德国在山东的权益。然而，北京政府在这次决策会议中，有无就同意让日本继承德国在山东权益一事，达成共识呢？从曹汝霖的回忆，我们无法确定答案，不过由“随机应付，没有确定”八字，透露出北京政府对山东问题的处置，应尚未形成明确的决策。换言之，在山东议题上，陆征祥并未受有明确的政府训令。在政府未有明示，陆征祥本

---

① 曹汝霖：《曹汝霖一生之回忆》，台湾传记文学，1980，页 146。

人又是以外交总长身份兼代表团首席代表的情况下，可知在山东议题上，他可能享有某种程度的自由处置权。此时关键在于，陆征祥本人究竟抱持着何种“对日”态度？

陆征祥曾经负责处理过中、日“二十一条”交涉，对于日本有相当程度的认识。不过由于陆氏天生个性上的优柔寡断与处事消极，我们不易从其外交总长任内[①]上的施为，看出他对日本的真实态度。只有从他途经日本时所发生的种种情事，略窥陆征祥对日本以及山东问题，究竟抱持何种态度。

陆征祥在曹汝霖、陆宗舆等人建议下，同意在途经日本时，接受日本政府招待，除谒见日皇外，并准备与日本内田外相、赴欧和会全权代表牧野等会商有关巴黎和会问题。[②] 1918 年 12 月 2 日在途经奉天时，陆征祥接受日本领事宴请，席间陆氏虽不愿意谈及中国参与和会的最终要求，但还是对日本领事表示：

> 将来在讲和会议上，余必尽力与贵国提携以维持东洋参战国之面目，并树立对应列强之策。盖战后东洋方面，列强将有勃起之活跃，此可断言者也。[③]

这时陆征祥对日本的态度相当友好，也不讳言地许诺，将来在和会上要与日本代表“提携”，共同应付其他列强。不过“战后东洋方面，列强将有勃起之活跃”这些话似乎另有深意。此次谈话

---

① 民国以来，陆征祥四度担任外交总长一职，分别是 1912 年 3 月—9 月、1912 年 11 月—1913 年 9 月、1915 年 1 月—1916 年 5 月、1917 年 12 月—1920 年 8 月。见《北洋政府各部长更迭表》，载彭明主编《中国现代史资料选辑》第一册，中国人民大学出版社，1985，页 63。

② 曹汝霖：《曹汝霖一生之回忆》，页 146；陈三井：《陆征祥与巴黎和会》，《近代中法关系史论》，页 188。

③ 《陆征祥经过奉天详情》，《晨报》，1919 年 12 月 7 日，第 3 版。

后，陆征祥的态度就有些许变化，在对日本大阪《朝日新闻》记者的谈话中，他说道：

> 日本与中国皆远处亚洲，参战程度非英法之比，则发言权之差异自所不免。青岛问题当属议题之一。列国因战争影响，中止东亚方面活动，今欧战既终，则战后活动必倍昔日。东洋安危责在中、日，是以发言权纵不能与欧美颉，而两国对于大局必预有全盘之计划，互相了解、一致行动，则或可收圆满结果。余此次先来日本亦此意耳。[①]

此处陆征祥不但提出“青岛问题”，更再一次声言欧战后列强重返亚洲的新局面；尤有要者，是强调中、日两国发言权不及欧美国家（指的应为美、英、法、义等国），隐约暗示欧美国家对于亚洲事务有很大的影响力，日本必须正视这种情况。对此新局面，陆征祥认为中、日两国应“预有全盘之计划，互相了解、一致行动”。这句话的意思相当含混，可以解释为中、日应事先提携合作，共同对抗战后重振的欧美势力；另一方面，亦可解释为战后欧美势力势必重返亚洲，在许多议题上日本应先与中国磋商再作打算，青岛问题便是其一。这两种解释的意义迥然互异，前者是联日制欧美，后者是挟欧美以制日。陆征祥的态度究竟属于是前者还是后者，尚无法断言，不过稍后发生的事情却约略透露了陆氏“对日”态度的底蕴。

二、“过日”风波

在路经朝鲜途中，陆征祥突然患病（12 月 4 日），接着便传出

---

① 《陆征祥途中之谈话》，《晨报》，1919 年 12 月 9 日，第 2 版。

陆征祥抵达日本后（12 月 5 日），借口生病不愿接受日本政府招待的重大事情。无独有偶的，同时间亦传出驻日公使章宗祥因“陆征祥称病不与日政府接洽……忽有电拍致政府自请辞职”之事。[①] 究竟陆征祥与章宗祥之间发生何种事故，以致于陆要称病不见，章却要辞职？在章宗祥的请辞电文中，写道：

> 陆外长此次奉使经过日本，原冀有所商榷，乃陆使因小有微恙，即一概谢绝宴会。彼邦朝野讽刺频加，宗祥顿生无限感触，因之脑病复发，请先给假期以便医治。[②]

章宗祥请辞电文中透露两项重要讯息：一是陆征祥此行负有相当任务，是为“商榷”某事而来，不过却以生病为由故意避开这些“商榷”；因为仅是身体“微恙”，似乎无谢绝会客的必要。至于陆征祥为何托病不愿与日本商榷，则不得而知。[③] 二是章宗祥因气愤陆征祥托病谢绝会客，也借口托病请辞公使职务。章宗祥显然意图透过请辞，迫使北京政府出面对陆征祥施压。此举隐含着政府内“亲日派”势力，对陆征祥犹疑不定的“对日”态度，进行的一次反扑。请辞手段果然奏效，北京政府去电陆征祥，要其依照既定计划行事。[④] 陆征祥虽然推辞晋见日皇，但仍于 1918 年 12 月 9 日与

---

① 《外交界之大疑问：陆总长抵东称病、章公使来电请辞》，《晨报》，1919 年 12 月 7 日，第 2 版。

② 《陆总长与章公使：外交上将有大问题》，《晨报》，1919 年 12 月 8 日，第 2 版。

③ 关于陆征祥托病的原因，有些说是因为小幡酉吉将就任驻华公使，而陆氏因在中日“二十一条”交涉时，颇受小幡之气，所以托病；也有说是因为在经日本途中，秘密文件遭窃之故。详见陈三井：《陆征祥与巴黎和会》，《近代中法关系史论》，页 189—190。

④ 《时报》，1918 年 12 月 13 日，转引自陈三井：《陆征祥与巴黎和会》，《近代中法关系史论》，页 188—189。

内田外相、牧野显伸等会面，双方并就山东问题进行初步沟通。内田外相清楚告知陆征祥，日本内阁认为“胶州湾等山东的权益，日本作为战胜者的权益，由德国让渡以后，拟将租借地归还中国”。[①]换言之，日本准备依照1915年的中日“民四条约”处理山东问题，由日本继承德国在山东权益，但胶州湾租借地归还中国。[②] 陆征祥答称，中国报纸传闻要无条件收回山东与所谓媾和条件，全系“无稽之谈”，关于山东问题，中国无意多作要求，并说中国“在媾和会议将与日本合作”。[③] 陆征祥在当日拍回北京的电文中也提道“至于青岛问题，自应按照原议办理。将来两国代表再会，仍愿彼此遇事接洽。彼（内田）亦深以为然”。[④]

会谈次日（12月10日），陆征祥率团搭船离开日本前往美国。在美国逗留期间，陆征祥曾接受记者访问，在被问及有关胶州问题时，陆氏答以“该领土必有归还之一日，因有成约在先不可弃也”。先一个“原议”，后一个“成约”，显示出中、日两国间对于胶州问题的安排处置，似乎已有了某种程度的默契。

---

① 臼井胜美著，陈鹏仁译《中日关系史（1912—1926）》，页200—201。

② 中日“民四条款”中有关山东的规定为，“战争终了之后，胶州湾租借地完全由日本自由处份之时，日本政府将按下列条款将该租借地归还中国：（一）胶州湾全部开为商埠；（二）由日本政府指定一地点为租界，完全由日本管理；（三）倘列强欲另辟一地作为租界，亦可照办；（四）关于该地德国房屋产业之处分及处分之条件手续，中日两国政府须于交还之先，互相商妥办法”。参见《欧洲议和问题：青岛之将来》，《晨报》，1919年12月17日，第2版。

③ 关于陆征祥与日本内田外相的谈话，参考臼井胜美著，陈鹏仁译《中日关系史（1912—1926）》，页200—201。

④ 《收陆总长由横滨来电》，1918年12月10日，《北京政府外交部档案》，03—33/146—（1）。此外，在颜惠庆1919年23日的日记中也记载，陆征祥自承“当内田提出山东问题时”，他“的确曾对内田说，中国愿按照成议办理”，见颜惠庆著，上海市档案馆译《颜惠庆日记》第一卷，中国档案出版社，1996，页828。

总之，由此次陆征祥与日本外相内田康哉的会谈，与稍后陆氏对记者的谈话，陆氏确曾允诺日方，愿意依照“原议”或“成约”处理山东问题。这个“原议”或“成约”，依日本政府的认知，即是1915年中、日“民四条约”中有关山东问题的规定（也包括1918年9月的济顺高徐路约），否则日方不会对此次会谈感到满意。不过，陆征祥此时的允诺究竟是真诚的，还是敷衍客套“漫应之”呢？[①] 这个问题，有待巴黎和会召开后，中、日代表因山东问题发生龃龉时，才能见真章。

另一方面，在陆征祥日本之行后，“日本方面传布消息谓（中日）双方业已谅解，日本允照条约将青岛交还中国，对于媾和问题亦拟极力援助”，也有消息说“日本可将青岛归还中国，惟须继承德国在山东所有利权，中国必须将青岛实行开放”。[②] 同时有传闻道，“关于青岛问题及其他媾和条件”，在陆征祥等离开日本后，伴随陆征祥访日的国务院兼外交部参事刘崇杰，仍留日本续与日本外交当局磋商，目前“已有头绪，各方意思渐趋疏通”，刘氏正准备回国报告与日方详谈的经过。[③] 然而刘崇杰回国后，却向记者表示“外间所传之中日间青岛问题如何决定云云，以余所见不过一种猜测”，刘氏强调日本朝野“研究中国问题已去轻浮之习”而渐趋务实，他呼吁国人应仿效日本，对于外交事务应当“冷静观察，勿凭意气之私”。他并对中国报界对未加考证之事即大肆渲染感到遗憾。[④]

---

① “漫应之”三字出自徐世昌主导编辑的《秘籍录存》中评述有关陆氏与内田此次谈话中，陆氏在响应内田有关青岛问题要求时的态度。见中国社会科学院近代史研究所编《秘籍录存》，中国社会科学出版社，1984，原编者按，页63。

② 《如是我闻之青岛问题》，《晨报》，1919年12月18日，第2版。

③ 《如是我闻之青岛问题》，《晨报》，1919年12月18日，第2版。

④ 《刘崇杰归国消息》，《晨报》，1919年12月18日，第3版。

刘崇杰的谈话，隐约体现北京政府内部“亲日”势力运作过的痕迹，不但刻意隐瞒陆征祥在东京已与日本达成默契一事，同时还不忘宣扬中日亲善之说，希望国人多多向日本学习，实事求是，不要单凭报纸臆说而人云亦云。令人讽刺的，报纸的臆说之词似乎比他们所公开宣扬的，更趋近于事实真相。

此处引发另一个问题，陆征祥为何向日方明白许诺，愿依照日本要求处理和会问题？是陆征祥屈服国内“亲日”势力而敷衍日本，抑或是其个人意志运作结果？他在日本的托病与章宗祥的请辞是否牵涉到某种对立力量的角力？陆征祥在日本时言行的反复，是否正如“亲日”派曹汝霖所言，是因为“陆氏向来意志薄弱，易于动摇，此次同行者多是青年外交家，尚有南方代表，恐别有用意”呢？[①] 这些问题恐怕都不是一言即可论断的。此处可以约略得知，陆征祥在日本时的态度是相当举棋不定，原因之一或许是“亲日”与“反日”力量，在其身上各自施力后产生的结果。

第二节　中国代表团的“反日”主张

在 1919 年 1 月 27、28 两日的“十人会”上，山东问题浮上台面，中、日代表因此产生激烈辩论，[②] 进而引起 1919 年 2 月 2 日在北京发生的日本公使小幡酉吉恫吓事件。小幡不但以严厉的口吻要求北京政府约束中国代表在巴黎的言行，同时向北京政府严正声明，基于外交惯例，中国如要公开中、日密约，必须先知会日本，

---

① 曹汝霖：《曹汝霖一生之回忆》，页 147。

② 有关这两次“十人会”详细的会议经过，详见本书第四章第一节。

获得同意后方能公布。

日本公使的恫吓不论在北京还是巴黎，均造成相当争议，但也发挥一定效果。中国代表团迫于日本压力，在将中日密件[①]提交大会之前，还是先行将该文件英文译本送达日本全权代表处，不过声言此举只是基于外交“礼貌”。但日本全权代表伊集院彦吉却出面声称，中国此举是“商量”、“应受之拘束”，而非“礼貌”，并向奉命前来送件的严鹤龄参事表示，其中缘由“陆总长必知之”。[②] 日本对中国代表团表明中、日两国有事须先商议的约束，似乎意味着中、日两国已先有共识，并暗示陆征祥知晓此事，其中缘由何在？此处涉及一个极重要的关键，陆征祥究竟有无与日本达成共识，要在和会之中与日本密切合作？

在日本松井全权（Keshiro Matsui）给内田康哉外相（Yasuya Uchida）的电报中，透露陆征祥在途经日本时，与内田外相的谈话内容：

> 不久前当中国外交总长（陆征祥）赶赴和会过程中，经过日本时，他与日本外相私下会面，就有关两国在和会中和平的合作，已达成初步的共识……他（陆征祥）非常高兴听到日本外相担保要归还租借地主权（指胶州）与承诺的合作性帮助，而中国与日本间的关系似乎是合作与协调的。[③]

---

① 此即1918年9月24日的中日济顺高徐铁路借款换文。

② 《严参事见日本全权问答》，1919年2月15日，《北京政府外交部档案》03—37/12—（2）。

③ 《在法国松井大使致内田外务大臣（电报）》，1919年4月22日，《日本外交文书》第3卷上册，页244—247；“A Translation of a Telegram from Keshiro Masui to Viscount Yasuya Uchida”，*PWW*，vol. 57，pp. 581-585.

日本方面认定陆征祥在经过日本时，已许诺要在巴黎和会上与日本合作。

对于日本的说法，陆征祥又是如何因应？2月15日下午，在中国严鹤龄参事与日本吉田茂秘书的谈话中，严鹤龄转述了陆征祥对于日本全权所谓“陆总长必知之”的反应：

> 陆总长对于伊（伊集院彦吉）全权所称“商量”、“拘束”及“陆总长必知之”之语，颇为诧异。陆总长谓：大约经东京访贵国外部时，谈话中偶及和会中我两国邻邦，遇事终须互相提携。此种客套或有之。至于送文件时必须互相商量受有约束，绝非意中所有也！①

陆征祥认为他在东京外务省说的“互相提携”等语，不过是客套话，并非真的有所承诺；日本所说的中、日“商量”“拘束”等语，只是日本方面的误解。此外，在同一日（2月15日）中国代表团内部会议上，面对顾维钧质疑“究竟政府有无与日本约定之事”时，陆征祥略带含糊地答以“未必有据”，似乎对此不置可否，又显得毫不知情。② 顾维钧进一步谈及有关陆征祥个人之事，“英法报上载有总长过日时，曾与日本政府接洽对于和会之事，中日两国一致进行”，顾氏略有深意地反讽说“此必系日本私嘱报馆登载，用意甚深”。面对顾维钧的暗示与刺探，陆征祥答以“过日本时与比

---

① 《顾全权严参事见日本吉田秘书官问答》，1919年2月15日，《北京政府外交部档案》03—37/12—（2）。

② 《中国代表团第十八次会议录》，1919年2月15日，《北京政府外交部档案》03—37/12—（2）。

政府往来，全属礼节上之周旋，并无何种接洽”。[①] 陆征祥全然推翻在东京与内田谈话时所提的“原议”，以及在美国对外表示的“成约”。陆征祥于对自己知情之事，含糊以对，对于自己说过的话，间接否认；由此可见，陆征祥在东京的态度，与此时在巴黎的态度，有明显差异，似乎有渐趋强硬之势。陆氏的态度，从之前的犹疑不定，到如今的“对日”坚决，什么原因造成这项转变？

据顾维钧回忆，当 1 月 27 日“十人会”突然通知中国代表团出席会议，参与山东问题讨论时，陆征祥的反应是“疾病缠身，无法赴会，让我们自己决定赴会及辩论人选”。[②] 代表团五全权代表中中唯一清楚中、日之间已经就山东问题达成共识的陆征祥，并未将此项讯息透露予其他代表，更未试图去主导中国代表团在山东议题上的立场。陆征祥再一次选择“托病”回避碰触这个敏感问题。据《颜惠庆日记》记载，当顾维钧在 1 月 28 日“十人会”上发表成功的演说后，陆征祥虽对顾氏的表现“加以赞扬”，但是“又说与日本曾有约”。[③] 换言之，陆征祥或许对顾维钧在会议上力争山东权益的表现感到高兴，但仍不敢忘记在山东问题上曾与日本有所约定。

在山东问题上，陆征祥明知中、日之间已有成约，他本人甚至曾向日本外相亲口许诺，中国不会在这个问题上要求过多，然而当问题发生时，他却选择托病、默不吭声。可是当顾维钧在“十人会”上打出第一次漂亮的胜战，中国在山东问题上处于只能进而不能退的地步时，他念兹在兹的却是中日之间已有成约。一直到后来

---

① 《中国代表团第十八次会议录》，1919 年 2 月 15 日，《北京政府外交部档案》03—37/12—（2）。

② 顾维钧：《顾维钧回忆录》第一分册，页 183。

③ 颜惠庆：《颜惠庆日记》第一卷，页 815。

北京发生小幡公使恫吓事件，消息传来巴黎，陆征祥的态度才有所更张，除对此“十分愤慨”外，并表示“对山东问题改变了主意，他现在采取了积极的态度”。[①]

由陆征祥在日本与在巴黎时的种种行为，可以看到陆氏本人“对日”的态度一直在转变、挣扎着，或许其内心是倾向“反日”的，因为主持中、日“二十一条”交涉的经验应曾给陆氏留下或多或少的感触，对于日趋激昂的“反日”民族舆论，同样不可能无动于衷。此外，徐世昌总统的政治运用也是值得注意。在挑选全权代表时，陆征祥尽选与欧美国家有密切关系的外交人员，独缺具有日本背景者；若无徐世昌幕后撑腰，以陆征祥温和的个性又岂会无视段祺瑞等“亲日”势力存在，作成如此重大决定。或许由于徐世昌与“亲日”派间的权力攘夺，才成就以欧美背景色彩（而非日本背景）为成员主体的中国代表团。但天生个性与意志上的懦弱，加上又处于“亲日”势力强大的北京政府中，纵有徐世昌支持，陆征祥心中亦有意修正“亲日”政策，但在外交实际执行上，陆氏还是无法超脱段氏一派的影响（事实上，徐世昌本人又何尝不是如此[②]）。是以在外交人事安排上，虽已尽量摒除“亲日”派外交官，但北京政府内外庞大的“亲日”势力，仍是陆征祥或是徐世昌挥之不去的阴影。

陆征祥多次反复的行为举动，显示他无力正面抗拒段祺瑞一派支配下的“亲日”政策，选择以消极态度来因应。先是答应曹汝

---

① 颜惠庆：《颜惠庆日记》第一卷，页815。

② 关于徐世昌与巴黎和会外交人事权的关系，详见本书第二章第二节。

霖、陆宗舆等，要在途经日本时与日本政府商谈有关欧洲和议事，[①]但又临时变卦，托病不与。章宗祥以去就相逼，迫使政府出面施压后，[②]陆征祥不得已只好勉为其难与日本外相会面。面对日本人时，他又不敢据理力争，只好允诺要与日本代表在和会上相互合作，青岛问题安排上也与日方达成相当共识。[③]到了巴黎，山东问题跃出台面，他却又“托病”拒绝出面履行他先前与日本就山东问题所达成的共识，将主导权让渡给对中日成约毫不知情的其他代表团成员。[④]可能就是在这“亲日”与“反日”间挣扎中，造就出某种消极反抗的心理，陆征祥亦因此导演出两次“托病”行为。

所以陆征祥虽贵为外交总长与代表团首席代表，无力也无意主导代表团的对外作为。代表团中年轻、积极、意志力强，又有明确目标的顾维钧、王正廷二人，便成为代表团中主要推手。顾、王二人在“对日”态度上，坚决奉行“联美制日”路线。他们深知新闻舆论的魅力，为有效执行“联美制日”路线，顾、王二人不惜借重舆论力量，除对付日本，也可影响北京政府与代表团内部的外交作为。如此氛围下，陆征祥最后的态度终于走向“对日”强硬的途径，对小幡恫吓之事积极反应，更在日方重提中、日已有成约时，以坚决的态度否认日方一切所言。

总而言之，陆征祥“对日”态度的演变，固然是其个人内心反

---

① 见曹汝霖：《曹汝霖一生之回忆》，页 146；陈三井：《陆征祥与巴黎和会》，《近代中法关系史论》，页 188。

② 《时报》，1918 年 12 月 13 日，转引自陈三井：《陆征祥与巴黎和会》，《近代中法关系史论》，页 188—189。

③ 《收陆总长由横滨来电》，1918 年 12 月 10 日，《北京政府外交部档案》，03—33/146—（1）。

④ 顾维钧：《顾维钧回忆录》第一分册，页 183。

复挣扎的结果，但“反日”舆论的运用与代表团中顾维钧、王正廷强烈“联美制日”的态度，也是重要的影响因素。

第三节 梁启超、刘崇杰“亲日”风波

“反日”舆论施展的威力，不仅间接改变陆征祥的“对日”态度，更持续影响到于 1919 年 2 月下旬抵达巴黎的梁启超一行人。其中关键人物是梁启超与随行的国务院兼外交部参事刘崇杰。

梁启超的到来，引起中国代表团内部诸多的揣测与不安。顾维钧认为梁氏的到来，似乎意味着“代表团人员有变动”，[①] 可能来“取代”陆征祥。[②] 顾维钧以为梁启超的“政治背景一向被认为在涉及中日关系的问题上，态度是较为和缓的”，不但身为“总统的亲密顾问，又是支持政府反对南方的进步党领袖”。[③] 顾维钧的言外之意有三：一是梁启超是徐世昌的“亲密顾问”，此行可能负有政治任务；二是梁有“亲日”之嫌；三是梁有“反对南方”的倾向。梁启超既然可能负有政治任务，其“亲日态度”可能导致代表团“对日”方针的变更，他的“反对南方”则可能影响到王正廷在代表团的地位。

另一方面，外交部参事刘崇杰的态度就更令人争议。刘崇杰早年留学日本，在“对日”态度上较为暧昧。之前，刘氏跟随陆征祥访日归国后，曾对外界极力否认中日之间已就山东问题等达成共

① 颜惠庆：《颜惠庆日记》第一卷，页 823。
② 颜惠庆：《颜惠庆日记》第一卷，页 825。
③ 顾维钧：《顾维钧回忆录》第一分册，页 192。

识，并呼吁国人不要过度听信报纸言论，猜疑日本的用心。[①] 刘崇杰对外的发言立论上明显替日本辩护，带有“亲日”倾向。

抵达巴黎后，刘崇杰曾对中国驻法公使胡维德表示“北京为陆（征祥）对内田的谈话不满，因为陆征祥‘的确同意二十一条的有效性与山东条约’，同时透露梁启超此行目的是来“注意王（正廷）的”。[②] 他也曾在中国驻德公使颜惠庆面前“严厉批评了陆，也批评了曹汝霖与章宗祥”。[③] 刘崇杰的动作，除意味北京政府对陆征祥的不满，和对王正廷的不放心外，也暗示刘氏本人对于陆征祥过分承诺日本与曹、章的“亲日”感到不满。这与他之前的“亲日”言论明显不一致。在“对日”态度上，刘崇杰究竟作何打算？

梁启超与刘崇杰的到来，最终均招致“反日”舆论力量的攻击，指责梁、刘二人为“亲日派”。这股“反日”舆论力量是以“学生团体”为主力。2月下旬他们以“梁赞同和日本和解”，威胁梁启超“要么走，要么死”![④] “留英中国学生会”先前即曾多次致函中国代表团要求“坚持对日态度”，[⑤] 此时亦致函梁启超，抗议梁氏主张“对日”外交不宜“过烈”以及“日本获我铁矿之供给，并其他利权，不如外间传闻之甚”等，指责梁启超所言“无益于而有损于国家大事”。[⑥] 在信尾，“留英中国学生会”更表示“此月以来，

---

① 《刘崇杰归国消息》，《晨报》，1919年12月18日，第3版。

② 颜惠庆：《颜惠庆日记》第一卷，页831。

③ 颜惠庆：《颜惠庆日记》第一卷，页831。

④ 颜惠庆：《颜惠庆日记》第一卷，页827。

⑤ 《留英学会致议和全权大使诸公书》，1919年2月，《北京政府外交部档案》03—37/26—（1）。

⑥ 《留英学会致梁启超先生书》，1919年2月18日，《北京政府外交部档案》03—37/26—（1）。

同人……竭力运动此间人士，冀唤起公正舆论，为我外交之后援，辛苦之余，效果渐著”，希望梁能“取合一之步调”。[①] 3月初，陆征祥因代表团内部争斗，离开巴黎避往瑞士。学生团体以陆征祥的离去为由，将矛头指向有“亲日”之嫌的刘崇杰：“巴黎中国留法学生组织之平和促进会”去函巴黎中国代表团，指责因刘“崇杰之故”造成陆征祥“不安于位，骤然离法”，又攻击刘氏为“亲日派”，此来巴黎任务“不显明”。[②] 3月中旬更传出在巴黎有“亲日派华人之叛逆，使中国代表在和会中关于处置山东问题……进行之外交战争上，大受掣肘”，[③] 从而引起国内舆论界轩然大波，怀疑梁启超的“亲日”破坏了中国代表团在山东问题上的努力。上海商团更为此致电北京政府说“梁启超在欧干预和会，倾轧专使，难保不受某国运动”。[④]

这波声势浩大的“反日”舆论，从学生团体质疑梁启超、刘崇杰巴黎一行的任务，到中国舆论界群起攻击梁启超的亲日卖国，其中究竟有无人为因素的蓄意操作？其掀动“反日”舆论的动机又为何？

一、梁启超的“对日”态度

要解决上述问题，首先须厘清当中、日因山东问题陷入僵局之

---

① 《留英学会致梁启超先生书》，1919年2月18日，《北京政府外交部档案》03—37/26—（1）。

② 《中国代表团团第四十八次会议录》，1919年3月17日，《北京政府外交部档案》03—37/12—（2）。

③ 《异哉卖国之骇文》，《晨报》，1919年3月23日，第2版。

④ 《上海商团致政府电》，载吴天任编著《民国梁任公先生启超年谱》第三册，台湾商务印书馆，1988，页1407。

际，梁启超的“对日”态度。由学生团体的种种指责看来，似乎梁启超在巴黎确有主张与“日本和解”的倾向，[1] 但观诸梁氏在 2 月下旬抵达巴黎不久后致电北京的电文，却丝毫不见梁氏倾向与日本妥协的证据。电文中，关于青岛问题，梁氏说道“日虽出兵（青岛）……断不能与我领土主权有所侵害，更不能发生权利继承问题……吾辈着眼不在归还之名义，而在主权之实际，胶济诸路关切肤厉害，不能与青岛分为两案”。[2] 梁氏更举比利时为例，如果日本以出兵山东为取得胶州等地的借口，那么英、法等在欧战时出兵帮助比利时抵御德军，是否比利时也将以割地为报酬，否则将“何以报英法”之恩？至于中国在和会的立场，梁氏亦主张应利用此一良机，“乘机力图自由发展”。[3]

因此梁启超并无向日本让步的打算，只是主张弃名求实，放弃直接归还胶州之名，求取主权收回之实。弃名求实的处置之道，充其量不过是梁启超一厢情愿的想法，外交上未必确实可行，日本方面也不可能接受，然而如果因此要梁氏背上与“日本和解”的罪名，未免亦言过其实。

此外，在 3 月上旬，梁启超另一封致北京政府的电文中，梁氏质问政府，为何在去年 9 月“德军垂败”之际，作茧“自缚”与日本订立有关山东问题处置的“高徐济顺路约”，他申言道“为今计，惟有使订约之人担负，庶可挽回展开新局，不然千载一时良会，不

---

① 颜惠庆：《颜惠庆日记》，第一卷，页 827。

② 《收法京梁前总长电》，1919 年 2 月 26 日，《北京政府外交部档案》，03—33/150—（1）。

③ 《收法京梁前总长电》，1919 年 2 月 26 日，《北京政府外交部档案》，03—33/150—（1）。

啻为一二人毁坏，实为惋惜”。[①] 梁启超此时“对日”态度，比之上封电文，更见强硬，炮口也由外而内，不但质疑政府与日本签定路约的动机，同时也厉言谴责签约之人，要其负责。梁启超此时态度转变，固因受到美国代表影响，认为济顺高徐路约是“中国政府自愿对于二十一条加一保证，授日本以极好之口实”，[②] 也可能是受到学生团体等“反日”舆论的刺激，希望藉此将“反日”舆论矛头转向国内，指向当初订定路约之人，减轻梁氏本人受到的“反日”压力。

梁启超与其领导的“研究系”，在政治立场上与北京政府背后的段祺瑞一派（安福系、新交通系）是相互敌对的；梁氏有可能藉此机会，挟“反日”舆论攻击段氏一派，尤其新交通系。此点可从梁氏措辞强硬的字眼“千载一时良会，不啻为一二人毁坏”[③] 等略窥一二。尤有甚者，更直接要求订约之人担负责任，言下之意是要新交通系首脑曹汝霖、陆宗舆与驻日公使章宗祥等下台负责。这不啻是一场政治斗争。梁启超等藉由重大外交事件，掀起“反日”舆论，当事实真相还未明朗之际，即将舆论矛头指向立场“亲日”的政敌，迫其辞职下台。

直言之，就算曹汝霖等为此事下台负责，对眼下中、日山东问题的交涉谈判，并无半点帮助。英、美等国不会因中国惩处订约之人，便断然将此约一笔勾销，更何况日本又岂会善罢甘休。3 月上

① 《收法京梁任公先生电》，1919 年 3 月 11 日，《北京政府外交部档案》，03—33/150—（1）。

② 《收法京梁任公先生电》，1919 年 3 月 11 日，《北京政府外交部档案》，03—33/150—（1）。

③ 《收法京梁任公先生电》，1919 年 3 月 11 日，《北京政府外交部档案》，03—33/150—（1）。

旬时，英、美、法等三巨头尚未返回巴黎，和会对山东问题的处置亦未拍案决定，一切尚在未定之数，梁启超此时却要订约之人下台负责，并称“惟今计”只有如此，实在令人怀疑梁启超的企图。梁启超为避免他人怀疑其另有所图，在文末还称自己为“漫游之身，除襄助鼓吹外，于和会实际进行未尝过问，惟既有所闻，不敢不告，以备当局参考，乞转呈大总统”。[①] 一方面强调自己是出于超然立场正直言事，另一方面在态度上又丝毫不放松，不但要“当局参考”，更要“转呈大总统”，意在藉此向政府高层施压。

“研究系”的动作不仅止于向政府表示意见，尤有要者，“研究系”利用梁启超远播的盛名，每当有梁氏从巴黎来的电文，随即将之刊登在机关报《晨报》上，[②] 除藉此替梁启超澄清“亲日”谣言外，亦欲影响国内舆论视听，将“反日”舆论的矛头转向，从对准梁氏自身转而指向其政敌，一石二鸟。在梁氏 3 月上旬的电文中，除强调是引述美国国务卿兰辛的说法，认为中国于 1918 年 9 月订定此济顺高徐路约是作茧自缚之举，更有意义的，是电文中指出此约在“外人”眼中无异是“中国政府自愿对于二十一条加一保证，授日本以极好之口实”，[③] 如此便将路约与“二十一条”挂上钩，重新掀起昔日惨痛的历史记忆，点燃公众舆论对于“二十一条”的愤恨。从此济顺高徐路约也就与国耻画上等号。梁启超从初来巴黎时

① 《收法京梁任公先生电》，1919 年 3 月 11 日，《北京政府外交部档案》，03—33/150—（1）。

② 梁启超 2 月下旬的电文刊登在《梁任公先生来电原文》，《晨报》，1919 年 2 月 28 日，第 3 版。3 月上旬的电文则刊登在《梁任公之重要来电》，《晨报》，1919 年 3 月 22 日，第 2 版。

③ 《收法京梁任公先生电》，1919 年 3 月 11 日，《北京政府外交部档案》，03—33/150—（1）

受到学生团体指为“亲日”，后来摇身一变成为“反日”舆论的推手。其中的曲折转变，或许与梁氏本人受到“反日”舆论的攻击、刺激有所关联。

这种利用外交事件掀起“反日舆论”的模式，活脱脱便是上年（1918年）9月“大借款”风波的翻版。重大的“对日”外交事件，均是作文章的好题材，“反日”舆论在这样的过程里日见激昂。渐渐地，在中国人心中，“亲日”与“卖国”间的关联性亦就此强化。

二、王正廷的煽动舆论

3月中旬的梁启超“亲日风波”，即是王正廷利用新闻媒体发动的。王正廷在3月中由巴黎致电上海报界谓：

> 吾辈提议于和会者，主张废止二十一款及其他密约，不遗余力……但吾国中有因私利而让步者，其事与商人违法贩卖无异，此实卖国之徒也。所望全国舆论对于该卖国贼群起而攻之，然后我辈在此乃能有讨论取消该条件之余地。[①]

电文虽未明指何人是“卖国之徒”，但已使得上海报纸舆论喧腾，不少人怀疑文中所指即是梁启超，纷纷痛责其“在欧干预和会，倾轧专使，难保不受某国运动”。[②] 姑且不论梁启超有无“亲日”行为，王正廷以政府正式外交代表身份，私自致电国内报界发表个人看法，动机并不单纯，有挟动国内“反日”舆论之嫌？但王正廷激起舆论浪潮的目的，是基于国家民族大义，还是另有所图？

---

① 《王正廷专使致上海报界电》，载吴天任编著《民国梁任公先生启超年谱》第三册，页1406—1407。

② 《异哉卖国之骇文》，《晨报》，1919年3月23日，第2版。

由上述梁氏 2 月下旬的电文可知，关于山东问题，梁启超主张弃名求实，放弃直接归还之名，务求收回主权之实。[①] 这种做法似乎并无多大的可行性，甚或在王正廷心中，会认为梁氏不懂实际外交，又要揽权管事。所谓的与“日本和解”，或许便来自梁氏弃名求实的主张。王正廷在山东问题上的态度是较为激进的（相较于梁启超而言），认为中国不该让步，应正直言事，外联美国争回国权。然而，即使王正廷不认同梁启超的主张，也没有理由暗指称梁氏亲日卖国，甚至去电上海报界，掀动国内舆论对梁启超的口诛笔伐。

王正廷对梁氏的指责，显系另有动机，绝非仅从双方在外交策略上的差异就能解释的。究竟王正廷有无其他私心？由上述梁启超等人到巴黎后，引起的风风雨雨与诸多耳语臆测，王正廷不可能不放在心上：梁氏的“反南方”背景，与传闻梁氏此次前来巴黎目的在注意王正廷，[②] 凡此种种都会使王正廷怀疑梁启超的用心。王正廷有可能藉由煽动国内“反日”舆论，制衡梁启超，迫其不敢再对巴黎议和事有所置喙。梁启超在后来回忆到：

> 彼（指王正廷）当三四月兴高采烈，以为大功告成在即，欲攘他人之功，又恐功转为他人所攘，故排亭林（顾维钧）排象山（陆征祥）。排亭林者，妒其辞令优美，骤得令名也。排象山者，因其为领袖，欲取而代之也。又恐象山去而别有他人代之也，于是极力谋其人（梁启超自己），一纸电报，满城风雨。[③]

---

① 《收法京梁前总长电》，1919 年 2 月 26 日，《北京政府外交部档案》，03—33/150— (1)。

② 顾维钧：《顾维钧回忆录》第一分册，页 192；颜惠庆：《颜惠庆日记》第一卷，页 831。

③ 《梁启超与仲弟书》，1917 年 6 月 9 日，载丁文江编著《梁任公先生年谱长编初稿》，页 557—560；吴天任编著《民国梁任公先生启超年谱》第三册，页 1408—1413。

梁启超认为，王正廷为排挤自己，捏造所谓亲日卖国之说。事实上，王正廷也曾透过散播不实消息，攻讦在巴黎和会上表现出色的顾维钧，此即有关顾氏将与曹汝霖之女订婚的谣言。王正廷除曾将此假消息告知颜惠庆外，[①] 更传之于新闻媒体，以致国内《字林西报》刊出下列消息：

> 中国何其悲哉，值此危急之秋，适逢国际间胜利在望，而国家赖之共济时艰的最卓越外交家之一，却与亲日派结盟，与曹小姐订婚，转而反对国家之利益。[②]

顾维钧为此曾向王正廷质问，王的解释却是“有闻即报是我的责任”，[③] 证明王正廷是无的放矢，别有所图。

王正廷与梁启超、顾维钧等人的纠葛，透露出“反日”舆论在当时已是一股强大力量，如能掌握这种力量，便能引起连锁反应，掀起惊人的公众舆论。王正廷利用国人极端“疑日”、“反日”的心态，透过新闻媒体的传播，形塑出“亲日卖国”的形象，藉以打击政敌。经此事件，梁启超不敢再声言“与日和解”，北京的“研究系”也急于澄清梁启超“于襄助鼓吹之外，和会实际进行未尝过问”。[④] 至于顾维钧，也忙于撇清有“阵前招亲”投敌之说。

三、刘崇杰“亲日”问题

1919年3月14日晚上，先有学生九人拜访王正廷，询问陆征

---

① 颜惠庆：《颜惠庆日记》第一卷，页827。

② 顾维钧：《顾维钧回忆录》第一分册，页192。

③ 顾维钧：《顾维钧回忆录》第一分册，页192。

④ 《关于顾使来电之谣传》，《晨报》，1919年3月24日，第3版。

祥“有无辞职之意”，并质问“刘君崇杰此次来欧是何名义”。[①] 不久后，中国代表团收到巴黎中国留学生组织“平和促进会”来函，询问中日交涉问题与刘崇杰来欧目的，函中指称刘崇杰为“亲日派”，认为陆征祥的“不安于位”（突然离开法国）与刘崇杰息息相关。[②] 为此，在3月17日的中国代表团会议上，请刘崇杰列席报告其来欧任务。席间，刘崇杰辩称“所谓持亲日态度有何凭证”，但当王正廷询问“总长过日本时与日本当局究竟所说何语”时，刘崇杰又称其“为通译，例不敢言”，回避王氏质问。[③] 最后决定由刘崇杰直接写信给学生团体，辩明一切并澄清误会。[④]

此次由学生团体出面关切，引起的刘崇杰“亲日”风波，如果与差不多时间发生的梁启超“亲日”风波做一比较，会发现两者间有很多的巧合：

1. 刘崇杰与梁启超乃一同前来巴黎。

2. 梁、刘二人均被谣传成“亲日”，并受到学生团体指责。

3. 两个“亲日”风波发生的时间都在3月中旬前后。

4.“亲日”风波都与陆征祥的突然离法有关：梁启超被谣传将取代陆征祥为代表团团长，[⑤] 而将破坏先前代表团为山东问题所做的努力；刘崇杰被谣传因曾与陆氏同访东京会晤内田外相，知晓陆

---

① 《中国代表团第四十六次会议录》，1919年3月15日，《北京政府外交部档案》，03—37/12—（2）。

② 《中国代表团第四十八次会议录》，1919年3月17日，《北京政府外交部档案》，03—37/12—（2）。

③ 《中国代表团第四十八次会议录》，1919年3月17日，《北京政府外交部档案》，03—37/12—（2）。

④ 《刘崇杰复王世杰等函》，《中国代表团团第五十次会议录》之附件，1919年3月19日，《北京政府外交部档案》03—37/12—（2）。

⑤ 顾维钧：《顾维钧回忆录》第一分册，页191。

氏与内田谈话的内容，因此刘氏的到来，使得原本一直否认在“过日”途中，曾与日本方面就山东议题有所磋商的陆征祥“不安于位”，突然离法。[①]

5.“亲日”风波都与王正廷有关：梁启超是因为王正廷的一纸电报，被国人误会为“亲日”；指责刘崇杰“亲日”的学生团体，先是拜访王正廷表达他们的怀疑，由王正廷代为在代表团会议上提出后，再由学生团体正式致函代表团，进而使得刘崇杰列席代表团会议报告。所以王正廷与学生团体的后续行动恐怕有所关联。

由以上巧合，可知梁启超“亲日”风波与刘崇杰“亲日”风波有着相当密切的关系。其中不同的是，梁启超抵达巴黎后不久，即陆续被学生团体指为“亲日”，但直到3月中旬王正廷的一纸电文，才使“亲日”风波蔓延国内；而刘崇杰则是在3月中旬前后，突然被谣传成“亲日”。这种差异似乎意味着，梁启超是“亲日”风波主角，刘崇杰则是在关键时刻，被推上台助兴的配角。有趣的是，梁、刘两个“亲日”风波的产生，都与陆征祥突然离法有着密切关系：[②] 梁、刘均被指责是造成陆征祥离开的直接原因。事实上，陆征祥是因代表团内部纠纷，为暂时远离王正廷与施肇基的跋扈，才突然离开巴黎。[③] 换言之，有人蓄意利用陆征祥离去一事，掀动“反日”舆论，指责梁启超、刘崇杰的“亲日”卖国。

学生团体年轻气盛，爱国心也不落人后，一旦听闻有“亲日”

---

① 《中国代表团第四十六次会议录》，1919年3月15日，《北京政府外交部档案》03—37/12—（2）。

② 陆征祥是在1919年3月7日突然离开巴黎，前往瑞士。见颜惠庆：《颜惠庆日记》第一卷，页834。

③ 顾维钧：《顾维钧回忆录》第一分册，页192。

嫌疑，或有破坏代表团以往努力者，即当仁不让地出面指责。然而问题在于，学生团体无法与闻代表团内部种种机密事宜，势必得经由内部人士的泄密，学生团体方能获悉个中情由。显而易见的，代表团内部有人故意造谣。上述梁启超“亲日”、顾维钧“联姻”谣传，都与王正廷有关，此次刘崇杰遭学生团体指为“亲日”，是否与王正廷有关，并无直接证据可以证明，但考诸以上巧合，王正廷嫌疑最大。由王正廷代学生团体，在代表团会议上提出质疑来看，可以确定其相当注意此事。然而矛盾的是，王正廷身为中国代表团第二全权，在陆征祥离去后，主控整个代表团的运作，刘崇杰的意向与动态，他应该十分清楚，为何在他与学生团体会晤疏通后，学生团体仍执意致函代表团，痛声谴责刘崇杰？王正廷自谓在与学生团体谈话中，已厘清相关疑点，并曾叮咛“请诸君勿在外扬言以致伪传”，[1] 为何学生团体仍然来函谴责？由此处矛盾看来，王正廷若非积极地引导“反日”舆论，至少也是消极地放纵“反日”舆论的尽情喧嚣。王正廷明明知晓内情，当学生团体前来质疑时，并未积极辟谣，使学生团体有进一步的行动（致函代表团），产生更大风波。

据当时身处巴黎，担任记者职务的李璜回忆，王正廷“是南方政府指派来参加中国代表团，颇受北京政府代表排挤，故他愿意接触一班好事的学生”。李璜本人的记者身份，也是透过王正廷的帮助，才顺利取得的。[2] 显而易见，王正廷相当注意对中国学生的优络工作。王正廷“愿意接触一班好事的学生”，点出王正廷与当时

---

① 《中国代表团第四十八次会议录》，1919 年 3 月 17 日，《北京政府外交部档案》03—37/12—（2）。

② 李璜：《学钝室回忆录》，台湾传记文学出版社，1973，页 42。

中国留学生之间的暧昧关系，其动机如李璜所言，在利用学生力量，对付代表团中的北方代表势力。从李璜上述回忆，去思考王正廷在代表团内的种种举措，一切的问题都将迎刃而解；直言之，便是在挟学生舆论之助以对付代表团内部的敌对政治势力。

总结来说，刘崇杰在“对日”态度上，或许过于“亲日”，以致在外交处置上有违国家民族利益；① 但上述学生团体看似言之凿凿的指责，却非事实，而是有心人士利用学生爱国心理，借口陆征祥的突然离去大做文章，掀起“反日”舆论，达遂个人图谋。

王正廷在和会期间的种种外交作为，显示他是操作“反日”舆论的能手；刘崇杰“亲日”风波与梁启超“亲日”风波之间，过多的因缘巧合，似乎也说明王正廷有涉入的嫌疑。然而不论事实真相如何，从梁启超、顾维钧与刘崇杰等人所引发的“亲日”风波来看，“反日”舆论确已成为有心人士在争权夺利时，最佳的工具。

小　结

由以上种种“亲日”风波看来，“反日”舆论的运用，有时已偏离国家民族利益的考虑，沦为人事或派系斗争时的工具。但这并非“反日”舆论运作的唯一功效。有时为因应外交谈判需要、有时为影响政府原先过于“亲日”的决策，“反日”舆论也被外交官们积极运用在正途之上。举例来讲，当中、日代表因山东问题交恶，日本驻华公使小幡酉吉受命在北京有所动作前，中国代表团便事先

---

① 在中国代表团决定是否要在对德和约上签字时，刘崇杰的确有亲日卖国的行为，详见陈三井《陆征祥与巴黎和会》，《近代中法关系史论》，页 192。

放出风声，指称日本有意威胁北京政府，藉此鼓动中国“反日”舆论；是以当小幡有所动作后，国内舆论界便掀起涛然巨波，迫使北京政府在“对日”态度上，不敢有丝毫退让，间接巩固代表团的地位与权力。[①] 此外，在 1919 年 3 月初，中日军事协议消息揭露之时，中国代表团除致电北京政府表示抗议外，同时亦去电给上海南北和平会议。[②] 代表团想透过国内舆论注意的焦点——上海和平会议，藉由揭露政府“亲日”行为，激起国内普遍性的“反日”舆论，达到影响北京政府外交决策的目的。简言之，藉由种种管道(尤其是新闻媒体)，揭发“亲日”行为，激起广泛的“反日”舆论，既可攻敌，亦可收加强己身地位之效。

“反日”舆论之所以发挥如此功效，导因于当时公众舆论，常常将“亲日”与“卖国”画上等号，否则谣传顾维钧与曹汝霖联姻，充其量是“亲日”，何来“反对国家利益”之说？事实上，当刘崇杰遭学生团体指为“亲日”时，曾写信给学生代表，澄清自己的立场；文中抗议道“若谓外交官曾驻扎某国或留学某国，即应为该国鹰犬，毋乃将全国人一致抹杀”。[③] 先不论刘崇杰是否真有“亲日卖国”之举，他这段心声已将“反日”舆论的力量表露无遗。由于“疑日”、“反日”之风盛行，任何与日本扯上关系之人，即归为“亲日卖国”。刘崇杰因曾留学日本、担任过驻日使馆参事，就被学生质疑为日本“鹰犬”。顾维钧不过被谣传与曹汝霖之女订婚，也同样沾上“亲日卖国”恶名。“反日”舆论的力量由此可见一斑。

---

① 见本书第四章第三节。

② 颜惠庆：《颜惠庆日记》第一卷，页 831。

③ 《刘崇杰复王世杰等函》，《中国代表团团第五十次会议录》之附件，1919 年 3 月 19 日，《北京政府外交部档案》03—37/12—（2）。

最后，“反日”舆论的形成，不仅仅是因为受到日本侵略而形成的，有时却带着人为蓄意营造的色彩，其塑造、激发舆论的目的，也不是为了崇高民族大义，常常只为一己一党之私，就利用“反日”舆论来造谣生事。所以“反日”舆论的壮大，同时有着主、客观因素在居中酝酿的。然而无论是有意塑造，还是客观形成，随着“反日”舆论的日趋激昂，民族意识也在这“亲日卖国”的荡漾中滋长，形成强大的舆论监督力量。从此“对日”外交模式，逐渐走向以民族意识为依归的道路上，却牺牲以往“对日”外交所富有的那份弹性。

第四章　舆论宣传与和会外交（一）：日使小幡酉吉恫吓事件

想要清楚剖析，在威尔逊理想主义影响下，随着巴黎和会山东问题的进展，所激发出中国舆论与外交间密切互动的关系，并非易事。以往相关研究，均将重心放在五四政治运动前后。[①] 然而一旦谈到五四，这个在中国现代史上有着异乎重要意义的运动，牵涉的范围就变得过大，容易忽略其中隐含的舆论与外交的密切互动。况且五四政治运动也非一朝一夕之功，乃之前一件件相关外交事件刺激下，逐渐累积酝酿而成。为了集中焦点，也为了突显公众舆论日趋高昂的进程，本章特地将研究时间提前，选择发生于 1919 年 2 月 2 日的小幡酉吉恫吓事件，经由此事件演变过程，检验当时舆论与外交的互动情形。

小幡恫吓事件，是山东问题在巴黎和会上成为争议后，日本政府初次的行动，但却引起中国公众舆论界激烈的反应。舆论与外交间自此产生了极为密切的关联。小幡恫吓事件对中国来说，是巴黎

---

① 如周策纵：《五四运动：现代中国的思想革命》等。

和会投下的第一颗舆论试金石，考验中国公众舆论，在上述国际背景下，对外交事务的热情究竟是怎样的？这种热情又是因何而起？是外交造成舆论，还是舆论来形塑外交呢？两者之间，何者为因、何者为果？还是互为因果？在上述过程中，我们可以试图窥看当时外交与舆论互动过程的真相。

第一节　山东问题的开始

一、1月27日的“十人会”会议经过

时间：1919年1月27日；地点：巴黎

1919年1月27日上午，在巴黎和会“十人会”（The Council of Ten）上，当准备讨论日本在大战中的战利品（“德属胶州湾与德属北太平洋群岛”）处置问题时，日本代表牧野伸显男爵（Baron Makino Nobuaki）突然提出反对中国代表参与此类会议的建议，他宣称：日本不反对与此有利益关系的国家列席会议，唯独不赞成中国列席有关胶州湾问题的讨论：

> ……胶州湾问题只与德国相关。在这个问题上，日本与中国的关系是基于不同的立足点上。他即将发表的声明（按：有关胶州问题），仅是对德国而发，并非中国。他不希望在中国代表团前，讨论日本与德国的关系。①

① “Hankey's Notes of a Meeting of Council of Ten”, January 27, 1919, *PWW*, vol. 54, p. 291; “Secretary's Notes of a Conversation Held in M. Pichon's Room at the Quai d'Orsay, Paris, on Monday, January 27, 1919, at 10 hrs. 30”, *FRUS*: *PPC*, vol. 3, p. 737.

美国总统威尔逊却提出不同的看法，他表示“不能理解为何牧野男爵宣称，有关胶州的处分不会影响到中国”。面对威尔逊的质难，牧野无法自圆其说，只好辩称，因不熟悉会议规定，故不清楚大会是否容许第三者介入日本与德国间的占领地处置问题。争执之际，会议主席法国总理克理蒙梭（George Clemenceau）出面指明，根据大会规定，“参战小国”（smaller belligerent powers）[1] 有权参与和其本身有相关特殊利益的会议。于是“十人会”决定，当讨论到胶州问题时，中国代表得参与会议。[2]

“十人会”预计在当天下午 3 点，续行开会讨论德国殖民地处置问题。中国代表团在会前不到一个小时始被通知与会。但因代表团首席全权陆征祥托病不愿出席，乃由次席全权王正廷与对山东问题已有相当准备的顾维钧（第四全权）出席。[3] 会议开始，日本代表牧野男爵宣读声明，表明日本必须出兵胶州湾以及北太平洋德属群岛的战略性考虑，以及这些措施对于帮助协约国遏制德国在远东

---

① 也就是“有特殊利益的交战国”（belligerent powers with special interests）。见王纲领：《欧战时期的美国对华政策》，台湾学生书局，1988，页 179。

② “Hankey's Notes of a Meeting of Council of Ten”, January 27, 1919, *PWW*, vol. 54, p. 291; “Secretary's Notes of a Conversation Held in M. Pichon's Room at the Quai d'Orsay, Paris, on Monday, January 27, 1919, at 10 hrs. 30”, *FRUS*: *PPC*, vol. 3, p. 737.

③ 顾维钧在回忆录中称，在当天下午两点过后，中国代表团才收到正式的书面邀请函。不过在稍早的午饭时分，美国代表团的顾问，同时也是美国国务院前远东事务司司长的威廉士（即卫理，Edward T. Williams）便已经通知顾维钧有关上午“十人会”中日本的意图以及中国代表即将受邀出席下午的“十人会”阐释立场之事。关于中国代表团确切受邀时间与出席人选的决定，详见顾维钧著，中国社会科学院近代史研究所译《顾维钧回忆录》，中华书局，1982，页 183—84。此外陆征祥在 2 月 5 日致北京电中，也称在会前一小时，中国始被通知与会，见《陆征祥密电》，2 月 5 日，收录在王芸生：《六十年来中国与日本》第七卷，三联书店，1982，页 270—271。

发展的极大贡献，所以日本认为，将这些日本已实质占有的德国殖民地无条件地让与日本，是“正当”且“公平”的。[①] 中国代表因事发突然，在未充分准备前，采取拖延战术，表示“此问题关系中国利益甚巨，希望列强能等到中国表达意见后再行决定”，并获得与会同意。[②] 该问题于是暂且搁住，留待中国次日正式的响应。

这一回合会谈是山东问题现身巴黎和会舞台的开始，也决定在山东议题上，中国不能缺席。虽然主角是日、美等国，中国不过被动地上台点缀一下，但在会议过程中也透露出些许重要意涵：

1. 日本政府不准备在和会中与中国面对面谈山东问题。由上述会议记录，可得知日本的外交策略：企图将胶州问题锁定为日本与德国之间的问题，即一个战胜国与一个战败国间的问题，而将中国排除在外；因为如果包含中国，情况就较具争议性，变为日本、中国、德国间——两个战胜国与一个战败国之间的问题。这也是日本为何不愿意让中国出席会议表达意见的目的。但由于美国总统的阻扰，日本此计不售，中国最终得以顺利出席会议。

2. 日本在声明中，特别强调日本攻占胶州的必须性，及其对协约国的重大贡献，前者即其所谓的正当（just），而后者则为公平（fair）（贡献既大，报偿当然要有），目的在藉此博取他国同情，同时预留后路。

3. 威尔逊立场显然偏向中国。当日本代表有意排挤中国代表

---

① The complete text of the statement is printed in "Hankey's Notes of A Meeting of Council of Ten", January 27, 1919, *PWW*, vol. 54, pp. 291-293; *FRUS*: *PCC*, vol. 3, pp. 738-740.

② "Hankey's Notes of A Meeting of Council of Ten", January 27, 1919, *PWW*, vol. 54, p. 293. ; see also *FRUS*: *PCC*, vol. 3, p. 740.

发言权时，威尔逊挺身而出，质疑日本的企图，使会议主席不得不出面澄清会议规定。如果威尔逊不出面质疑，大会主席克理蒙梭是否会主动援引会议规定来驳回日本提议，恐怕是未定之数。①

4. 中国代表虽然被动地坐上胶州问题的谈判桌，匆促之下无法立刻表达意见。但仗着美国之助，中国毕竟有机会在重大国际舞台呈现自我立场。

二、1月28日的“十人会”会议经过

时间：1919年1月28日；地点：巴黎

1919年1月28日上午，“十人会”再度开会，中国代表因胶州问题之故获邀出席会议。② 讨论到胶州问题时，法国总理克理蒙梭引述一段具有重要意义的日本论点：

> 鉴于中国与日本政府所通过的种种（约定、照会），牧野男爵认为中国充分了解日本占领（胶州）的重要性。（两国间）在这项议题上已经友善地交换意见，日本已经同意在能自由处分这块地方之后，尽速将胶州归还（中国）。关于（租借）铁路部分也已经达成协议。③

日本的观点在于提出中、日之间已就胶州问题达成协议，藉此

① 这项同意小国有权参加与其本身有相关特殊利益的会议之规定是在稍早同一次会议中决定的。不过提案者是英国的代表巴尔福（A. J. Balfour），其真正目的是在为英国的属国争取发言的机会，而不是为了中国。换言之，在这项规定上中国是沾了英国属国的光，这是必须注意的。“Hankey's Notes of A Meeting of Council of Ten”, January 27, 1919, *PWW*, vol. 54, p. 290.; *FRUS*: *PCC*, vol. 3, p. 735.

② 中国仍由王正廷、顾维钧代表中国出席会议。

③ “Hankey's Notes of A Meeting of Council of Ten”, January 28, 1919, *PWW*, vol. 54, 315; *FRUS*: *PCC*, vol. 3, p. 755.

封住中国代表翻案的机会，并阻止其他列强插手此问题。为证明并澄清胶州问题争议，威尔逊总统分别询问日本与中国代表是否愿意将中日密约提交大会参考。牧野男爵答以日本政府应不致反对将上述文件提交大会，但仍须向政府请示。顾维钧则谓中国政府不反对将照会提交大会。①

此时，日本代表牧野男爵重弹昨日论调，表示日本是经由"征服"德国在山东武力，实质占领这块领土。所以在将胶州交给第三者前，日本必须从德国手中取得这块土地的自由处分权。②

中国代表顾维钧继而发言。首先强调不论从种族上、语言上，还是宗教上，这块领土都是属于中国的。其次，德国取得这块土地的租借权，是借口传教士被杀，以武力征服获得的。根据大会接受的民族（自决）与领土完整原则，中国有权收回这些领土。如果大会执意将这块土地转移给其他第三者，对中国而言，无异是错上加错。再者，从多方面言及山东对中国的重要性。山东是中国文明的摇篮，孔、孟的出生地，是中国的圣地。在经济上，山东人口稠密，不适合外国殖民，外国的占有这块土地，只会导致对原有住民的剥削。在战略上，胶州控制中国北方的门户：无论是经由海路或陆路上的铁路，胶州都是到首都北京的必经之地也是最便捷之路。最后则表示中国代表团非常感谢英、日政府出兵自德国手中夺回山东。然若要中国以此为酬谢而牺牲这块中国人的诞生地，不啻是播下日后纷争的种子。中国代表团认为如此不但有愧于中国，更愧于

① "Hankey's Notes of A Meeting of Council of Ten", January 28, 1919, *PWW*, vol. 54, 315; *FRUS*: *PCC*, vol. 3, p. 755.

② "Hankey's Notes of A Meeting of Council of Ten", January 28, 1919, *PWW*, vol. 54, 315; *FRUS*: *PCC*, vol. 3, p. 755.

世界。[①]

对于顾维钧提出的论点，牧野男爵还是重申前日声明，作为日本取得胶州自由处分权利的理由。

顾维钧则谓与牧野的见解不尽相同。顾氏强调二点：一是直接归还比间接归还较为简易。二是声明中国的参战已完全改变她的地位，也终止了与德国间的租借关系（胶州）。所以日本在 1914 年的占有胶州并不能使日本持续保有这块领地。中国认为与日本所达成有关山东的协议均不过是暂时性的，有待于和会最后的修正。更有甚者，在中国与德国的租借条款中，亦有德国无权将所得权利转让他国的规定。[②]

以上即为中、日两国代表在 1 月 28 日“十人会”上的详细辩论经过。由上述可知日本与中国彼此在立场上的差异。以下专就中、日两国的立论，分别讨论之。

日本强调的论点有两个：

---

① The complete text of Mr. Koo's speech is printed in “Hankey's Notes of A Meeting of Council of Ten”, January 28, 1919, *PWW*, vol. 54, pp. 316-317；*FRUS*：*PCC*, vol. 3, pp. 755-756. 顾氏演说是以英文发表，此处的中文摘要为笔者自行整理译自英文本；此外，该演说之官方中文本可见《收法京陆总长电》，1919 年 1 月 30 日，《北京政府外交部档案》，03—33/150—（1）其内容经与英文本相较，内容大致相符，惟在内容顺序上稍有挪动。

② 有关顾氏上述这段谈话的英文本与中国官方的中文本间稍有不同。有关此次谈话的官方中文本可见于《收法京陆总长电》，1919 年 1 月 30 日，《北京政府外交部档案》，03—33/150—（1）。然而这份中文本却与在美国 *FRUS*：*PPC*, vol. 3, p. 757 中所记载的英文内容略有出入。大体而言，中文翻译内容有部分是英文本中所没有的，例如下列内容：“本全权陈说中国当时并未谓日本从德国取得山东租借土地及他项权利后，不肯归还中国，日本曾向中国及世界剀切声明不欲据为己有，我中国已深信不疑，今复闻牧野男爵在意席上之重言声明，本全权尤为欣慰……日本代表所提出之约定办法”等。

1. 首先声明日本出兵胶州租借地（包括相关铁路）是为了护卫协约国在东方的安全而进行的，其次强调胶州租界地是日本经由武力征服从德国手中夺的，且目前该地亦处于日本的实质占领中。日本在1月27日的声明中之所以大费周章强调日本必须出兵山东的理由，目的在强调日本出兵山东的正当性，即所谓的“师出有名”。其次，日本强调这块土地是日本经由“征服”从德国手中夺取而来，这套论述是引用国际法中的“征服（conquest）”观点（即以征服方式取得领土，与“保持占有主义（Doctrine of uti possidetis）”（战胜国继续保持其所占的领土）。[①] 而就征服的主客方而言，征服方是日本，被征服方是德国，因此日本宣称在将处分权转移至第三者前，日本必须先从德国取得这块土地的自由处分权。

2. 关于胶州租借地与相关铁路的处置方面，中、日两国早已充分沟通，并达成协议。

中国方面的论证要点，则为：

1. 从民族情感上，就历史、地理、文化、经济、战略等方面强调胶州对中国的重要性，希望藉此获取其他与会强国的同情。

2. 在法理上，强调“重大情势变迁原则（the principle of Rebus sic stantibus)”。[②] 中国对德宣战这项事实，使中德之间所有约定、条约、协议等一概作废，故德国在山东所享有的权利也将一并取消，所以也就无所谓日本继承德国在山东权利之事。就算中德租借条约不因中国对德宣战而失效，在中德租借条约中亦有明文规定该权利不得转移给其他国家。

---

① 陈治世：《国际法》，台湾商务印书馆，1990，页183—185。

② King, Wunsz, *China at the Paris Peace Conference in* 1919 (New York: St. John University Press, 1961), pp. 9-10.

3. 日本所谓的有关胶州处置问题的中日协议，是 1915 年的中、日“二十一条”交涉所致，该交涉是中国在日本最后通牒的威胁下被迫同意，不能算是有效。

4. 引用威尔逊十四项原则中的民族自决与领土完整原则（该项原则已经被和会所接受成为重要依据）。

简言之，经由 1 月 27、28 两日“十人会”上有关山东议题的讨论，[①] 问题并没有解决，相反的，中、日双方在山东问题上的对立争执已经浮出台面。随着会议的进行，中、日双方逐渐呈现出自己的立场，以及各自自成一套的论证依据。然而，却形成彼此相持不下的局面。这样的僵局是否会因其他因素再起变化？美国的态度又是如何？受到威尔逊理想主义影响，对于巴黎和会抱持乐观态度的中国公众舆论界，面对外交僵持，有着什么样的反应？这些反应又对未来交涉有着何种冲击？

三、国内外的初期反应

中、日两国代表在巴黎和会“十人会”上，针对山东议题，展开激烈论辩。这项争执是巴黎和会自开会以来，与会国间最严重的冲突，势必对和会往后的发展产生一定程度的影响。在美国总统的随从葛瑞森（Dr. Grayson）的日记中，记载了有关山东问题的争议：

> ……另一次真正的对抗——到目前为止是最激烈的——已

---

① 关于此段中、日两国在“十人会”上争辩的详细过程，可以参看项立岭：《中美关系史上的一次曲折——从巴黎和会到华盛顿会议》，复旦大学，1997，页 43—49；King, Wunsz, *China at the Paris Peace Conference in* 1919, pp. 5-11.

> 经在早上的会议中发生了。会议讨论的是有关所占领的德国殖民地处分问题……在会议中，中国驻美公使顾维钧对于日本所宣称的山东问题，采取了强烈的异议，他并在会中发表了到目前为止最好的演说之一。[①]

以及威尔逊总统在参与1月28日会议后的反应：

> ……在早先的会议中，（威尔逊）总统发现他自己是处于绝对少数的地位，因为英国及（英属）殖民地的代表们都倾向分配（协约国）所占领的（德国）殖民地，而且绝大多数的与会代表都希望“分赃（divide the swag）”，然后再藉由创立的国际联盟来永久确保他们的权利。总统明白表示不赞成这样的主张，他坚信，将所占领的殖民地归诸国际联盟的控制之下并履行“委任统治（mandatory system）”，是绝对必要的……关于中国的主张，即日本已经夺取中国的最神圣的土地，包括孔墓。自然地，总统是同情中国的观点……[②]

由上述记载可以探知，威尔逊十分清楚与会诸国（包括英国、英属殖民地、日本等国）的心态，均将德属殖民地视为战利品，倾向就地分赃。此种做法是传统战后外交的处理模式：战胜国群起瓜分战败国所遗留的土地。威尔逊总统并不认同上述作法，私底下直呼其为“分赃”行径。他所提出的方法，是希望藉由国际联盟下的委任统治来管理德属殖民地，而非由战胜国瓜分之。这样的处置方式，虽与十四点和平建议中的民族自决精神有段距离，但在众意倾向瓜分的劣境下，却是一种不得不然的妥协之道。国际联盟若能如

① “From the Diary of Dr. Grayson”, January 28, 1919, *PWW*, vol. 54, pp. 308-309.

② “From the Diary of Dr. Grayson”, January 28, 1919, *PWW*, vol. 54, pp. 308-309.

威尔逊总统所设想般的运作完善，坚持民族自决精神，“委任统治”也未尝不是一种进展到民族自决阶段的过渡方法。威尔逊总统迥异于以往现实外交的理想主义外交处理态度，在此展现无遗。此外，可以确知的是，在中、日两国有关山东问题的争执上，他较同情中国的主张。

关于中日两国在“十人会”上的争议，美国另一位参与“十人会”的全权代表，国务卿兰辛（Robert Lansing）亦回忆道：

> 他（顾维钧）的辩论轻易地击败了日本。事实上，这件事对日本自己的影响是如此的大，以致于日本的一位代表在隔天来拜访我，宣称如果胶州归还中国，美国将受到谴责，日本试图藉此来抵销此事的影响力。[①]

中国代表顾维钧在“十人会”上成功的辩论，不但博取了与会诸人如美国总统、国务卿等人的同情，进而与日本在外交舞台上分庭抗礼，“开启中国外交史上一个新时代，这是中国全权代表在重要的国际会议上，第一次为自己的国家讲话”。[②]

针对1月28日中、日代表在巴黎和会上，就山东问题引发的争执与激辩，国内舆论的反应为何？由于时差[③]的关系及通讯工具的限制，国内有关此事的报导迟至在1月31日方见诸报载。在北

---

① Robert Lansing, *The Peace Negotiations: A Personal Narratives*, p. 253.

② Pao-chin Chu, *V. K. Wellington Koo: A Case Study of China's Diplomat and Diplomacy of Nationalism*, 1912-1966 (Hong Kong: Chinese University Press, 1981), p. 22.

③ 北京（中原时区）与巴黎在时差上差了7个小时，例如1月28日的“十人会”是在巴黎时间上午11点召开，换算成北京时间则为1月28日下午6点。也就是说，巴黎时间换算成北京时间要加7个小时，反之，北京时间换算成巴黎时间则要减7个小时。此外，中国全境均以北京时间为准，即中原时区。

京《晨报》于1月31日的“繁要新闻”中，第一条新闻便为“青岛问题提出和会矣”，但在内容上则显得相互矛盾：先是说，据巴黎1月28日电，在五强国秘密会议中，有关胶州归属问题上，“中国代表顾、王两氏与日本代表牧野、珍田、松井等各逞辩论”。然而在稍后却又引用当时在座的某代表之言谓“中国代表只守缄默并无辩论彼等”，该条新闻在最后则以括号含括下列文字“中国代表在会场对于本国最贵重领土之处分，惟听列强之裁决，其状殊难为情”，略示其评论之意。① 此则新闻报导透露该新闻来源有二：一是指中日两国代表确有因为胶州问题产生激辩，二则是引用某国代表所言，谓并无此事。问题在于，为何会有两则完全相反的消息？新闻中的某国代表是谁？其捏造假消息的目的何在？

事实上，从另外一个角度思考，如果将这两则消息对照上述实际的会议经过，中、日有所辩论的消息指的应是巴黎1月28日的会议，而后则引据某代表所言谓中日并无辩论则有可能指的是巴黎1月27日的会议。因为经详查该报前一两天的报导，并未发现任何有关巴黎1月27日会议的相关报导，而是在1月31日“青岛问题提出和会矣”的新闻中就直接报导五国秘密会议与中日胶州问题争议。换言之，截至当时为止，巴黎和会中有关胶州问题的会议只有两次，第一次（1月27日）中、日并无辩论，第二次（1月28日）中、日有相当辩论，而这两次会议在时间上又相隔如此之近（一为27日下午3时开议，一为28日上午11时开议），会后传出的消息容易混淆，所以报纸媒体才会将两次会议混为一谈，此可由该则新闻报导并无一字提及1月27日的会议可证。

---

① 《青岛问题提出和会矣》，《晨报》，1919年1月31日，第2版。

此处大费周章探究新闻消息的混淆与不确定性，目的不仅仅在试图澄清当时可能的实际情形，尤有要者，混淆消息本身有时就是激发舆论力量的引爆点，新闻的混淆性适足以将公众舆论逐步加温。由于消息的不确定，容易引发读者的质疑与担忧，害怕政府出卖国家民族利益，这对民族情绪的激昂是有挑拨效应的。至于新闻最后括号内文字，则略露该报社质疑讽喻之意，强调“贵重领土”与“惟听列强”的对比，进而讽喻中国代表“殊难为情”的反应。换言之，中国代表果真如此不济，惟列强是听，无视领土沦丧，其举无异于卖国行径，是以“殊难为情”。这些文字在有意无意间，一步步地刺激公众舆论的回响，无论是针对本国政府或外国。

至于日本方面对于中、日两国因山东问题而起的争执，又有何种反应？1 月 28 日“十人会”上中国代表的强烈挑战，造成日本代表极大不快，认为中国代表不先与日本磋商，便径行答应要公布中、日间有关密约，不但有违外交惯例，更有害日本政府体面。日本代表于是去电北京日本驻华使馆，要求唤起中国政府对此事的注意。[①] 稍后在北京，便发生轰动中外的日使小幡酉吉恫吓事件。

第二节　小幡酉吉公使恫吓事件

小幡酉吉，一位新上任的日本驻华公使，为何在他抵华（1918 年 12 月 20 日）就任后不过一个多月的时间，便发生了激荡中外舆情的恫吓事件（1919 年 2 月 2 日）？事件是如何发生，其中又牵涉

---

① 《外交部会见小幡日使情形之声明》，载中国社会科学院近代史研究所主编《秘籍录存》，中国社会科学出版社，1984，页 76—77。

到什么问题？以下先谈谈小幡这个人。

一、小幡酉吉其人其事

小幡酉吉来华接任日本驻华公使时，北京《晨报》刊登一则有关他的履历：

> 小幡氏现年四十五岁……明治三十年东京帝国大学法科毕业，翌年在警察厅办事，同年领事试验合格后任候补领事派驻天津领事……（明治）三十八年（1905）擢任驻华公使馆三等秘书，同年八月升任烟台领事。四十年（1907）转任天津领事，四十二年（1909）升任天津总领事。民国三年（1914）五月升任驻华公使馆一等秘书。（民国）五年（1916）二月升任驻华公使馆参事官，同年十一月转任日本外交部政务司司长。本年（1918）十月二十九日擢任驻华公使。

以及对其行事作风的简略品评：

> 小幡氏温厚笃实、沉默寡言，在华日久，熟悉中国情形。（小幡）氏之阅历虽未曾独当一面发挥其手腕，而办事稳练，日人久赞为外交界之后进人才。且（小幡）氏素唱正义外交之说，则今兹来华必能一洗从前秘密外交之恶习。此吾人所当极表欢迎者也。①

小幡是个中国通，出任驻华公使前，前前后后至少在华担任外交、领事官达12年以上。其中具有争议性的，他在1914年5月到1916年2月之间，担任日本驻华公使馆一等秘书，期间正好发生有

① 《小幡公使之略历》，《晨报》，1918年12月22日，第3版。

名的中、日“二十一条”交涉。小幡酉吉时任公使馆一等秘书，全程参与中、日间就“二十一条”交涉的25次谈判，对于日置益公使施行的威胁、恫吓手段，想必全然知晓。① 在1913—1919年担任美国驻华公使的芮恩施曾回忆道：“在强迫中国签订的‘二十一条’要求的会议上，他（小幡）曾和日置益先生坐在一起。他以担任日本军阀在外交方面的代表而闻名。他的任命（驻华公使）对中国来说，是日本在中国继续实行侵略政策的征兆。中国报纸发出一片愤怒的呼声……”② 而且据传闻，中国赴欧和会总代表陆征祥在经过日本时，拖病不愿意接受日本政府招待，可能即因为小幡的出任驻华公使；在“二十一条”谈判时，小幡态度极为跋扈，以致于使担任谈判之责的陆征祥相当不满。③ 此外，上文对小幡期许的“素唱正义外交……一洗从前秘密外交之恶习”一语，若与日置益在“二十一条”交涉时，对袁政府极尽威胁恫吓之能事，却又要求严守秘密之举相比，似乎有点反讽的味道，因为当时小幡便是日置益的主要助手。小幡此次重施恫吓故技，无异重作冯妇，不同的是从助手升格为主事者了。

二、报载有关小幡酉吉公使的行动

以下深入探究小幡公使恫吓事件发生的过程与牵涉的问题。小

---

① 关于日置益与小幡酉吉在二十一条交涉中的作为，可见李毓澍：《中日二十一条交涉》上册，“中央研究院”近代史研究所，1966，页341—342。

② 芮恩施著，李抱宏、盛震溯译《一个美国外交官使华记》，商务印书馆，1982，页259。

③ 《时报》，1918年，12月11日。关于陆征祥在赴欧途中，经过日本所引起之风波，可以详见陈三井《陆征祥与巴黎和会》，《近代中法关系史论》，三民书局，1994，页188—192，以及本书第二章第一节。

幡公使是在1919年1月31日晚间以电话联络，要求会见中国外交部代理部长陈箓。因时值中国农历新年（1月31日为农历除夕）而不获接见，乃另订于2月2日下午3时半来访。2月2日下午陈箓出见，双方展开密谈。密谈内容，外界不得而知。但不久后，国内的外人报纸率先揭露此事，继之整个报界便将此事传得沸沸扬扬。以下根据三份外文报纸、外电报导有关小幡恫吓之事，约略概述报界对此事的理解：

1.“京津外报的报导”：

> 小幡日使是日态度强硬异常，措辞锋利，当晤陈次长时即以诰诫顾、王二君，为要求嗣后中国代表在和会上有所建议，均当秉承日本代表之意旨，否则取消归还青岛之宣言，并占据山东，所有以前未交清之参战借款一千七百万亦不交付，且中国将蒙其他之不利益……以上各节外报言之凿凿。[①]

2.“二月三日北京路透社（*Reuters*）[②] 消息”：

> ……驻京日使小幡氏……访中国外交部，表示日本对欧洲和会之意见……中国外交部初拒不见，小幡氏坚持求见，代理部务陈次长遂出会之。小幡氏即述，中国专使在和会之态度当令其更改，中国不得将中日密约公布或提出于和会中……需与日本专使密切接近商酌。又谓刻英国有罢工内乱之事，中国断不能于彼方希望政治或经济之援助……[③]

---

① 《外交问题吃紧》，《晨报》，1919年2月7日，第3版。

② *Reuters' Telegraphic Agency*，英国所拥有的通讯社。

③ 《日本对华最近之恫吓》，《晨报》，1919年2月8日，第6版。

3. “《大陆报》(*The China Press*)[①] 三日北京通讯”

日使小幡氏昨访陈代部长……旋请中政府谕令巴黎代表改变态度……苟不如是，日本不得已将有武力表示之意思……日本则近在咫尺有陆军百万人海军五十万吨……又询问中政府对于参战处借款合同作何办法?[②]

由以上三则外报、外电消息，可以归纳小幡此次拜访陈箓的可能谈话内容为：

1. 要求中国约束中国代表团在巴黎的言行，改变对日态度。
2. 未得日本同意，中国不得单方面公开密约。
3. 否则：取消归还青岛的宣言、占据山东。
4. 否则：参战借款停止交付。
5. 否则：武力威胁（日本有陆军百万、海军五十万吨）。
6. 不要寄望英国会帮忙（内乱、罢工）。

三、国内舆情反应

由于国内各报均绘声绘影地报导小幡公使威胁事件，一时舆论沸腾；影响所及，“各方纷纷电请总统和政府尽力支持他们的代表。各党各派的人都作这样的表示”，[③] 要求政府坚持到底，严正拒绝日本非分索求。如“洋货商业工会”、“出口公会”、“广肇公所”、“全国和平联合会”、“浙江旅沪学会”、“宁波旅沪同乡会”等联合致电

① 《大陆报》(*The China Press*)，美国人 Thomas F. F. Millard 于 1911 年创设于上海。见 Carl Crow, *China Takes Her Place* (NewYork: Harper & Bros., 1944), footnote. 1., p. 7.

② 《中日新交涉之续闻》,《申报》, 1919 年 2 月 8 日，第 6 版。

③ 芮恩施著，李抱宏、盛震溯译《一个美国外交官使华记》，页 260。

政府“欧会我国代表发言提议应得自主，报载外使到部无理要求，务谓严词拒绝，以保主权庶达国民公意，而免贻笑外邦”。[①] “江苏教育会”电政府谓“顾、王两使在欧会发言，舆论认为正确，报载日使干涉，请坚拒”。[②] 此外“上海总商会”、“寰球中国学生会”等致电政府请坚拒日人干涉。[③] 河工督办熊希龄则“函电当轴请勿退让，有全国国民为政府后援”。[④] 更为激进的如“国民励耻会”、“国际法学会”、“国民公会”、“平民政治研究会”等则电政府谓“勿为胁从，沦胥邦国”。[⑤] 张謇也因此致电大总统徐世昌，表示“悬‘亡国奴隶’四字为帜，无南北无智愚贤不肖，皆耻之；行见举国沸腾矣”，进而抨击政府施政“我政府即甘受日之钳束，听日之指挥，不宣布密约，我国人岂能容我政府之晏然乎”，最后则毫不讳言地将矛头指向北京政府幕后首脑段祺瑞“他不足惜，独惜芝泉（段祺瑞）气矜一时，为人牵鼻，至功不补患而不悟也”。[⑥]

此时预备参加上海南北和议会谈的南方总代表唐绍仪亦致电徐世昌总统，表达强烈不满，请总统负起应有之责任：

> 阅路透电得悉日使对我警告，并涉我外交主权，谓当训令在巴黎之中国代表凡所主张非经日本同意不能提出和会、中日缔结之密约不能发表……否则将借约（即去年九月参战借款二

---

① 《外交问题吃紧》，《晨报》，1919年2月7日，第2版。
② 《江苏省教育会致北京电》，《申报》，1919年2月9日，第10版。
③ 《上海总商会致北京电》、《寰球中国学生会致北京电》，《申报》，1919年2月9日，第10版。
④ 《外交问题吃紧》，《晨报》，1919年2月7日，第2版。
⑤ 《国民励耻会等致北京电》，《申报》，1919年2月9日，第10版。
⑥ 张謇：《为中日交涉致徐世昌总统电》，1919年，收录在张謇研究中心、南通市图书馆编《张謇全集》第一卷，江苏古籍出版社，1993，页407。

千万元）取消，并索还已付之三百万元等语，以上各层是否属实？如果有此等情事，吾民绝不承认……我国人民岂能容此等凌辱。以最大之责任在于总统，恳请总统谕令该部据理答复日本，同时设法及行退还该垫款，取消参战之协约，凡现有之中日密约请交与和议会我国全权代表便宣布而待世界之公论。总统对此事不能置若罔闻，以违人民公意……总统若未俯从上述之办法，则不足以慰国民，而人民因之应行表示其对于总统之态度……①

当时上海南北会议正如火如荼地准备中，南方总代表唐绍仪此时的来电具有举足轻重的影响，“已在（北）京发生良好的作用”，②北京政府不敢忽视，由北方议和总代表朱启钤复电唐绍仪表示南北双方将“一致对外”。③

北京的“外交协会”④ 则在 2 月 3 日召开特别大会，各省省议

① 《国民对外交之声援》，《晨报》，1919 年 2 月 7 日，第 3 版。

② 《路透社北京电》，《申报》，1919 年 2 月 9 日，第 6 版。

③ 《朱启钤为欧和会议事至唐绍仪电》，《申报》，1919 年 2 月 8 日，第 6 版。

④ 此处所称的外交协会即是后来的国民外交协会，不过在当时只是筹备处，一直要到 1919 年 2 月 16 日方正式成立。在 1918 年的 12 月，由当时的国民外交后援会、平和期成会、财政金融学会及兰社等团体成员，以今后国际间一切处分均以民族自决为前提，为真正表示中国民意以为政府后盾，乃共同讨论欧洲议和事与国际联盟。后又约集京师商学会、政治学社国际研究社、战后外交研究会等公推代表分途联络在京各团体共同讨论，最后议决成立国民外交协会，先设筹备处，同时函电全国商会、教育会、省议会、各法定团体请求加入。后于 1919 年 2 月 16 日正式成立，以张謇、熊希龄、王宠惠、严修、林长民、范源廉、庄蕴宽等七人为理事。关于此协会成立经过，详见《国民外交协会成立纪事》，《晨报》，1919 年 2 月 17 日，第 3 版。此外又据叶景莘回忆，该协会成立之因，乃由于徐世昌总统所组成的外交委员会之部分成员，感到政府过于倾日，于是另组国民外交协会，以与外交委员会相互呼应。关于此事详见叶景莘：《巴黎和会期间我国拒签合约运动的见闻》，《文史资料选辑》第 3 辑，中国文史出版社，1980，页 555—556。

会、商务总会、教育联合会等均有代表与会，到会者达数百人。会后派代表谒见总统、总理，力请设法维持，同时致电巴黎吁请中国代表坚持，并就三事表达中国民意：一是山东主权应归还中国；二是欧战期间所订有关中国土地权利之处分，中国人民誓不承认；三为欧战后，中、日所订各约均为日本武力阴谋强迫所致，应全部取消。最后则请中国代表将此电文提交大会，以示中国民意。[①]

此外，北京青年学生亦对小幡恫吓一事感到十分气愤，“京中各高等学校大学等，多开大会以筹抵抗之法”。[②] 其中以北京大学学生最为激昂，立刻有了实际的行动：于“五日下午七时在法科大开全体大会，到会者二千余人”。“教育次长袁希廉闻讯，即来校阻止。见群情愤慨，未敢阻拦”。开会结果，除推举出干事十余人外，并“以报载日本谓：顾、王二使所发言论，纯系个人私意，不足以代表中国国民等语”，决定“联络各界，以中国国民名义致电巴黎和平会议，承认二使为中国真正代表，并将以日本对华之野心，及屡次不平等之要求，诉诸各国”。[③] 次日（2 月 6 日），学生们又于北京大学再次开会，京、津各校代表与会者甚众，会中除决定先致电巴黎请中国代表坚持立场外，更“致电上海学界及全国各要人，以期群策群力，而为顾、王二君之后盾”。[④] 由以上学生种种的行为，从集会讨论、推举干事、联络各界到致电巴黎和会以为外交申援等等，充分突显出北京、天津等地学生在面对重大外交事件刺激

---

① 《国民对外交之声援》，《晨报》，1919 年 2 月 7 日，第 3 版。

② 《日使恫吓我国之公愤：京津学界》，收录在朱心佛编《还我青岛》，文海出版社重印，1919，页 5—6。

③ 《日使恫吓我国之公愤：北京大学校》，收录在朱心佛编《还我青岛》，页 6—7。

④ 《日使恫吓我国之公愤：京津学界》，收录在朱心佛编《还我青岛》，页 5—6。

下的强烈反应，他们开始透过实际的行动来表示对国家民族的关注。这股力量将来势必不可小视。

总之，有关小幡公使恫吓一事，先由外电、外报披露，继由国内报纸大加报导，因而掀起广大的舆论旋风。[①] 美、英、法等国驻华公使先后拜访外交部询问此事。[②] 陈箓在答复法国公使询问小幡来访一事时，表示“日使小幡公使确来晤见本次长，惟所谈各节并无各报纸传闻之甚”。[③] 但在回答英国公使询问中国是否会应日本公使之要求而改变政策时，陈箓说道“本政府对于此节，无论如何绝不受外界影响而为转移。惟专任本国代表以自由意志办理，一切抱定向来政策继续进行，庶免掣肘”。[④] 陈箓这两次分别应付英、法公使的询问，显然在回答态度上有所斟酌，并因人而易。

---

① 朱心佛《还我青岛》一书，成书于1919年，针对当时有关山东问题的种种资料加以收集汇编。作者遍寻各种报纸上有关山东问题的评论、舆情、记载、西讯、东讯等，汇集成册。而根据此书所收有关小幡恫吓一事的中国舆情反应，计有下列各机关、团体或个人尝为小幡事而致电外界，以表关切申援之意：“北京国民外交协会”、“旧两院对外之联合会”、“河工督办熊秉三”、“中华国民策进永久和平会”、“外交后援会”、“山东外交调查会”、“北京大学校”、“驻津欧美学生会”、“京津学界”、“山西省议会”、“国会议员李绍白”、“江苏省教育会”、“留日学生救国团”、“寰球中国学生会”、“上海总商会”、“山东省议会”、“北京学界”、“北京各大学、专门学校”、“山东国会议员樊文耀等二十七人”、“山东总商会”、“山东外交商榷会”、“旅津山东同乡会”、“旧金山中国基督教会”、“镇江商会”、“汉口各团体”、“上海工商保守和平研究会”、“上海中华民国国货维持会”、“上海基督教传道联会”、“旅沪国会议员谷思诚等十九人”、“奉议会”、“苏议会”、“中华全国和平联合会”、“广州报界工会”、“湘南绅商学各界”、“孙洪伊”、“唐绍仪”、“张季直”等。

② 美公使于2月2日拜访外交部，英、法公使则在2月5日，见《外交问题吃紧》，《晨报》，1919年2月7日，第2版。

③ 《法柏使会晤次长问答》，1919年2月10日，《北京政府外交部档案》，03—33/124—（3）。

④ 《次长会晤英朱使问答》，1919年2月11日，《北京政府外交部档案》，03—33/124—（3）。

国会方面亦提出动议，请钱能训总理来院报告中日交涉真相，因钱氏不克出席，后由陈箓出席报告，但事关机密，遂采取秘密会议形式，并不对外开放。不过仍有消息传出，指陈箓在会中否认小幡有恫吓情事，亦否认政府有屈从日使之意去电巴黎“诰诫”中国代表。①

但在2月8日，陈箓接受外交后援会与《北京导报》记者访问，则作了不同的表示：

> 次日（1月31日）为旧历除夕，小幡公使屡向外部通问，表示必欲访晤之意。初以新年休息却之，旋以催之，再三情不可却，遂与之相见（时为2月2日下午3时半）……小幡君先示余（陈箓）电报三通来自东京，略谓中国代表在巴黎反对日人全失友谊且向巴黎外报访问员宣言已预备宣布中日密约……小幡君谓此等条约宣布之前……须得双方同意，随即提出要求两端（一）中日密约非由日人允许不得公布；（二）速即电谕巴黎代表改变态度，并谓中国不遂其求，日本当有相当行动，以保其国家利益云云……
>
> 翌晨（2月3日）日使见《华北明星报》登载此事，遂由电话告余，谓余实负泄密之责，以当时并无在旁之人云云……②

此次访谈中，陈箓虽语带保留，但其中“中国不遂其求，日本当有相当行动”之句却清楚透露出日使确有恫吓之意。此外陈箓又

① 陈箓至众议院报告是在2月6日，见《外交问题吃紧》，《晨报》，1919年2月7日，第2版。

② 《陈次长之中日交涉谈》，《晨报》，1919年2月9日，第3版。

谈及2月3日小幡见到外报披露此事而来电质问泄密责任之事，无异暗示着必有不可告人之事，否则小幡公使又何必强调是谁泄了密。

四、小幡酉吉的辩解

小幡本人又是如何说明此次举动？2月4日上午上海《字林西报》、《美国联合报》、《路透社电》、《华北明星报》及上海《密勒氏评论报》等驻京访员访问日使小幡酉吉，请其就“外间传闻日本谋挟制中国赴欧议和专使之真相”提出说明。① 小幡答复道：由于接获日本赴欧专使来电，因此拜访中国外交部，请其注意中国代表在巴黎的言行。但小幡否认此次访谈得有东京训令，惟表示东京应该也收到赴欧专使的同一份电报，换言之即暗示东京方面应该知情。至于有关威胁、恫吓、挟制、惩罚、增兵之说，小幡一概否认，并表示日本政府不至于为巴黎之事去压迫中国政府，并对中国方面因其拜访外交部之行而产生的惊慌，表示不能理解。② 由此可知小幡并不承认外报指控之事。

不过在小幡于2月5日呈给日本内田外相的报告中，却坦言他对中国外交部的抗议是非常激烈的。③ 内田外相则训令小幡进见徐世昌总统，针对中国代表在巴黎的态度，表达日本政府的遗憾，希

---

① 《小幡日使之中日交涉谈》，《晨报》，1919年2月7日，第3版。

② 《小幡日使之中日交涉谈》，《晨报》，1919年2月7日，第3版。

③ 《在中国小幡公使致内田外务大臣（电报）》，1919年2月4日，日本外务省编《日本外交文书》大正八年第3册上卷，日本外务省，1971，页127—128；臼井胜美著，陈鹏仁译《中日关系史（1912—1926）》，页202—203。此电是2月4日由北京发，2月5日才由东京接受。臼井胜美称此电日期为2月5日，指的是东京接受此电的时间。

望中国“严肃注意”。[①] 不过小幡感于中国“反日”舆论过于激昂，认为此时如再进见徐世昌总统表达抗议，无异是在帮助中国内部“反日”势力打击曹汝霖、段祺瑞等“亲日”派，因此主张暂时“隐忍”，没有执行内田外相的训令。[②]

大致来说，日本政府对此事的态度相当冷静，不欲风潮扩大，且据东京方面电讯，日本政府极力避讳此次交涉之责任。[③] 据东方通讯社8日（2月8日）东京电讯云，小幡公使是因为接获巴黎日本专使的电报，内称中国代表不先与日本代表相商，却径行对外宣称要发表中日密约，此举实在“颇不稳当”，于是请小幡公使促请北京政府注意，“此外并未含有若何重大意义”。该电讯并称日本现内阁致力于“中日亲善之实现”，对北京政府“不谅解日本之真意”，表示遗憾。[④] 换言之，日本政府否认小幡此次有任何恫吓之意，反指北京政府不察日本的真意。

五、恫吓事件的来龙去脉

由于传闻甚嚣尘上，舆论反应激烈，北京外交部被迫于2月9日发表声明，陈述日使来访经过，及谈话的大致内容：

> （小幡公使）因接巴黎日本代表牧野男爵来电，谓在巴黎

---

① 《内田外务大臣致在中国小幡公使（电报）》，1919年2月5日，《日本外交文书》大正八年第3册上卷，页129—130；臼井胜美：《中日关系史（1912—1926）》，页202—203。

② 《在中国小幡公使致内田外务大臣（电报）》，1919年2月7日，《日本外交文书》大正八年第3册上卷，页134—136；臼井胜美：《中日关系史（1912—1926）》，页202—203。

③ 《请看中日问题之真相》，《晨报》，1919年2月9日，第3版。

④ 《日本对中日问题之辨明》，《晨报》，1919年2月9日，第3版。

> 之中国代表未与日本代表接洽，遽告新闻记者，谓中、日两订关于山东问题之秘密文书，无论何时可以发表。此举认为违反外交惯例，颇使日本政府有不快之感，日本亦不能不维持其相当之国际地位。兹奉其国政府训令，并电知中国代表等语。且谓：日本政府并非反对发表，特以中国代表之行动，其手续未合耳云云。①

该声明继而澄清所谓“日本政府要求中国政府撤回顾、王二使，否则永久占有青岛等语”，乃“不明真相之误传”，并呼应之前日本报纸②所称“日本政府的真意”，谓“如该日报所载日本政府由事实上表示日本政府之诚意，中国朝野人士自无不谅解日本亲友之精神”。③ 外交部此声明的用意，似在澄清谣言，同时响应日人报纸的看法，但实际上却无关痛痒，只简略地交代日使来访的大要，并未详述细节。北京政府想用“全系不明真相之误传”一句话驱散报纸上言之凿凿的情事，无异痴人说梦。

事实真相到底如何？小幡在 2 月 2 日的下午究竟说了什么？为何在短短几个小时后，外报便能似有其事地详细地披露小幡谈话的内容呢？是谁向报纸走漏风声？还是有人在造谣生事？假设小幡公使果真如外报所言，语带恫吓地威胁中国政府，外交部为何还要发表这纸声明为日本政府辩护？此外，这纸声明明显地与陈箓先前接受访问时所说的有所出入，外交部这样的做法用意何在？这纸声明的背后，又隐含了何种玄虚呢？

---

① 《中国外交部之声明》，收录在王芸生编《六十年来中国与日本》第七卷，页 271—272。
② 《日本对中日问题之辨明》，《晨报》，1919 年 2 月 9 日，第 3 版。
③ 《中国外交部之声明》，收录在王芸生编《六十年来中国与日本》第七卷，页 271—272。

要探究真相，我们先来看看官方资料，即外交部有关小幡酉吉此次来访的纪录。其中除提到日本抗议在巴黎中国代表未经日本同意，即宣称要公布中日密约等事情外，还包含了下列有关纪录：

> 小幡云：……总之中国代表虽欲假借外国之势力以压抑日本，无论日本能否受此压迫，而中国代表所恃之英国势力，已不可靠。该国之爱尔兰，现已独立，改为共和国，且尚有多数人罢工矣。况日本亦有相当之体面，不能不极力维持。日本舆论之态度对于中国较前已行变更，且事事为好意的考虑，不料中国代表竟有如此之态度。①

由以上文字看来，除点明日使对于中国代表团意图借外力以抗日本的不满，似乎并无报纸所记载的有明显威胁恫吓之语。报纸上言之凿凿的相关记载，又出自何处？

有关小幡事件，另外还有一份更为重要的信息，此即美国公使馆在北京时间2月3日凌晨1时（小幡拜访陈箓后隔日，距离陈箓会见小幡的时间不到12个小时）发给华府的一份紧急密电。电文中，芮恩施向美国政府报告，他在小幡酉吉拜访外交部次长陈箓“不久”后，便与陈箓进行会谈，经由陈箓的转述，芮恩施获知小幡此行的来意：

> 日本公使抗议地表示：他的政府对于顾公使不反对公开（中日）秘密协议的言论，感到极大地不快（greatly displeased）。在没有获得日本政府同意前，不应该这样做（公开协议）。他（小幡）质问道：中国赖以依赖的英国，已经为内

---

①《次长会晤日本小幡公使问答》，1919年2月5日，《北京政府外交部档案》，03—33/124—（3）。

> 政问题给弄得手忙脚乱，但日本却拥有五十万吨的海军舰只，及一百万枕戈待旦的陆军。他同时也谈到尚未支付的军事借款……正当中国政府无法寻求外国的军事保护，控制内阁的军事派系（指段祺瑞及其党羽）也感到要依赖日本持续的经济援助时……日本公使询问中国政府是否愿意公布9月24日的协议（即1918年的中日济顺、高徐铁路借款）。这是关于山东铁路与承认日本继承德国在山东权益……①

陈箓并向芮恩施表示，中国政府目前对日本公使此次要求的态度是：

> 陈箓说道：关于此次日本的行动，中国政府已去电中国代表团，不过日本公使的要求明天将由总统与总理接手。他（陈箓）表示，他反对去束缚代表团的行动……②

陈箓也利用与芮恩施谈话的机会，打探欧美国家究竟有否与日本达成任何可能牺牲中国利益的密约，同时也向芮使表示，他担心受日本支持的国内“亲日”势力，可能会去破坏正在举行的上海和平会议，因此他暗示着希望美国等能提供经济援助，以避免日本的阴谋得逞：

> 法国总理向陆（征祥）总长表示愿意在山东问题上支持中国，但是碍于法国与日本间的成约。什么成约？代理总长（陈箓）同意道：关于这件事情（即山东问题），中国在世界的舆论上可能可以站得住脚，但是他担心如果像上述之类的交易

---

① “Form P. S. Reinsch to Frank Lyon Polk”, Feb. 3, 1919, *PWW*, vol. 54, pp. 474—476.

② “Form P. S. Reinsch to Frank Lyon Polk”, Feb. 3, 1919, *PWW*, vol. 54, pp. 474-476.

(bargaining) 层出不穷，中国将被牺牲……

不过他十分关心某些外国可能支持日本的企图，也担心受日本支持的军事派系会尝试去破坏上海和平会议，而如果没有友善的国家提供完备的经济保证，上述的企图则有可能实现。①

芮恩施对陈箓态度，评论道："日本公使的隐含威胁似乎并没有吓到他（陈箓），因为他了解到在此时军事压迫是不可行的。"②

如果详细分析芮恩施密电，并将之与上述中国政府外交部有关的纪录、声明以及外人报载有关小幡恫吓的消息，和当事者陈箓与小幡本人对记者的答复，作一比对，将可澄清疑点，发觉事实真相。以下针对几点作讨论：

1. 小幡来访消息是如何传出去?

陈箓是在 2 月 2 日下午 3 时半接见日使小幡，当时在场的，除陈箓、小幡外，尚有两人，一是日本通译官西田，一是外交部参事施履本。小幡与西田两人没有理由对外透露相关消息，有可能的是陈箓与施履本。关键在于陈箓，因为他在当日随后又接见了美国公使芮恩施，并将与小幡的谈话内容全数告知芮恩施。而且该谈话内容又首先披录于英语报纸，而非华语报纸。如比对外报、外电与芮恩施电文内容，可以断言外人报载所言均不出芮恩施 3 日密电的内容，可见两者是出于同一源头。③ 其中最有意义的，是美人《大陆

① "Form P. S. Reinsch to Frank Lyon Polk", Feb. 3, 1919, *PWW*, vol. 54, pp. 474-476.

② "Form P. S. Reinsch to Frank Lyon Polk", Feb. 3, 1919, *PWW*, vol. 54, pp. 474-476.

③ 如 1. 要求中国约束中国代表团在巴黎的言行，改变对日态度；2. 未得日本同意，中国不得单方面公开密约，否则：3. 取消归还青岛的宣言、占据山东，4. 参战借款停止交付，5. 武力威胁（日本有陆军百万、海军五十万吨）；6. 不要寄望英国会帮忙（内乱、罢工）。在上述外电、外报所报导的六大要点中，除了第 3 点外，无一不可以在芮恩施的密电中找到证据。

报》甚至在事件发生的隔日，即2月3日，就能迅速、精准地说出“陆军百万人、海军五十万吨”等字句，[①] 在军队数量上与芮恩施密电中所言无丝毫差距。换言之，外报消息极有可能来自北京美国公使馆。而且据美国档案记载，除芮恩施密电华府外，同日（2月3日）美国驻华助理军事武官（Assistant Military Attache at Peking）亦将类似的消息，紧急致电给 M. Churchill 将军，以便将此事告知在巴黎的美国国务卿兰辛。[②] 也就是说，当时驻北京美国公使馆内获知日本威胁中国政府之事，已不只芮恩施一人，连掌管机密事宜的驻华武官也知晓了。由此可见北京美国公使馆对该消息的重视，才会紧急透过两种管道让美国政府高层知晓：一方面由芮恩施致电华府，另一方面由驻华武官去电巴黎。

正因为对日本公使恫吓事件的重视，也为了能及时帮助中国，芮恩施与美国公使馆很可能在美国政府高层正式决定有所反应前，便先将相关消息告知报馆，引起外界关注，以便尽早形成对日本政府的舆论压力；这项假设可以藉由芮恩施以往在处理中日“二十一条”交涉时的态度获得印证。在1917年当日本驻华公使又重提之前在“二十一条”交涉中所放弃第五号（关于整个中国的）要求时，上海《密勒氏评论报》（*Millard's Review*）主笔包威尔（J. B. Powell）正好在北京访问，经由密告而获知了这项消息；在决定披露此事之前，包威尔尝访问芮恩施，向其请教究竟该如何处理这些要求。芮恩施根据以往处理中日“二十一条”交涉的经验，建议包威尔道，阻止日本图谋的最好方法便是揭露这些图谋。[③] 换言

---

① 《大陆报三日北京通讯》，见《中日新交涉之续闻》，《申报》，1919年2月8日，第6版。

② “Form Capt. Hallet R. Robbins to M. Churchill”, Feb. 3, 1919, *PWW*, vol. 54, p. 474.

③ J. B. Powell, *My Twenty Five Years in China*, p. 43-45.

之，芮恩施之意，即是要包威尔在报纸上刊载此事，透过新闻媒体的揭露，将日本阴谋公之于世，形成舆论力量以遏抑日本的企图。这便是芮恩施对付日本的“泄密策略”（disclosure tactic），[①] 所以在小幡西吉恫吓事件上，芮恩施极有可能重施故技，在从陈箓口中获知小幡恫吓情事后，随即向新闻媒体揭露相关消息，取得公众舆论对日本的挞伐，以制止日本可能的行动。[②] 是故，虽没有直接证据证明芮恩施与美国公使馆向报纸媒体透露消息，但考之芮恩施以往言行，其嫌疑最大。

2. 究竟小幡与陈箓的谈话有无恫吓、威胁之意？

首先，根据日本外交档案做一番考证。在巴黎的日本全权代表松井，在1919年1月28日（中、日两国代表就山东问题产生激辩以后），同时致电东京外务大臣内田康哉与驻北京的公使小幡西吉，除陈述顾维钧在和会的言谈内容，并要求尽快向北京政府表示，在未取得日本同意前，不得擅自公布密约。[③] 这是日本方面首次企图经由直接向北京政府施压，来约束中国代表团。1月31日，日本内

---

① 山腰宽敏，《五四运动与美国对于中国宣传活动再论》（“The Media Wars：Launching the May Fourth Movement，World War I and the American Propaganda Activities in China，Led by P. S. Reinsch and Carl Crow”），载台湾政治大学文学院编《五四运动八十周年学术研讨会论文集》，政治大学文学院，1999，页 124。也可以参见，Alfred Whitney Griswold，*The Far Eastern Policy of the United States*.（New Hevan：Yale University Press，1962），p. 185.

② 另外一方由于芮恩施一直与当地英美报界有着良好的联系，也不排除有可能是由新闻记者主动从美国公使馆打探到消息。然而不可讳言，有关泄密一事，无论是报馆主动打听到消息，还是芮恩施主动将消息泄漏给报馆，至少可以确定的，芮恩施对于泄密一事是乐观其成的。

③ 《在法国松井大使致在中国小幡公使（电报）》，1919 年 1 月 28 日，《日本外交文书》大正八年第 3 册上卷，页 113；《在法国松井大使致内田外务大臣（电报）》，1919 年 1 月 28 日，《日本外交文书》大正八年第 3 册上卷，页 114。

田外相电训小幡，命其就上述松井全权所电内容，与中国当局展开交涉。[①] 2月2日，日本内田外相又致电小幡，要求就中国全权代表王正廷与南方政府的关系，请北京政府注意。[②] 在日本政府电报训令下，小幡自1月31日便尝试会晤中国代理外交部部务的次长陈箓，因正值中国农历新年而无法实现。一直到2月2日下午，小幡才与陈箓进行晤谈。在2月3日小幡致日本内田外相的报告书中，记载了他与陈箓的谈话内容，主要有两项：一是中国不可以单方面宣布中、日两国间的机密文书，此举有违外交惯例；二是中国代表在和会上过于激烈的言谈举止，已经伤害到日本方面的感情，希望中国政府能"充分注意"此事。[③] 小幡在这份报告中并未提及明显的恫吓情事。同日（2月3日）因在华外人报纸纷纷揭露有关小幡恫吓的详细内容，引起中国舆论界极大的反弹。面对这种局面，小幡除立刻电达东京报告外，并于次日（2月4日）再度致电东京，详细报告他与陈箓的谈话内容，要旨为：一、要求中国方面注意顾维钧、王正廷的态度；二、日本现任外务大臣在对外方针的演说中，已表达对中国善意，希望中国不要试图"援用欧美等国的势力"，来"压迫"日本；三、日本现今的地位，是日本国民过去五十年来努力所致，中国方面如试图伤害日本国民自尊心，无视日本国家体面，其结果将导致更为严重的纠纷。至于外电、外报所言

① 《内田外务大臣致在中国小幡公使（电报）》，1919年1月28日，《日本外交文书》，大正八年第3册上卷，页119—120。

② 《内田外务大臣致在中国小幡公使（电报）》，1919年2月2日，《日本外交文书》大正八年第3册上卷，页122—123。

③ 《在中国小幡公使致日本内田外务大臣（电报）》，1919年2月3日，《日本外交文书》大正八年第3册上卷，页123—124。

的恫吓内容，小幡表示全然不是事实。[①]

由以上日本外交档案的记载，日本政府外务省是在1月31日正式训令小幡，就巴黎和会山东问题争议，与北京政府进行交涉，主要用意在于约束中国代表团的言行，同时要求中国不得单方面宣布中日之间的密约。这份训令，仅要求小幡提醒北京政府注意中国代表团的言行，并未授权小幡进行实际的威胁与恫吓。依据小幡在2月3日给内田外相的报告内容，似乎他是依照政府训令行事，但是小幡对于谈话内容的细节并未清楚交代。[②] 至于在小幡2月4日的报告书中，虽仍极力否认外界传闻的恫吓内容，却已经不讳言地表示，其谈话略带有威胁之意（中国如无视日本国家体面，将有严重的后果等语）。[③] 由此处比较小幡2月3日与2月4日报告书的歧异处，可以发现小幡在向日本内田外相报告其与陈箓的谈话内容时，多少是语带保留。若非外人在华报纸与中国舆论界反弹激烈，小幡未必会向外务省坦承其谈话带有威胁之意（见2月4日电报）。换言之，由小幡酉吉两次报告内容不一致的情形，可以略窥小幡对陈箓谈话的实际内容，可能远超出其报告书中所承认的。而且重要的是，如果将小幡这两次报告书的内容，与中国外交档案所记载的对话录作比较，也可以发现小幡的确在避重就轻，有许多可以在中国外交档案找到的谈话内容，均不见于小幡报告。是故不论是在对日本外交部的官方报告，还是对新闻界的公开表示，小幡酉吉明显

---

① 《在中国小幡公使致日本内田外务大臣（电报）》，1919年2月4日，《日本外交文书》大正八年第3册上卷，页127—128。

② 《在中国小幡公使致日本内田外务大臣（电报）》，1919年2月3日，《日本外交文书》大正八年第3册上卷，页123—124。

③ 《在中国小幡公使致日本内田外务大臣（电报）》，1919年2月4日，《日本外交文书》大正八年第3册上卷，页127—128。

在避重就轻。

从美国方面档案来看，芮恩施密电清楚揭露小幡威胁恫吓的内容。[①] 可是这些内容又为何不见于中国外交部的纪录？[②] 外交部纪录与芮恩施密电在内容上冲突，有三个可能的解释：一是陈箓对美国公使扯谎，虚报日本公使的谈话内容，藉此引起美国对此事的重视；二是芮恩施自行捏造日使恫吓内容；三是外交部的纪录特意略去日使恫吓的内容。第一个假设的可能性不大，因为陈箓不敢，亦没有必要去凭空捏造小幡恫吓之事。捏造此事可能引起的风波，陈箓不可能不知道，更何况陈箓先后与小幡、芮恩施会面的时间相距如此之短，陈箓恐怕也没有充分时间来深思熟虑是否要捏造这个可能影响重大的谎言。所以若非小幡有所恫吓，陈箓绝不会向美国公使透露该消息。第二个假设更不可能，芮恩施虽然立场极为亲华，但也没有必要为中国捏造这个谎言。第三个假设则有可能，因为中国面对的日本是个可怕的敌人，有实力也可能真的出兵中国，而且考诸日本以往种种行径，日本果真有所恫吓，中国自不能等闲视之，得详细考虑此事公布与否的风险。此外还得顾虑到北京政府内部“亲日”势力，担心因此走漏风声。所以最好的方法便是透过美国将此事公布，但实际上却否认此事或语带含混，以避免日本猜忌。外交部的纪录故意略去相关的恫吓内容，其用意或许在此。[③]

外交部在处理此事上的暧昧态度，也可以由另外一件事得到印

---

① “Form P. S. Reinsch to Frank Lyon Polk”, Feb. 3, 1919, *PWW*, vol. 54, pp. 474-476.

② 《次长会晤日本小幡公使问答》，1919 年 2 月 5 日，《北京政府外交部档案》，03—33/124—（3）。

③ 根据台湾师范大学历史系吴翎君的见解，关于中国北京政府外交部档案中遗漏了有关陈箓与芮恩施在 1919 年 2 月 2 日的谈话记录，其原因也有可能是因为当时北京外交部在处理档案上，并没有形成而妥善完备的典藏制度，以至于档案有所疏漏。

证；在外交部的相关档案中有陈箓与小幡酉吉的谈话记录，也有法、英公使的来访记录，[①] 但却完全找不到陈箓与芮恩施的谈话记录，可见其中必有蹊跷：陈箓与外交部可能有意隐瞒向芮恩施泄密一事，恐怕也是担心政府内部“亲日”派份子将泄密之事知日本，引发更大问题。所以由外交部档案所载的小幡酉吉谈话内容与芮恩施密电内容不符的情形，以及外交部存有小幡的谈话记录，但却无芮恩施来访谈话记录，这两件事清楚地表示几个讯息：一是外交部（或陈箓）可能在档案上做了些手脚，目的在防止内部泄密；二是在机密等级上，外交部对陈箓与芮恩施谈话的重视，远高于小幡来访的谈话，是以保存了小幡谈话记录，却隐去了芮恩施谈话记录。换言之，外交部（或陈箓）有可能在小幡酉吉恫吓一事上玩了权谋之计，目的在兼防内外门户。至于小幡是否真的说过日本有“五十万吨的海军舰只，及一百万枕戈待旦的陆军”等武力威胁的话，则无从得知，[②] 不过这也无关紧要，重要的是小幡的确有恫吓之意，意在威胁北京政府约束在巴黎中国代表的言行，而陈箓也忠实地将这层讯息，经芮恩施之手成功传达给外界知晓。

还有一项可以证明小幡拜访外部有所图谋的证据，即小幡为何急在中国农历除夕求见陈箓，遭拒后，又屡次提出请求。虽然日本外相在1月31日的电文中曾训令小幡就巴黎议和事拜会中国外部，但农历新年对中国人的重要性，小幡不可能不清楚，为何非急在中

① 日、英、法三国公使先后来访的谈话记录，均见《北京政府外交部档案》，03—33/124—（1）。

② 日本学者臼井胜美即认为小幡酉吉不可能如此恫吓，见臼井胜美：《中日关系史（1912—1926）》，页202—203。可是若将报纸上所言小幡行径与美国公使2月3日密电相较，小幡恫吓的可能性极高。

国农历新年向中国外部表示不可？在英文京津泰晤士报 2 月 3 日的北京通讯中，或许揭露了个中奥秘："日本特择此时施其手段（即恫吓之事）盖亦有深意存焉！日人夙悉中国旧历新年，华文、英文各报多停刊约一星期，故无舆论攻击、报纸反对之虞，得从容玩弄北京之官僚，而中国之官僚亦无从窥见中外报纸对于日本行动之意见如何。"[①] 也就是说，小幡急在农历新年期间求见陈箓，目的在避开中外报纸舆论的监督，[②] 达到愚弄中国外交官员的目的。小幡此次访问的立意不善，由此又可以为一明证。

总而言之，在比较美国、中国与日本三方面外交档案后，可以发现在小幡恫吓一事的记载上，有着显著的分歧：大体而言，美国档案（芮恩施密电）中记载的恫吓内容最为露骨耸动，[③] 中国档案（《次长会晤日本小幡公使问答》）次之，[④] 日本方面（小幡报告）最轻。[⑤] 但由以上的分析与论证，美国方面的档案最为可信，所以小幡此次来访的确是有所恫吓与威胁的。

3. 陈箓在此事件中扮演何种的角色？

日本对华恫吓不是新鲜事，早在中、日"二十一条"交涉时，日本驻华公使日置益就曾对袁世凯政府威胁过，并要求中国严守秘密。袁世凯听从外交部参事顾维钧的建议（顾且为袁的英文秘书），

---

① 《日本对华最近之恫吓》，《晨报》，1919 年 2 月 8 日，第 6 版。

② 举例来说，北京的《晨报》在 2 月 1 日至 2 月 6 日休刊、上海的《申报》是在 1 月 28 日到 2 月 3 日休刊、天津《大公报》是在 1 月 29 日到 2 月 5 日。

③ "Form P. S. Reinsch to Frank Lyon Polk", Feb. 3, 1919, *PWW*, vol. 54, pp. 474-476.

④ 《次长会晤日本小幡公使问答》，1919 年 2 月 5 日，《北京政府外交部档案》，03—33/124—（3）。

⑤ 《在中国小幡公使致日本内田外务大臣（电报）》，1919 年 2 月 3 日，《日本外交文书》大正八年第 3 册上卷，页 123—124。《在中国小幡公使致日本内田外务大臣（电报）》，1919 年 2 月 4 日，《日本外交文书》大正八年第 3 册上卷，页 127—128。

将消息暗中通知英、美使馆与记者，利用新闻制造舆论，希望藉此有助拉抬政府谈判声势。[①] 换言之，经过新闻舆论的传导，透露日本对华的巨大野心及其计划，一来可以内结人心、鼓动强大民意支持的效果、二来也可向外争取同情，援引欧美的势力为武器。如此进行的"对日"舆论外交战，有相当效果，也造成日方莫大的压力："这时中国已赢得华盛顿的同情和国外新闻界的支持"使得"日本政府开始感到难堪，当时不是为了在北京的谈判中，而是在和华盛顿与伦敦的关系上确实是这样"。[②] 这是以舆论为工具，内固人心、外结强援，[③] 以支持在形势上处于相对弱势的外交交涉之最佳例证。

陈箓并非庸才，由上述他与芮恩施的谈话可知，他绝非泛泛之辈。在向美国公使大吐苦水，埋怨日本恫吓威胁的同时，仍知道要利用时机适时地反问美国，关于列强间有无牺牲中国利益的密约，最后还暗示如无友善国家的经济援助，中国"亲日"的势力必将壮大。换言之，陈箓在这次谈话中达到了四个目的：一是向美国泄漏日本恫吓情事、二是向美国质询列强间有无牺牲中国的密约存在、三是向美国要求经济上的援助、四是向美国暗示其有"联美制日"的打算。相较于顾维钧凭着犀利的口才在巴黎和会上展现光芒四射的风采，陈箓却在北京暗室里老谋深算地与美国打起交道来。陈箓

---

① Alfred Whitney Griswold, *The Far Eastern Policy of the United States* (New Haven: Yale University Press, 1962.), p. 185；顾维钧：《顾维钧回忆录》第一分册，页 123—124。

② 顾维钧：《顾维钧回忆录》第一分册，页 124。

③ 周策纵认为袁世凯的"舆论政策主要目的是煽动世界舆论对中国的同情，而不是针对国内的舆论。但由于其个人野心，他也希望得到中国公众舆论对他的政府的支持"。见周策纵著，周子平等译《五四运动：现代中国的思想革命》，页 24 脚注。

自然也清楚袁世凯政府利用英、美舆论压力支持谈判的旧事。他之所以立刻将日使恫吓消息告知美国公使，用意也在于此。日本既能再次施行威胁恫吓之举，陈箓难道不能师法袁世凯故技，透过美国，兴起海内外舆论压力。至于是否另有他人（如徐世昌总统、钱能训总理等）指示陈箓将此事泄漏给美国知情，也不无可能，因为在芮恩施的密电中有提及，陈箓曾道“日本公使的要求明天将由总统与总理接手”，似乎陈箓在与小幡会谈后、与芮恩施会谈前，即已与徐总统、钱总理联络过。换言之，陈箓向美国公使泄密一事，徐、钱二人应该知情。至于到底是谁决定采取外联美国、发动舆论的策略，并将消息透露于美方，殊难断言，不过肯定的是，在决策过程中，陈箓就算不是决策者，也是重要的建言者与执行者。

小幡恫吓之事经国内外报纸披载已成为重大事件，产生了两个效果：一是在目前日本方面至少不敢再动辄威胁恫吓。此可由上述小幡在接获内田外相训令要其进见徐世昌总统，表达日本对欧洲议和之事的遗憾时，[①] 小幡却采取保留的态度得到证明。[②] 盖由于当时中国舆情极度激昂，又担心英、美等列强态度，小幡才不敢贸然行事。二是中国民族舆论因此高涨：由于外侮，民族意识更趋强烈，透过报纸宣传、集会、结社等活动而形成关心国事的公众舆论，也渐趋成型。

简言之，陈箓在小幡恫吓事件上，扮演着重要角色，他打破之

---

① 《内田外务大臣致在中国小幡公使（电报）》，1919 年 2 月 5 日，《日本外交文书》大正八年第 3 册上卷，页 129—130；臼井胜美：《中日关系史（1912—1926）》，页 202—203。

② 《在中国小幡公使致内田外务大臣（电报）》，1919 年 2 月 7 日，《日本外交文书》大正八年第 3 册上卷，页 134—136；臼井胜美：《中日关系史（1912—1926）》，页 202—203。

前段祺瑞内阁奉行的“对日”亲善、秘密外交模式，改为联合美国、利用舆论的方式。这项转变不但使中国在外交上得以立足根基、不再随人起舞，同时公众舆论的热情亦随着此次重大外交事件的喧腾，获致重大进展，这点可以由国内各界对此事关心与重视得到印证。

4. 外交部2月9日的声明有何意义?

外交部在2月9日发出的这份声明，其用意非常复杂。在内容上，只约略叙述小幡来访经过，对于小幡是否有威胁恫吓之意却只字不提，声称报载传闻全系误传，但却举不出实证来澄清，同时又语焉不详地迎合日本报纸所言的中日亲善之说。将此声明对照2月2日陈箓对芮恩施所言[①]以及2月8日陈箓接受报纸访问所谈的，[②]可以发现前后有所矛盾，至少已将陈箓自己曾两次亲口所述日本有威胁恫吓之意，给完全地省去，其中缘故必有文章。小幡恫吓之事，经报纸披载，引起国内各界重大注意，对政府压力也与日俱增，外交部此声明极可能有两个用意：一为表面上的，希望暂时缓和国内激昂的舆情；二是实际上的，为见好于国内“亲日”派或是日本。北京政府执政的钱能训内阁虽非“亲日”派，但国会与政府内不少重要有力人士均受段祺瑞及其安福系的影响，加上曹汝霖的新交通系，北京政府内“亲日”的势力不容忽视。[③] 这纸外交部声

① “Form P. S. Reinsch to Frank Lyon Polk”, Feb. 3, 1919, *PWW*, vol. 54, pp. 474—476.

② 《陈次长之中日交涉谈》,《晨报》,1919年2月9日，第3版。

③ 根据叶景莘的回忆，在巴黎和会时期，由于顾忌政府内“亲日”派势力的强大，“研究系”等人于是另外筹组“国民外交协会”以为抗衡，由此可见当时“亲日”派在北京政府内的势力，是相当可观的。详见叶景莘:《巴黎和会期间我国拒签和约运动的见闻》，载中国人民政治协商会议全国委员会文史资料研究委员会编《文史资料选辑》第2辑，页147—149。

明在“对日”立场上明显倾向保守，“亲日”势力的运作是有其可能性的。或者，这亦有可能是外交部所玩的两手策略，一方面暗中透过美国或舆论媒体揭露日本野心，他方面在对外正式声明上一概否认日本有恫吓之举，以示“对日”亲善，由此希望同时见容于国内的“亲日”势力与日本政府。事实上，由于北京政局异常复杂，在没有直接证据证明其决策过程下，只能概述其可能性。质言之，这纸外交部声明若非是“亲日”派势力运作的结果，便有可能是外交部（陈箓）所玩的两手伎俩。

第三节　后续发展

小幡酉吉在北京的恫吓，对正在巴黎进行的会议有什么影响？面对日本政府进一步的行动，中国代表团该如何应付？素来支持中国的美国，在听闻日本在北京的行动后，又有什么反应？此节便将探讨在小幡恫吓之后，巴黎和会有关山东议题的后续发展。

一、中国代表团的行动与舆论宣传

自从在1月28日“十人会”上，与日本代表就山东问题彼此针锋相对以来，中国代表团十分担心日本不会善罢甘休，恐将有所动作。会后的隔天（1月29日）中国代表团即向美国国务卿兰辛明白表示“非常害怕日本会尝试去威胁北京政府，并说服（北京）政府收回顾维钧的代表权”，[1] 希望能争取到美国的支持。

兰辛在次日（1月30日）即有所行动。他去电在华盛顿代理外

---

① “From Robert Lansing to Woodrow Wilson”, Feb. 4, 1919, *PWW*, vol. 54, p. 474.

交事务的助理国务卿波克（Frank Lyon Polk），要其命美国驻华公使馆通知中国外交部下列诸事：中国代表团在巴黎有十分出色的表现，除非北京政府有“某些错误的行动”，否则中国有很好的机会收回在山东的权利，不过中国代表团“担心日本在北京的某些阴谋”会造成中国代表团的压力。① 波克于1月31日通知驻华公使芮恩施转达国务卿兰辛的指示，另命芮恩施向中国外交部表示，美国希望中国不会屈服于日本压力，同时希望北京政府能给予在巴黎的中国代表们自由处分的权力（a free hand），并告诫目前情况需要“最细致与最有技巧的外交处理”，才能避免触怒日本。②

芮恩施之所以在日本公使小幡酉吉进行恫吓后不久，即会晤陈箓并获知小幡恫吓的大致内容，是由于接到国务卿兰辛与助理国务卿波克的训令，担心日本会有所图谋所致。追根究柢，因为中国代表团有先见之明，在与日本就山东问题起了争执后，即预想到日本可能会改从北京政府下手，于是当机立断向美国国务卿兰辛求助，美国公使馆最后才能适时发现日本图谋。中国代表团这套“联美制日”的策略的确有其功效。

此外，为使顾维钧在“十人会”上的演说更具说服力，中国代表团也决定“关于山东胶州问题，设法密嘱山东孔教会、山东省议会及参众两院之山东议员等分电英、法、美、意等国民意机关，申诉中国不能不收回之理由”。③ 综合来说，中国代表团的外交策略运用为两方面。首先，将担忧日本威胁北京政府之事事先告知美国代

① “From Robert Lansing to Frank Lyon Polk”, Jan. 30, 1918, *PWW*, vol. 54, p. 476.

② “From Frank Lyon Polk to Paul S. Reinsch”, Jan. 31, 1918, *PWW*, vol. 54, p. 476.

③ 《中国代表团第七次会议录》，1919年2月1日，《北京政府外交部档案》03—37/12—（2）。

表团，以防日本有所行动时，中国能适时取得美国帮助。另外一方面则“密嘱”国内各种与山东有关的民间组织、民意机关分电英、美、法、义等国民意机关，除能突显中国国内舆论对山东问题的关心，也能加强各国舆论界对此事的印象。这是中国代表团试图运用海内外舆论来助长己身立场的证据。简言之，即透过国内舆论运作国外舆论，以冀最后能形成海内外舆论都呼应顾维钧在 1 月 28 日演说的局面。

稍后正如中国代表团所预期的，2 月 2 日日本驻华公使小幡酉吉便在北京有所动作。但他施行的恫吓手段，却经美国公使馆迅速通传，使远在巴黎参加会议的美国政府首脑们，在事情发生不久之后便已知晓。1919 年 2 月 4 日，国务卿兰辛便向威尔逊总统报告小幡恫吓之事。[①] 中国代表团也在第一时间经由美国代表团的告知，清楚地知道在北京所发生的恫吓事件，甚至在北京政府来电通知之前。据陆征祥于 2 月 5 日回复外交部的电文中说：[②]

> 外部三日电悉，小幡所称宣告报馆，毫无其事。此次日本未先与我接洽，密于五国会议中商议处置德属问题时，乘机将胶州问题要求各大国同意。惟某国坚请该问题解决之先，须邀中国委员到会陈述意见，乃始于一小时前通知我国，我方能到会陈述。陈述之后，列席委员均表赞美。日本始谋不遂，并在会相形见绌，因而在我国内设法恫吓，或运动各公司机关、个人舆论，破坏我会所处良好地位，各国亦所预料。幸钧座及部

① “From Robert Lansing to Woodrow Wilso”, Feb. 4, 1919, *PWW*, vol. 54, p. 474.

② 中国外交部于 2 月 3 日去电巴黎通知中国代表团有关小幡在北京的行事。陆征祥则于 2 月 5 日回复该电。

> 院一致坚持，不胜感佩。先是顾使一方面亦得有密报，与来电所告情形大致相同。并闻某国亦以密饬其驻远东之军事机关注意。窃意此事关系我国存亡，千钧一发，如再为所动，在会稍有退让，则爱我者必将鄙我。即使幸安数月，恐不可思议之问题不久即将发生。务请持以决心，是所切祷。其小幡所称英国情形，尤属臆说。除此间各使分头接洽另筹对付方法外，仅先电闻。①

电文中虽未指明是哪一国通知此事，但是“先是顾使一方面亦得有密报”透露出消息来自顾维钧，顾为中国驻美公使，在巴黎一直与美国代表团保持密切联系，其消息自然来自美国。换言之，文中某国指的即是美国。这说明顾维钧采取的“联美”路线十分正确，使中国代表团能在关键时刻先得知重要消息。② 就此事来说，陆征祥之所以在回电中明确告知北京外交部，已事先获知日本的恫吓行动，其特殊意义在于：一来凸显中国代表团消息灵通，对日本恫吓一事能不经政府通告而迅速知情，显示代表团对此事成竹在胸；二来暗示消息来自美国，同时微露美国对此事的关注与反应。此举在某种程度上可以坚定北京政府在应付日本索求时的立场，由此也可以强化北京政府对中国代表团的信心与支持。

简言之，外交交涉犹如真实战场一般，越早获知重要消息，越能事先准备而制敌机先。中国代表团透过美国进行的消息战，无论

---

① 《陆征祥密电》，2月5日，收录在王芸生：《六十年来中国与日本》第七卷，页270—271。

② 在1919年1月27日下午“十人会”，也是美国代表团事先通知顾维钧有关“十人会”要中国代表列席会议提出有关胶州问题的看法。见顾维钧：《顾维钧回忆录》第一分册，页183—184。

是事先放话（预先告知美国日本将有恫吓北京之举），还是事后讯息收集（日本实行恫吓的消息回报），可以说相当成功。

在得知小幡恫吓消息后，顾维钧继续与美国代表团保持密切联系，于2月4日进见美国总统威尔逊相商有关问题。[①] 2月5、6日则两次拜访美国某全权，相商中国的应付之道；该全权建议中国应缓交中日间密约，先与日本代表相商有关问题，以免干戈。[②] 施肇基于2月5日访英国某专任委员，希望英国"可劝日本不宜在山东有意外之举"。[③] 2月6日中国代表团开会讨论对策，王正廷提议"日使在部谈话情形应设法密嘱新闻机关透露消息，庶使天下稍知日本野心，或可至其不敢实行动兵"，后决定由施肇基在伦敦接洽办理。[④] 这是中国代表团再次意图运用新闻舆论工具，制造有利舆论环境，鼓动海外舆论监督日本，避免其使用武力威胁。

二、英、美两国的反应与态度

英国方面对于日使恫吓事件的反应不甚积极，首相路易·乔治（即戴维·劳合·乔治）在听闻日本公使在北京告诫中国说"英国正忙于应付爱尔兰的独立而无暇帮助中国"之后，只是"付诸一

---

① "From the Diary of Dr. Grayson", Feb. 4, 1919, *PWW*, vol. 54, p. 473. 但所谈内容不得而知，但极有可能与小幡恫吓之事相关。中国方面的档案亦没有记载有关此次会谈的内容。

② 《中国代表团第十一次会议录》，1919年2月6日，《北京政府外交部档案》03—37/12—（2）。

③ 《中国代表团第十一次会议录》，1919年2月6日，《北京政府外交部档案》03—37/12—（2）。

④ 《中国代表团第十一次会议录》，1919年2月6日，《北京政府外交部档案》03—37/12—（2）。

笑”。[1] 不过路易·乔治还是于2月7日安慰陆征祥道“现在议和期内，日本不致在华再有举动”。[2]

美国反应则大不相同，威尔逊总统获悉此事原委后，于2月7日通知国务卿兰辛，美国必须有所行动：

> 我了解此事的严重性（即小幡酉吉恫吓之事），而且认为你最好传一个讯息给芮恩施，告诉他去建议中国政府要坚守立场（stand firm）。也传一个讯息给在东京的莫理斯（Roland Sletor Morris，美国驻日大使），要他与（日本）外务大臣友善地讨论此事，透露我们已经知道北京所发生的事，并对日本政府有意不愿意相信（巴黎）和会的公平与正义表示我们的遗憾。[3]

同一日，国务卿兰辛便将上述威尔逊总统的意思去电给在华盛顿的助理国务卿波克，命其执行。[4] 换言之，在距离小幡事件发生短短5天后，美国政府即决定对此事表达关切之意：一是命驻华公使芮恩施建议北京政府要“坚守立场”。此举暗示北京政府，美国将支持中国代表在巴黎和会上的主张。这对在巴黎为山东胶州问题而努力的中国代表团而言，无疑是最大的鼓舞，因为中国代表团担心的即是北京政府将会屈从日本的威胁；有了美国的支持，北京政府自然不会轻易地与日本妥协。二是命驻日大使莫理斯对日本表示遗憾。此举告诉日本，美国对于日本公使在北京的所作所为知之甚

---

① 颜惠庆：《颜惠庆日记》第一卷，页820。

② 《收议和全权大使办事处函》，1919年5月12日，《北京政府外交部档案》，03—33/124—（3）。

③ “From Woodrow Wilson to Robert Lansing”, February 7, 1919, *PWW*, vol. 54, p. 548.

④ “From Robert Lansing to Frank Lyon Polk”, February 7, 1919, *PWW*, vol. 54, p. 549.

详，希望日本不要再动辄威胁北京政府。总而言之，美国的这项决定对中国而言影响极大，一来间接化解了日本对中国的恫吓，使北京外交部松一口气，二来也解除了中国代表团时时担心之事，即害怕北京政府会屈从日本的要挟，约束中国代表团在巴黎的作为。

小　结

小幡酉吉此次的行动，其动机无论是受命于东京，还是小幡自己独断的行为，都透露出日本政府在对华外交处置上的霸道行径与强硬作风。小幡酉吉恫吓事件不过是日本政府素来对华态度的一个缩影。我们可以从日本政府在欧战期间种种对华外交作为得到印证。大偎重信内阁，利用欧战爆发，西欧列强无暇东顾之际，大事扩充日本在华势力，先是不顾中国的中立国地位，借口英日同盟，悍然出兵山东，继之又提出骇人的“二十一条”要求，举世震惊。继任的寺内正毅内阁，认为对华的政治恫吓与军事威胁并不符合日本帝国的利益，改采经济侵略，藉由一次次大笔的借款，来控制中国的实业、矿藏。此即当时日本大藏大臣胜田主计所谓的“菊之分根”政策，欲取先予。[①] 在政治上，则利用中国内部南北之争，透过种种名目借款，与北京段祺瑞政府交相纳结，扶植“亲日”势力，扩大对华影响力。最后甫于 1918 年 9 月上台的原敬内阁，面对欧战告终、西欧列强重返中国的局面，以往独断独行的外交策略势必须有所更张，提出所谓的“不干涉中国内政”、“列强协调”的

---

① 铃木武雄：《西原借款资料研究》，页 344，转引自米庆余：《一战期间日本对华外交》，载米庆余主编《日本百年外交论》，中国社会科学出版社，1998，页 90—95。

外交方针，[1] 其目的不过是想见好于列强，并非真的有爱于中国。原敬内阁表面上声明“不干涉中国内政”，却对于以往的既得利益不遑稍让，口头上大喊“列强协调”，实际上则意图联合其他列强共同分享新的利权。

直言之，以上三任日本内阁，在对华方针的策略运用上或有不同，但企图利用中国政局或世界局势来扩大日本在华势力的野心，却未曾因内阁的更迭而有所变动。就小幡酉吉恫吓事件而言，绝非个人因素而形成的外交特例；观诸以往，小幡事件不过是日本政府在侵华政策上，再一次具体而微的呈现。

此外，北京政府外交家们在处理巴黎和会山东问题，以至于小幡酉吉恫吓事件的实际过程中，有何特殊现象是值得注意的？此即外交家们开始利用新闻媒体鼓动海内外舆情，以为处于外交弱势的中国提供一臂之力。如先前所述，自民国以来，袁世凯政府在中日“二十一条”交涉中，首次利用新闻媒体鼓动舆论，以为外交谈判助势。到了巴黎和会时期的北京政府，负责外交事务者亦多知要利用此法来挟动舆情，抗衡对华素有野心的日本。徐世昌于巴黎和会之初，在北京怀仁堂宴请中外记者，便表示“夫舆论者，政府之后援，报纸者，人民之喉舌……国际上种种悬案之解决挽救，胥于此会议（巴黎和会）是赖……渴望言论界诸君，为缜密之调查、勤恳之评论。盖舆论者，外交最大之后援。樽俎应付之所穷，端赖笔舌以为救济”，[2] 即希望新闻舆论界能在巴黎和会等相关议题上，作为政府外交后援。

---

① 邵建国：《从币原外交到田中外交》，载米庆余主编《日本百年外交论》，页98。

② 《昨日怀仁堂盛宴》，《晨报》，1918年12月1日，第6版。

同时由于威尔逊理想主义思想的盛行，中国朝野对威尔逊本人与美国政府抱持着极度亲善，甚至依赖心理，认为日本如压迫中国，正义化身的美国必会挺身而出，助中国一臂之力。在小幡恫吓一事上，陈箓之所以故意将小幡恫吓情事透露给美使芮恩施，固然是考虑到可以藉由美国之手揭露消息，然而也是上述中国人依赖美国、信赖美国心理的具体呈现。这种暗联美国的外交舆论战，不但可以援引外力进行干涉，更可鼓动公众舆情作为外交后盾。中国代表们，如王正廷、顾维钧等深悉个中道理，积极采取“联美制日”路线，同时也故意藉由对外界或他国放话，鼓动有利己方的舆论。小幡恫吓之前，他们便对美国国务卿兰辛表示担心日本会在北京有所行动，希望于美国人心中塑造一种日本又准备要阴谋的印象，激起美国对中国的同情，以利往后的外交谈判。更可藉此引起美国政府插手，不但能强化中国代表在巴黎会场的地位，尤可坚固中国代表在北京的地位。在小幡恫吓之后，中国代表又急于将此事公之于世，目的在藉新闻媒体的力量，透露日本侵华野心，使海外舆情指责日本，约束日本政府可能的武力威胁之举。总而言之，与友善的强国保持密切关系，并随时利用舆论以为外交助力，这是处于弱势地位的国家必须采用的方法，北京政府外交家们在这方面可谓是运用得力。

不过利用舆论以为外交助势，还有另一层结果，此即国内公众舆情必然随之水涨船高。极度高涨的公众舆论宛如一把锐利的两面剑，固可制敌，也有可能伤到己身。热情的公众舆论虽可作为政府外交的后盾，但同时会迫使在外交交涉上原本可以转圜的余地，无法继续存在。就中国当时情况来说，高昂的公众舆论极易与民族情绪混合在一起，届时外交将再无弹性，稍有让步便会被套上卖国罪名。[①] 政府在外交作为上如再有所瑕疵，公众舆论之剑也同样会指向政府本身，甚至造成政府垮台的效应。在北京实际的情况是，受到威尔逊主义宣传的刺激影响，公众舆论已经对于外交事务抱持着异乎寻常的热情与参与感，外交家们为了抗拒强势的日本政府，又不时得利用新闻媒体揭露消息造势，援引中外舆论来为外交交涉之助，如此火上加油，使得国内舆情极度高涨，一旦再有重大事件的刺激，为之而起的公众舆论便不是政府容易控制的。

就小幡酉吉恫吓事件而言，当事件发生，报纸媒体纷纷揭露后，中国公众舆论界极为愤慨。此时据传闻"段（祺瑞）派顷谒徐（世昌）请从日本不提青岛之要求"，[②] 但徐世昌总统却不为所动。虽然在外交部2月9日的声明中，否认日使有恫吓之事，但这只是徐世昌不愿开罪日本的表示，不代表徐世昌屈从日本要求。自始至终徐世昌及北京政府都没有约束中国代表的行动。这意味着要拒绝日本及段系的要求！徐世昌之所以如此决定，或许是为了要收揽天下人心以抗政敌，或许是由于其民族意识作用，但最主要考虑恐怕仍是中国公众舆论对此事的极大愤慨所致。由此可略窥受外交因素刺激而起的公众舆论正在逐渐发挥其力量，并透过种种方式去运作或影响政府决策。

---

① 在中国历史上，有多次因国内民族意识过分高昂，而导致在与强大外族相处时，失去了外交的弹性。举明朝的例子来说，明末士大夫民族情结高昂，以至于在内有闯军大肆为乱的情形下，仍无人敢提出与满洲议和，"于是君臣间务为掩耳盗铃之计，意实愿和，而有人揭明和字，必引为大耻，谴责任事之臣，朝野议论亦以言和者为卖国大罪"，以至于明朝最后竟毁于闯军之手，而非满洲。见孟森：《明清史讲义》，里仁书局，1982，页333。

② 《北京专电》，2月5日下午2点，《申报》，1919年2月6日，第3版。

政府或许可以藉由事前的新闻检查来达到控制舆论的目的，[①]然而北京政府本身却不是高度中央集权，不但内部充斥各种势力，以致外交目标不定，外人的报纸舆论又远在其控制范围之外，哪能谈得上实行全面舆论控制呢？更何况舆论之火一旦燎起，便不易再受控制。稍后的五四政治运动，正可谓是此势必然的结果。其影响，除造成钱能训内阁因山东问题宣告下台外，更重要的是学生政治运动从此极度活跃，因而改变中国未来的历史。

① 北京政府即曾多次试图藉由新闻检查、封锁报馆，来达到控制舆论的目的，如在1918年底，为部分报纸抨击中日军事条约之事，而封闭了《晨钟报》等报，之后在1919年前后又因为巴黎和会山东问题争议甚嚣尘上之际，为避免舆情继续高昂，全面检查华报新闻，非经审核，不许刊载，不过外人报纸（或是顶着外人名义的华人报纸）究竟在其管辖范围之外，使得新闻管制成效有限。详情见本书第二章第一节。

第五章　舆论宣传与和会外交（二）：中国代表团的舆论宣传与国际现实

1919 年二月中，因美、英等国元首相继回国，山东议题遂暂时搁置。3 月中旬后，威尔逊总统与劳合·乔治首相重返巴黎，但山东问题却迟迟未见讨论。一直到 4 月中旬，代表巴黎和会最高会议（Supreme Council）的“四人会”（Council of Four）[①] 方正式进

① 即使是在有“十人会”的期间，威尔逊、路易·乔治、克理蒙梭与奥兰多（Orlando）等四人就经常私下聚会，讨论有关和会之事。而真正第一次被称为“四人会”的，一般来讲，指的是在 3 月 20 日举行的那次。不过此时“十人会”仍然照常举行，与“四人会”同时并行。一直到要 3 月 24 日的“四人会”上，为了加速重大议题的讨论，才正式决定以“四人会”取代“十人会”。换言之，自 3 月 25 日起，便只有“四人会”而无“十人会”了。至于日本代表未能加入“四人会”的原因，据 Dr. Grayson 的日记所称，是因为“四人会”要讨论的是战后的欧洲问题，与日本无关，所以没有邀日本人此最高会议。不过当“四人会”有邀日本代表与会讨论时，这样的会议有时亦被称为“五人会”（Council of Five），但是一般所谓的“五人会”，仍指的是自 3 月 28 日开始的“五国外长会议”（Council of Foreign Ministers）。上述详情经过可以参见，“Hankey's Notes of A Meeting of Council of Four”, March 20, 1919, note 1, *PWW*, vol. 56, p. 104. 与“From the Diary of Dr. Grayson”, March 24, 1919, *PWW*, vol. 56, p. 205. 与“Note Concerning the Minutes of the Meetings of the Council of Four”, note 1, *FRUS*: *PCC*, vol. 5, p. ⅵ.

行有关山东议题的讨论。

第一节 中国代表团的舆论宣传

处于外交劣势的中国代表团，面对日本的文攻武吓，该如何因应？常言道，弱国无外交，1919 年的中国是个国力贫弱、深陷内忧外患的国家，外交上几无自由施展余地，只能藉依附大国来因应外交危局。身肩中国外交重责大任的代表团成员们，面对全然无实力为后盾的外交交涉，如何才能打破弱国无外交的困境，“运动”大国，为中国立场喉舌呢？自山东问题成为争议后，中国代表团的“对日”外交作战，便脱离不了四个字：舆论宣传。

自威尔逊总统提出“十四点原则”后，“民族自决”口号已成为大部分亚、非弱国的信心来源，“以为世界公正的时代即将来临”,[①] 在“民族自决”精神保护下，国家主权与独立的完整将获得确保。中国也不例外。中国代表团“联美制日”策略，便是在“民族自决”旗帜下，向美国方面，尤其是威尔逊总统，请求援助。以“民族自决”为要求手段，以美国威尔逊总统为要求对象的外交策略，便是中国代表团在因应山东问题困局时奉行不二的基本法条。要有效执行这套外交策略，首先必须营造国内舆论一致呼应政府外交立场的形象，否则即无法落实“民族自决”的吁求，也就无法藉此向威尔逊请求同情与帮助。

简单来说，中国代表团的“联美”策略，是鼓动国内舆情声援

① 王晓德：《梦想与现实：威尔逊“理想主义”外交研究》，中国社会科学出版社，1995，页 265。

政府立场，以舆论包围外交，在美国人心中形成中国举国上下一致对外的形象，博取同情，进而使美国出面帮助中国抵御日本的非分要求，达到“制日”的目的。

一、第一波的舆论宣传

1918 年 11 月，巴黎和会召开前夕，中国驻美公使顾维钧于美国首府华盛顿拜访威尔逊总统，报告中国人民对和会、美国以及威尔逊本人的深切期望。顾氏说道，“中国人民”深切希望威尔逊总统能在和会上帮助中国实现公正的主张与期望，“中国人民的心是与（威尔逊）总统所宣布的和平原则相连在一起的……（总统）为世界带来了理想，鼓舞了所有人的心”，他希望“十四点原则能适用于远东地区，如同世界上其他地方”。这次会谈中，顾维钧多次以“中国人民”（而不是中国政府）为主词，以十四项原则为议题，向威尔逊总统请求帮助。威尔逊也以积极的善意回应，他坦承将这些原则运用到远东地区是“比较困难”的，但“不能因为有所困难，就不将原则应用到远东地区”。[①] 简言之，顾维钧的“民族自决”要求方式，获致一定程度的作用，使威尔逊许诺愿意将和平原则适用于远东地区。这对中国来说意义尤大，因为中国在和会上一切的希望与期许大多寄托十四点原则的实现，这是中国当时最渴望获得的保证。

1919 年 1 月底山东问题发生，2 月间中国代表团开始为山东问题展开以“对美”为主的舆论宣传活动。首先关于 1918 年的中日

① 这次会谈纪录，可见“Memorandum of a Conversation at an Audience with the President of the United States, Woodrow Wilson, at the White house: World Peace and Far East”, Nov. 26, 1918, *PWW*, vol. 57, pp. 632-634.

密约问题，即山东济顺、高徐铁路借款换文之事，因其中有中国“欣然同意”日本对山东问题要求字样，无法援引国际法要求取消，王正廷在代表团会议上乃提议“可设法通知国内机关，引用威总统十四条之原则，要求取消”。[①] 稍后在 2 月 11 日，中国代表团又决定“将山东商会、省议会来电发表照登”，[②] 企图藉以表达山东民间舆论对此事的重视，进而引起海外舆论的同情与支持。上述作为体现出中国代表团利用新闻媒体引起中外舆情关注的一系列外交手法，同时亦透露出代表团对威尔逊十四项原则的依赖，企图利用国内舆论对外交的支持，援引“民族自决”原则，声援中国代表团。

为了加强中国代表团与美国代表团间的联系，中国代表团接受美国方面提议，于两国代表团间“装一（电话）专线，俾与英、美两国全权委员处得以直接谈话”。[③] 这是中国代表团与美国代表团之间保持密切联系的再一次明证；另外亦足以可见，中国代表团实行“联美”策略的成功，已充分赢得美国代表团对中国的同情与友善，否则其无须主动提议装设专线，更无须称道“其余一切为有相需之处，无不愿竭力帮忙”。[④]

中国代表团于 2 月 15 日正式向巴黎和会提交山东问题说帖，就下列四事诉诸和会：一为德国在山东租借权与相关权利之缘由；

---

① 《中国代表团第十一次会议录》，1919 年 2 月 6 日，《北京政府外交部档案》03—37/12—（2）。

② 《中国代表团第十三次会议录》，1919 年 2 月 11 日，《北京政府外交部档案》03—37/12—（2）。

③ 《中国代表团第十三次会议录》，1919 年 2 月 11 日，《北京政府外交部档案》03—37/12—（2）。

④ 《中国代表团第十三次会议录》，1919 年 2 月 11 日，《北京政府外交部档案》03—37/12—（2）。

二为日本军事占领山东之缘起与范围；三为中国要求归还山东利权之理由；四为中国主张直接归还山东利权之理由。[①] 企图藉由此说帖，详细说明中国对山东问题的立场与看法。

二、第二波的舆论宣传

3 月下旬，威尔逊总统返回巴黎后，中国全权代表顾维钧于 3 月 24 日[②]陪同甫于近日抵达巴黎的梁启超、张嘉森进见威尔逊总统，席间顾维钧趁机与威尔逊总统讨论胶州问题。[③] 威尔逊向顾维钧表示，由协约国委任托管德属殖民地并不适用于胶州湾，因为胶州湾仅是租借地（concession），而非殖民地（colony）。其次威尔逊询问顾维钧：日本坚持德国先将胶州湾相关权利让与日本，再由日本归还中国，如此手续的用意是否意味着日本准备保留铁路，只将胶州湾之地还给中国？顾氏答曰：这为其理由之一；此外日本亦可能打算在归还胶州租借地时，附加一些条件，如“二十一条”中有规定日本可以在胶州租借地里最好的地方，设立一个日本租界。顾氏再说道，在这块日本租界里，日本拥有警察权与市政权，无异是国中之国；换言之，如果日本拥有山东铁路与这块租界，所谓的归还不过是空有其表，因为日本已占有了租借地的实质部分，中国等于什么也没有得到。威尔逊表示十分了解这点，即中国只能收回

① 该说帖内容可见《中国代表队山东问题之说帖》，收录在王芸生：《六十年来中国与日本》第七卷，页 272—286；亦可见《法京陆专使电附录》，1919 年 2 月 14 日，中国社会科学院近代史研究所主编《秘籍录存》，页 93—105。

② 项立岭称此次会谈时间为 3 月 25 日，见项立岭：《中美关系史上的一次曲折——从巴黎和会到华盛顿会议》，页 60。

③ “Memorandum of an Audience with President Wilson, Mr. Liang Chi Chao, Mr. Koo and Mr. Carson Chang Present”. March 24, 1919, *PWW*, vol. 57, pp. 635-637.

租借地中没有价值的部分。顾维钧补充道，在铁路与租借地间，中国比较重视的是铁路，因为其路线横跨整个山东省，控制北京的门户；如果日本拥有此路，无疑扼住中国咽喉，威胁到中国未来的独立。顾氏续道，在这个问题上，中国的公众舆论（public opinion）是一致统一的（singularly united）；中国代表团已经收到来自全国各地的电报，无论南方或北方议员，均督促代表团要坚定立场，完整地收回山东利权；如能圆满地解决这个问题（山东问题），对远东的和平将有极大的帮助。威尔逊表示非常清楚其中牵涉到的原则问题，并已理解中国所宣称的理由。[①]

简言之，在上述3月24日的会谈中，顾维钧已详细地向威尔逊表达日本的企图，以及日本所谓归还租借地的真相。此外尤为重要的，顾维钧再次利用关于山东问题，国内一致的公众舆论向威尔逊请求，藉之唤起威尔逊对中国的支持与同情。同时顾氏也将山东问题与远东地区的和平安定拉上关系，希冀能激起威尔逊对于此事的重视。

为呼应顾维钧“中国公众舆论是一致统一”的说法，同时也为了进一步鼓动国内舆论，强化威尔逊对此事的印象，中国代表团展开另外一波密集“对美”舆论宣传战。3月31日，中国代表团由巴黎密电北京外交部要求“速嘱两院及总商会等分电美总统等，请其主持公道，将胶澳由德国直接归还”：

> 胶澳问题行将决议，我国国民对于应有种种运动，庶此间争议不啻事半功倍。请密嘱参众两院、山东省议会、上海总商

---

① “Memorandum of an Audience with President Wilson, Mr. Liang Chi Chao, Mr. Koo and Mr. Carson Chang Present”, March 24, 1919, *PWW*, vol. 57, pp. 635-637.

> 会即日径电巴黎分致美总统、法总理、英首相、义总理、伦敦国际联盟会请其主持公道，赞成……应将胶澳由德国直接交还中国，以铲除将来东亚战祸之根苗等语。[①]

北京外交部在收到电文后不久，立刻配合于4月初展开一连串“制造”舆论行动。4月2日外交部发函“山东督军、省长”与“上海特派员”，要其“密商省议会、总商会即日用英文电分致上开各处（美、英、法等国元首处），以明民意所在，冀为后援”。[②] 4月3日致函参众两院要求同一行动。[③] 为统一对外舆论口径，外交部又于4月5日再度发函“山东督军、省长”与“上海特派员”，随函附上“参众两院致美总统等英文电稿”，请求将之“交（山东）省议会、（上海）总商会查阅以备参考”，希望山东省议会与上海总商会能参酌参、众两院致电美总统等电文内容，比照办理。有趣的是，外交部又做贼心虚，担心这些电文内容过于雷同，有人为操作过的痕迹，是以叮咛道“美总统等衔名住址当然可以照录，至电文字句，总以避雷同为宜”。[④]

收到外交部密函的山东督军、省长，立刻有所动作，除对外交部这番安排表示“深佩荩筹”外，自行扩大“制造”舆论的范围，从原先要求的山东省议会，扩展至“商会、教育会、农会”，“协同”致电美国总统威尔逊等人。[⑤]

---

① 《收法京陆总长电》，1919年3月31日，《北京政府外交部档案》03—33/150—（1）。

② 《发山东督军省长、上海特派员函》，1919年4月2日，《北京政府外交部档案》03—33/150—（1）。

③ 《发参、众议院密函》，1919年4月3日，《北京政府外交部档案》03—33/150—（1）。

④ 《发山东督军省长、上海特派员函》，1919年4月5日，《北京政府外交部档案》03—33/150—（1）。

⑤ 《收山东督军省长电》，1919年4月6日，《北京政府外交部档案》03—33/150—（1）。

同样地，江苏（上海）交涉署在收到外交部来函后，也随即展开行动，除联络总商会外，更召集“旅沪各省商业五十五公团”，[①]分电巴黎各国元首，体现中国一致的民意。

上述这些经由中央政府与地方政府“运作”产生的电文，其内容大体上均呼应着顾维钧在 3 月 24 日对美国总统威尔逊的说法，兹举上海总商会致电伦敦国际联盟会的电文为例：

> 自美总统提倡世界和平，举世歌颂，列国景崇。鄙国预望战争告终，得与各国跻于平等，尤望将与德国胶州湾交还中国，铲除东亚战祸之根，以副国际联盟之用意。民意如此，不敢缄默，特电达深望贵会主持公道……[②]

以上由中国代表团发起，北京政府外交部与地方政府主其事的“制造”舆论流程，正是外交形塑舆论的最佳写照。外交官为强化中国谈判立场，凸显内外一致的舆论论调，透过国内各级政府的居中运作，创造这一出“舆论”戏码。由此证明，在外交事务上，政府单位与民间舆论，并非时时站在对立角色，有时是以彼此协力合作的面貌出现。外交与舆论间密切的关系，由此可以略窥一二。

三、舆论宣传的回响与初步成效

但是政府人为运作营造出的舆论力量，一旦被引出后，便不再受到政府操控。举一个明显的例子，在上述政府运动山东民间单位出面呼应政府外交主张后不久，当地民间舆情就渐渐走向失控的局

① 《收江苏交涉署函》，1919 年 4 月 12 日，《北京政府外交部档案》03—33/150—（1）。

② 《中华民国商务总会致伦敦国际联盟电》，《收江苏交涉署函》附件，1919 年 4 月 12 日，《北京政府外交部档案》03—33/150—（1）。

面。山东省人民与胶州问题切身相关，对于日人势力在山东的扩展感触最深，较易受影响而情绪激昂。此次山东绅民在应政府要求致电欧洲和会之后不久，便发生人民聚众之事："绅民有约期于（济南）城外开国民大会之举"，"城南演武场聚集各界人民盈千累万开会演说"。[①] 人群一旦聚集，情绪易于失控，如再有不当刺激，就会发生变故。不巧当时报纸正谣传"有少数奸人阴图私利，煽惑政府，遥制专使迫令让步之说"，于是"群情愤激"，[②] 有失控之虞。山东地方政府只得尽力安抚民情，而北京外交部除去电巴黎告知中国代表团有关山东民情激昂外，[③] 也忙于对山东人民澄清"报载各节，纯系子虚，政府宗旨始终如一，不为外力所动"。[④] 此时，民间舆论已反过头来约束政府外交。这个例子说明政府为外交之便可以权宜地形塑出想要的民间舆论形式，但当民间舆论力量被呼唤出来，就不是政府容易控制的，如果这个力量再受到某些因素刺激，便会发生政府意料之外的变故；如果民间舆论力量继续发展，强大到某一个程度时，便会对政府外交决策产生难以言语的约束力量。此即舆论与外交两者互为因果循环的例证。

中国代表团除透过间接管道营造民间舆论作为外交声援外，也藉由直接呈交备忘录的方式，加强美国对中国立场的了解。1919年4月8日，顾维钧透过美国国务卿兰辛转交一份有关山东问题的备忘录（aide-memoire）给威尔逊总统。在备忘录中，顾维钧详述了"青岛在国际上的重要性、（山东）铁路对中国北方主要门户

---

① 《收山东省长电》，1919年4月21日，《北京政府外交部档案》03—33/150—（1）。
② 《发国务院秘书厅函》，1919年4月23日，《北京政府外交部档案》03—33/150—（1）。
③ 《发法京陆总长电》，1919年4月23日，《北京政府外交部档案》03—33/150—（1）。
④ 《发山东省长电》，1919年4月23日，《北京政府外交部档案》03—33/150—（1）。

（的地位）以及日本暂时占有这个港口所造成美国贸易上的损失”。[1] 有意义的是，威尔逊仔细地阅读了顾维钧这份备忘录，并在重要文字下画线注记。[2] 我们由威尔逊总统的画线注记中，获知其对山东问题重视所在：

1. 山东问题是否会影响到“中国的政治独立、领土完整与经济利益”。

2. 青岛对中国的重要性，以及日本在占领青岛其间所获得的重大商业利益。

---

① “From Robert Lansing to Woodrow Wilson”, April 12, 1919, *PWW*, vol. 57, p. 298.

② 威尔逊在下列文字上画线注记“……拒绝中国的要求将会危及中国的政治独立、领土完整与经济利益……青岛，作为中国沿岸最好的港口、铁路系统的联结点以及货物制造与分配的中心，在很大的程度内，控制了中国北部的整个贸易……即使只暂时地占领青岛不到三年的时间，已经为日本在当地取得压倒性的贸易比例。举例来说，在 1913 年，日本占有青岛的进口贸易比例不到百分之三十五；到了 1917 年，却超过百分之五十七。同样地在（青岛的）出口上，在 1913 年，日本在（青岛）的出口贸易比例为百分之七点九；到了 1917 年，则为百分之五十九。在过去三年里，这个港口的海运贸易演变是相当惊人的。在 1913 年进出这个港口的轮船总顿数为一百三十万零四百四十二吨，这其中日本占有二十二万两千六百九十三吨；到了 1917 年，总顿数是一百六十万零四百五十九吨，而日本占有的为一百一十一万四千一百五十九吨……日本准备在青岛选择的独占租界区域，包含了所有的税收—制造区域（revenue-producing areas）。它是青岛的商业区……透过日本间接归还（胶州湾租界地）所隐含的意义是中国政府极力想避免的。举例来讲，间接归还或许意味着承认 1915 年日本以最后通牒迫使中国接受的二十一条……要承认这些协议的有效性，对中国政府而言，即是去默认对中国外交权利的损害……中国政府并非不清楚这项事实，即法国、英国、意大利已经在先前保证支持日本的主张……然而目前的情况已经有很大的改变，这些保证（指英、法、义上述的保证）似乎该完全停止适用…这些保证的有效性似乎已经为威尔逊总统的十四项原则所否定……因此，中国政府真诚地希望，能经由美国政府的帮助，去促成四强不去承认这些会阻碍他们帮助（中国）的保证……中国相信……日本自己会发现他的最高利益在于能完全公正地对待中国……”见“A Memorandum by Vi Kyuin Wellington Koo”, April 8, 1919, *PWW*, vol. 57, p. 298-301.

3. 间接归还胶州湾租界可能造成影响，即对“二十一条”等协定的默认。

4. 英、法、义与日本的战时密约与十四项原则的冲突问题。

5. 山东问题对中、日两国关系有何意义。

上述问题也是稍后四人会（Council of Four）有关山东问题的种种讨论上，威尔逊总统着力的重心。另一方面，顾维钧透过简短的备忘录，以条理分明的论述、清楚的数据，详细剖析山东问题的重要性，使威尔逊总统明了中国主张的理由为何。最重要的是，由威尔逊总统对此备忘录的重视（威尔逊详细观看了文章内容，还在重点处作注记），反映中国代表团成功地向美国总统推销中国观点。

日本方面对于山东问题的外交举措又是如何呢？在1月28日中、日两国就山东问题大起争执后，面对中国代表的强硬立场，日本代表乃实行两手策略。一方面电达东京与北京日本驻华使馆，由小幡酉吉公使出面恫吓北京政府约束中国代表在巴黎言行，以为釜底抽薪之计。他方面透过日本驻瑞士使馆武官加藤大佐向陆征祥表示“关系两国之事，日本全权极愿先与中国全权接洽后再行提出会场，以免将中日之事归各国公共讨论”，并称他愿意“以留人资格，作两方之通讯员”；[①] 日本此举是希望经由中日私下商议有关问题，来杜绝美、英等国对此问题的干涉，同时藉此约束中国代表团对外的发言。简言之，日本口口声称中国代表在公开任何有关中日密约前，必须经由两国磋商同意后方可对外发表，其用意便是在约束中

① 《中国代表团第八次会议录》，1919年2月3日，《北京政府外交部档案》03—37/12—（2）。

国代表团对外举措，营造日本有权代表中国发言的假象。

以上即为中日两国代表团在山东问题上各自的外交策略运用。

第二节　“四人会”与“五人会”有关山东问题的讨论[①]

4 月 15 日上午的“四人会”，开始对山东问题进行讨论。席间，英国外相包尔福转述日本的立场：日本同意将胶州归还中国，但前提是日本必须先从德国手中取得胶州后，再归还中国；对日本来说，“这是国家尊严的问题”。[②] 不过因中、日有关山东的密件尚未送达“四人会”上，这次会议并未针对山东问题进行详细讨论。

一、美国方面的外交策略

同一天（4 月 15 日）下午“五人会”上，[③] 当讨论到德国必须放弃在摩洛哥的领土权时，美国国务卿兰辛突然提出建议，将上述一案扩大为“德国宣布放弃其欧洲本土以外的，所有权利、特权、土地等”，[④] 而由五大国与协约国共同暂管。兰辛并称山东问题便是

---

① 有关“四人会”与“五人会”对山东问题的讨论，有关的重要专著有罗伊·沃森·柯里（Roy Watson Curry）著，张玮瑛、曾学白译《伍德罗·威尔逊与远东政策》（*Woodrow Wilson and Far Eastern Policy*，1913-1921），社会科学文献出版社，1994，第九章，页 242—277，以及项立岭：《中美关系史上的一次曲折——从巴黎和会到华盛顿会议》，第四章，页 58—78。本节除了部分参酌重要二手专著的研究外，基本上是想要透过对第一手史料的运用，探讨有关山东问题的讨论进程。

② “Mantoux's Notes of A Meeting of Council of Four”, April 15, 1919, *PWW*, vol. 57, p. 359.

③ 此为“五国外长会议”，又称“五人会”。

④ “Secretary's Notes of a Conversation Held in M. Pichon's Room at the Quai d'Orsay, Paris, on Tuesday, 15th April, 1919, at 3 p. m.”, *FRUS*: *PPC*, vol. 4, pp. 549-565.

属于此类。然而，这却引起与会日本代表牧野男爵的异议，他表示胶州只是块租借地，并非纯粹属于德国；更有甚者，有关胶州的处分，中、日两国已有成约，故需要特别处置，不能与其他德国殖民地相提并论。兰辛又称，中国已向和会要求将胶州归还中国。牧野答称，依据中、日之间的协议，胶州是要还给中国的。[①] 兰辛再说道，依据牧野男爵的说法，胶州是要归还给中国的，所以问题只在于要不要替中国保管这块土地，以及日本是否反对由五国托管？[②] 此时法国外相毕勋（M. Pichon）出面打圆场，谓目前的讨论已经离题太远，而且胶州问题也不在今日讨论议程表上。最后，会议决定将兰辛的提议送交和约“起草委员会”（Drafting Committee）处理。牧野则声明，如果兰辛提案获致采纳的话，日本将表明对胶州一案进行保留。[③]

在4月17日的五人会上，讨论到上述送交和约“起草委员会”的议案，[④] 即德国要放弃所有海外权利、领土、利益等等的范围与对象。兰辛与牧野又起争执。牧野坚称此法案不能包括胶州问题。

---

① “Secretary's Notes of a Conversation Held in M. Pichon's Room at the Quai d'Orsay, Paris, on Tuesday, 15th April, 1919, at 3 p. m.”, *FRUS*: *PPC*, vol. 4, pp. 549-565.

② 关于此次五人会的日期与讨论内容，中国代表团所间接收集的讯息，可见《法京陆专使电》，1919年4月18日，收录在中国社会科学院近代史研究所主编《秘籍录存》，页130—131。但是在陆专使电文中，则称此次会议是在4月16日举行，且其内容上似乎也与英文原始记录有些许出入。最大的差异为，兰辛是透过扩大解释德国放弃其海外的所有权利，来含括进山东问题，而非电文中的“美外部……提议，德国在中国所有已得租借地、路矿及优先等各项权利、利益，应还中国”。也就是说，陆专使电文误认兰辛是专就山东问题而提出建议。

③ “Secretary's Notes of a Conversation Held in M. Pichon's Room at the Quai d'Orsay, Paris, on Tuesday, 15th April, 1919, at 3 p. m.”, *FRUS*: *PPC*, vol. 4, pp. 549-565.

④ 关于4月17日起草委员会的讨论内容，可见《法京陆专使电》，1919年4月18日，收录在中国社会科学院近代史研究所主编《秘籍录存》，页131。

兰辛则反问，如要另案处理胶州问题，日本则必须提出有关胶州问题的特殊条款。牧野答复会在近日提出有关条款。会议最后决定同意通过上述的一般条款（德国放弃所有海外的土地权利等等），但条件是任何国家如要提出特殊条款者（即例外情形）应尽早提出。牧野则仍声称要保留任何与山东问题相关的议案。①

由上述两次五人会（4 月 15、17 日）可以得知，兰辛的临时提案极可能是经过事先策划的：利用突袭方式，乘日本不备时，透过讨论要求德国放弃海外土地权利的条款，扩大解释为包含胶州问题在内。如果成功，便可藉国际共同托管胶州租借地，代替日本所宣称，要依据中、日有关协议（“二十一条”、1918 年换文）来处理胶州问题。但日本代表相当精明，马上察觉到兰辛的打算，虽然口头上辩不过兰辛，但却坚持“保留”日本对山东问题的态度，以待日后讨论。此为日本的拖延战术，兰辛对此亦无可奈何。

详细查阅中日密约后，巴黎和会的最高会议——四人会于 4 月 18 日再度讨论山东问题。会议中，威尔逊语重心长地表明对远东局势的关心，他希望列强能放弃在中国的势力范围，不仅为了远东，亦是为了世界长久的和平。关于山东问题，英国首相路易·乔治亦提议将胶州租借地，比照德属殖民地的处置方式，由五大国共同托管。威尔逊除表示兰辛亦提出相同建议外，并认为这是最好的解决之道，希望能说服日本代表接受。四人会于是决定正式派代表与日本相商由五强国托管胶州之事。②

---

① “Secretary's Notes of a Conversation Held in M. Pichon's Room at the Quai d'Orsay, Paris, on Tuesday, 17th April, 1919, at 3 p. m.”, *FRUS*: *PPC*, vol. 4, pp. 569-570.

② “Mantoux's Notes of A Meeting of Council of Four”, April 18, 1919, *PWW*, vol. 57, p. 454.

然而，就在美国国务卿兰辛出面与日本代表商谈后（4 月 21 日），五国托管胶州租借地之议，遭遇到重大挫败。[①] 日本代表坚持必须依照 1915 年的中日换文（即“民四条约”）来处理胶州问题：德国必须先将胶州湾租借地让与日本，日本再依照“二十一条”中相关规定，有条件地将胶州湾归还中国。这些条件为：青岛开为国际商港、设立日本租界、设立国际租界、山东铁路由中日共同经营、借日款另建两条联络山东铁路的铁路等等。事实上，这些条件不但包含了“二十一条”中的相关规定，还包括了 1918 年 9 月的中日济顺高徐铁路借款换文。日本珍田全权答复兰辛道，这些条件是“简单的（simple）”、“合理的（reasonable）”、“相当中性的（quite neutral）”，而且“是当然与必须之举（matters of course and necessity）”，所以“不论如何绝对不会影响到山东的地位”。[②] 兰辛在向威尔逊总统报告此事时，讽刺地评论道“对（珍田）子爵来说似乎是简单的条件，却是将实质部分留给日本，而把空壳还给中国”。[③]

同样在 4 月 21 日，日本牧野与珍田两全权拜访威尔逊总统，寻求其对山东问题的支持。威尔逊利用机会对日本代表诉说对于整个世界的政治哲学与理想：为了世界长久和平，列强必须放弃一些既有的利益，所以他反对意大利占有费姆（Fiume），因为此举势必导致未来的不安定；另一方面，远东的和平也关系到世界和平；就

① “Viscount Sutemi Chinda to Robert Lansing”, April 21, 1919, *PWW*, vol. 57, pp. 597-598.

② “Viscount Sutemi Chinda to Robert Lansing”, April 21, 1919, *PWW*, vol. 57, pp. 597-598.

③ “From Robert Lansing to Woodrow Wilson”, April 22, 1919, *PWW*, vol. 57, p. 597.

山东问题而言，中国人害怕日本的力量，同时也担忧日本的企图；日本有关山东的要求，将引起中国人的不安，如此则会导致国际的不稳定，所以他建议仿照德属殖民地的处置方式，由协约国共同管理胶州租借地。[①] 日本代表则强调中日之间关于山东问题已有成约，那就是1915年的协议与1918年的换文；所谓的“山东问题不过是去履行这些约定”罢了。由五强国托管胶州的建议，对日本来说是毫无意义的，更是有损日本人民的信誉与光荣；而且胶州的情况不能与其他德属殖民地等同看待，因为委任托管只适用于未开化地区，中国是一个已开化文明，所以胶州租借地并不适用委任托管方式。[②] 日本代表同时在威尔逊面前指责中国外交总长陆征祥的失信，因为陆氏一到巴黎便撕毁他在东京的承诺，不但不与日本合作，还到处散播充满敌意的文宣来攻击日本。日本代表更威胁道，如果拒绝日本的要求，将会使日本感到震惊，日本人民亦会感到愤慨，届时日本“全权代表或许必须拒签和约”。[③] 此外，在关于整个中国的问题上，威尔逊希望日本能重新检讨过去列强对中国的侵略政策。日本代表对此则称，日本强硬路线（hard-line）的外交已经过去了，日本现任内阁的对华政策，实行的是稳健路线（moderate line）外交，支持门户开放政策与机会均等；如果列强一致同意的

---

① 《在法国松井大使致内田外务大臣（电报）》，1919年4月22日，《日本外交文书》大正八年第3册上卷，页244—247；“A Translation of a Telegram from Keshiro Masui to Viscount Yasuya Uchida”，*PWW*，vol. 57，pp. 581-585.

② 《在法国松井大使致内田外务大臣（电报）》，1919年4月22日，《日本外交文书》大正八年第3册上卷，页244—247；“A Translation of a Telegram from Keshiro Masui to Viscount Yasuya Uchida”，*PWW*，vol. 57，pp. 581-585.

③ 《在法国松井大使致内田外务大臣（电报）》，1919年4月22日，《日本外交文书》大正八年第3册上卷，页244—247；“A Translation of a Telegram from Keshiro Masui to Viscount Yasuya Uchida”，*PWW*，vol. 57，pp. 581-585.

话，日本也赞成放弃在中国的治外法权与势力范围。[①]

从上述几次会谈，可以确定的是美国代表团极度同情中国的外交立场。当日本坚持依照中、日协议来处理山东问题时，美国代表团首脑们透过两种途径来帮助中国，首先由国务卿兰辛提出妥协之道，即五强（美、英、法、义、日）共管胶州的方案；[②] 这个方案的着眼点有两个，一是德属胶州湾租借地，在理论上同是德国海外利权的一种，自然无须与德国其他海外殖民地的处理方式相区隔，而应该全由协约国与五强来托管；二是因为日本本身亦是五强之一，国际共管胶州意味着日本也能分享此地的托管权，或许日本有可能接受五强托管的妥协方案。其次由威尔逊总统出面，透过理想主义思维模式，以理性方式劝说日本，例如中国的稳定关系着远东地区的和平，也间接影响着世界的和平，以及日本的最大利益在于中日关系的和谐圆满等等诸如此类的话；[③] 威尔逊理想主义式要求，在现实外交中感觉起来或许有些不切实际，但却充分体现出在当时深深影响中国，甚至整个世界舆论界的威尔逊理想主义。可惜的，日本原敬内阁对于巴黎和会议和方针却是“山东问题等一定要贯彻要求”，[④] 日本代表团不可能有丝毫的让步。所谓放弃在华势力范围

---

① 《在法国松井大使致内田外务大臣（电报）》，1919 年 4 月 22 日，《日本外交文书》大正八年第 3 册上卷，页 244—247；“A Translation of a Telegram from Keshiro Masui to Viscount Yasuya Uchida”，*PWW*，vol. 57，pp. 581-585.

② “Secretary's Notes of a Conversation Held in M. Pichon's Room at the Quai d'Orsay, Paris, on Tuesday, 15th April, 1919, at 3 p.m.”，*FRUS*：*PPC*，vol. 4，pp. 549-565.

③ 《在法国松井大使致内田外务大臣（电报）》，1919 年 4 月 22 日，《日本外交文书》大正八年第 3 册上卷，页 244—247；“A Translation of a Telegram from Keshiro Masui to Viscount Yasuya Uchida”，*PWW*，vol. 57，pp. 581-585.

④ 臼井胜美：《凡尔赛华盛顿体制与日本》，收录在陈鹏仁译《近代日本外交与中国》，水牛出版社，1989，页 23。

与治外法权，不过是虚张声势，目的在响应威尔逊总统的理想主义，同时见好于国际，并非真的有心实现对华亲善。因为日本十分清楚，在现实国际政治环境下，首先不愿放弃在华利权的，便是英、法等欧洲列强。日本尽可以在口头上示好，反正欧洲国家自会出面反对。这也是日本强调，如列强"一致同意"，日本当然赞成放弃在中国的治外法权与势力范围[①]的真正意义，毕竟"一致同意"在当时国际环境下，似乎没有实现的可能。

二、日本的外交手段

4月21日，日本代表在与威尔逊总统的会谈中，终于提出最后的撒手锏，如果和会不顺从日本对山东的要求，日本可能拒签对德和约。[②] 如果日本因此退出和会，将对威尔逊构想已久的国际联盟造成重大影响。很不幸的，隔日（4月22日），意大利代表团因威尔逊坚持拒绝让意大利占有费姆一地，而宣布退出和会，[③] 这间接削弱威尔逊在山东问题上的坚持度，因为如果日本此时亦宣布退出，五强中少其二，和会能否继续召开都成问题，遑论国际联盟。同一日（4月22日）的四人会上，日本亮出手上另一张王牌，即日

① 《在法国松井大使致内田外务大臣（电报）》，1919年4月22日，《日本外交文书》大正八年第3册上卷，页244—247；"A Translation of a Telegram from Keshiro Masui to Viscount Yasuya Uchida", *PWW*, vol. 57, pp. 581-585.

② 《在法国松井大使致内田外务大臣（电报）》，1919年4月22日，《日本外交文书》大正八年第3册上卷，页244—247；"A Translation of a Telegram from Keshiro Masui to Viscount Yasuya Uchida", *PWW*, vol. 57, pp. 581-585.

③ "Hankey's and Mantoux's Notes of A Meeting of Council of Four", April 22, 1919, *PWW*, vol. 57, p. 599；《在法国松井大使致内田外务大臣（电报）》，1919年4月23日，《日本外交文书》大正八年第3册上卷，页248—250。

本与英、法、义等国之间的战时密约，[①] 迫使英、法两国领袖不得不公开表示，依据条约，他们必须支持日本在山东问题上的主张。[②] 美国代表团虽然早在 2 月初便已获知战时密约的消息，[③] 但日本若不公开密约，英、法、义等国也不见得会主动履行条约。因为与会诸国宣言接受的十四项原则，其中便有反对秘密外交一项，若此时承认秘密条约无异是自打嘴巴。这也是为什么五强国对战时密约问题，打着迷糊战术，除非必要，谁不也愿意率先点破个中玄机。但随着巴黎和会全体大会即将在 4 月 28 日召开，德国代表也将来到巴黎与协约国讨论对德和约问题，时间上的急迫性使得日本代表愈发着急，于是赶在 4 月 21、22 日前后，利用意大利退出会议的绝佳时机，亮出手中王牌（拒签和约、战时密约等），迫使威尔逊必须在中国与日本的争执中做出最后决定。简言之，4 月 22 日这一天，就山东问题而言，是个极大的转折点，也是与会诸国间彼此摊牌、亮底线的一天。

4 月 22 日，“四人会”[④] 开始针对山东问题进行关键性讨论，在上午与下午两次“四人会”上，先后邀请日本、中国两国列席参

---

① 关于这些密约的内容，可见“From Robert Lansing to Frank Lyon Polk”，February 26，1919，*PWW*，vol. 55，p. 293-294.

② “Hankey's and Mantoux's Notes of A Meeting of Council of Four”，April 22，1919，*PWW*，vol. 57，p. 599. ；《在法国松井大使致内田外务大臣（电报）》，1919 年 4 月 23 日，《日本外交文书》大正八年第 3 册上卷，页 248—250。

③ “From Robert Lansing to Frank Lyon Polk”，February 26，1919，*PWW*，vol. 55，p. 293-294.

④ 此时的“四人会”实际上只能说是三人会，因为意大利总理 M. Orlando 自 4 月 22 日起率团退出和会，原有的四人会，也就只剩三人。

与讨论。在上午的“四人会”，先是听取日本的意见。[①] 会议一开始，法国总理克理蒙梭便向威尔逊总统坦承，法国与日本所定的战时密约约束了法国对日本的态度，并表示英国也是一样情况；换言之，在山东问题上，英、法两国必须支持日本。日本全权代表牧野男爵也发表声明，指出胶州必须由日本继承的三项原因：

> 1. 出兵驱除德国在山东的势力的是日本；
>
> 2. 中国对德宣战不能改变中、日 1915 年（“二十一条”）协议的有效性；
>
> 3. 1918 年的中日换文是在中国对德宣战之后，而且在换文中，中国政府“欣然同意”以获得日本两千万日圆贷款为代价，换取中日两国对山东问题的种种协议。

最后牧野强调，中日两国对于山东问题的处置早已达成协议，此即 1915 年的条约与 1918 年的换文。[②] 威尔逊总统询问英国首相路易·乔治看法，路易·乔治重复法国总统的论调，表示英国受到条约约束，必须支持日本，并说道五强之中的意大利也是如此。席间，日本代表珍田子爵再次威胁谓“日本代表团已接获日本政府明确的训令，除非同意他们的要求，日本代表将不会签署和约”。[③]

---

① “Hankey's and Mantoux's Notes of A Meeting of Council of Four”, April 22, 1919, *PWW*, vol. 57, p. 599-602；日本方面关于此次会议的纪录，见《四月二十二日山东问题第一回首相会议议事录拔萃》，《在法国松井大使致内田外务大臣（电报）》附件，1919 年 4 月 23 日，《日本外交文书》大正八年第 3 册上卷，页 248—250。因为日本方面的资料为节删本，以下主要参考美国方面的纪录。

② “Hankey's and Mantoux's Notes of A Meeting of Council of Four”, April 22, 1919, *PWW*, vol. 57, p. 599-602.

③ “Hankey's and Mantoux's Notes of A Meeting of Council of Four”, April 22, 1919, *PWW*, vol. 57, p. 603.

在上述情况下，英、法、义三国都受限密约必须支持日本，日本又信誓旦旦地威胁将拒签和约，自此威尔逊总统已是孤掌难鸣，再也无法坚守其支持中国的立场。会场上，他所能作的，只有消极地与日本代表讨论日本将胶州归还中国的条件，希望将伤害减到最低。同时威尔逊总统又再次向日本代表诉诸理想主义的国际观：

> 远东的和平在于中国与日本身上……日本应该向世界与中国展现对中国独立的尊重……日本仅强调在中国的权利（而忽略）……对中国的责任。世界的和平是立基于国与国之间相互的责任……他希望在中国有特殊利益的国家们，能超越这些（危害到中国在世界上的地位）特殊利益，帮助中国获得与其他国家一样的地位……①

牧野男爵的反应却是“在中国的国际事务本来就总是在不公正的路线上”（此句话获得英国首相路易·乔治毫无疑问的同意与肯定），并表示此乃过去的历史造成今天的情况，日本不过是承继前人之路；换言之，日本只是继续以往欧洲帝国主义路线，如要追究责任，还得往欧洲去找。② 虽然如此，他说道，日本的元老们还是决定要以“公正”、“合作”的态度来与中国相处。当威尔逊询问日本如何以具体措施展现日本对中国的“公正”时，牧野则以日本政府主张重新检讨治外法权、外国在华驻军、势力范围与庚子赔款四

① “Hankey's and Mantoux's Notes of A Meeting of Council of Four”, April 22, 1919, *PWW*, vol. 57, p. 605-606.

② “Hankey's and Mantoux's Notes of A Meeting of Council of Four”, April 22, 1919, *PWW*, vol. 57, p. 607-608.

事，作为具体对华“公正”的证据。[①]

由此次四人会的谈话可以发现，由于意大利退出和会、列强的战时密约与日本威胁拒签和约，威尔逊总统已经无法再抗衡日本的压力了。威尔逊在山东问题的立场软化，可以由会场中威尔逊关注焦点的转变得到印证。他论述重心已不再是积极地讨论日本继承德国在山东利益的正当性与否，而是消极地就日本将山东归还中国的条件作磋商。换言之，威尔逊似乎已经默认日本继承山东利益这项事实，而就归还条件所做的磋商不过是亡羊补牢之举。此外，由这次会谈也可以看出威尔逊理想主义与当时国际现实外交格格不入的情形。当威尔逊对日本洋洋洒洒大谈希望列强牺牲各自的利益以成就国际和平时，英、法等国元首均态度冷淡，只作壁上观而不置一词。可是当日本代表回应指出列强在中国的种种作为本来就不是公正的时候，英国首相路易·乔治却出声表示赞同。个中滋味，恐怕只有威尔逊最为清楚。直言之，威尔逊理想主义固然在世界舆论上激起莫大旋风，但在现实国际舞台上，对于手执未来世界前景大权的各国首脑们来说，不过是说说唱唱，威尔逊充其量不过是个“跳梁小丑”。

三、尘埃落定

4 月 22 日下午的四人会是请中国代表出席讨论。[②] 会议开始，

---

① “Hankey's and Mantoux's Notes of A Meeting of Council of Four”, April 22, 1919, *PWW*, vol. 57, p. 607-608.

② 中国代表团是由陆征祥与顾维钧代表出席。中国方面有关此次会议的记载，见《收法京陆总长致钱总理电》，1919 年 4 月 24 日，《北京政府外交部档案》03—33/150—（1）。

威尔逊总统便对中国代表言明，受限于战时密约，英、法、义等国，甚至连中国自己都无法在山东问题上表示自主性的意见。1918年的中日换文就是使中国陷入这种“尴尬地位”的原因，威尔逊提醒中国代表，中国对德宣战固然可以废弃中、德间一切成约，但却不影响到中、日间条约的有效性。[①] 中国代表顾维钧表示1915年的条约与之后的种种换文（1918年中日换文）都是“二十一条”造成的影响，但“二十一条”却是日本以“最后通牒”（ultimatum）形式强迫中国签订的。[②] 此时英国首相路易·乔治却惊人地询问道“什么最后通牒”，并表示他从未听过“二十一条”！顾维钧于是向路易·乔治详细解说“二十一条”的由来与之后的种种换文，并补充解释中国之所以“欣然同意”1918年中日换文，是因为日本在山东的行为，如征税、驻兵、设民政署、行使执法权等等，在中国激起莫大的民怨，中国政府只好采取及时行动与日本政府协商，约束日本在山东的举动。[③]

不过这些协商，顾氏继续说道，只是为了暂时“抒缓（目前）紧张的情况，这个问题还是有待和会作最后的决定”。[④] 路易·乔治在听了顾维钧的解说后，对中国代表提出下列问题：有关山东问题的处置，是要依据中国与日本所订条约规定，还是只要将

---

① “Hankey's and Mantoux's Notes of A Meeting of Council of Four”, April 22, 1919, *PWW*, vol. 57, pp. 615-617.

② “Hankey's and Mantoux's Notes of A Meeting of Council of Four”, April 22, 1919, *PWW*, vol. 57, pp. 615-617.

③ “Hankey's and Mantoux's Notes of A Meeting of Council of Four”, April 22, 1919, *PWW*, vol. 57, pp. 615-617.

④ “Hankey's and Mantoux's Notes of A Meeting of Council of Four”, April 22, 1919, *PWW*, vol. 57, pp. 617-618.

原先德国在山东的利益转让给日本。在这两者之间，中国愿意选择何者？①

中国代表们稍做讨论后，顾维钧表示中国无法选择，“因为两个选择都无法接受”。僵持之余，会议最后决定将中、日双方有关山东问题的主张，交由英、法、美三国专家做进一步的检视。稍后，中国代表又与美、英、法三国领袖就“条约神圣性（the Sanctity of treaties）”展开激辩。中国代表认为战时的密约是导致未来世界不安定的种子，为防患未然，也为了永久和平，最好能废止这些条约的有效性。此议一出，便遭美、英、法三国领袖的共同围剿，纷纷发言强调“条约神圣性”的重要，并认为欧战的发生，就是为了要维持条约的神圣，如果将条约视为废纸，世界秩序将会崩溃。②

会议进行到此暂时告一段落，中国代表团先行离开会场，英、美、法三国领袖则继续讨论山东问题。威尔逊总统首先说道“关于日本，（我们）必须尽一切的努力来使它加入国际联盟。如果日本没有加入，它将会在远东为所欲为”，“你们都听到他们（日本代表）在早上清楚地表示他们将不会签署和约”，除非他们的要求获得尊重。路易·乔治响应道“他们（日本）以武力来威胁中国签订条约（指的应该是“二十一条”交涉）的方式是所有历史上最无耻的行径之一，尤其是对这么一个温和、无防御的民族（指中国）”。③

---

① “Hankey's and Mantoux's Notes of A Meeting of Council of Four”, April 22, 1919, *PWW*, vol. 57, pp. 617-618.

② “Hankey's and Mantoux's Notes of A Meeting of Council of Four”, April 22, 1919, *PWW*, vol. 57, pp. 624-625.

③ “Hankey's and Mantoux's Notes of A Meeting of Council of Four”, April 22, 1919, *PWW*, vol. 57, pp. 626-627.

面对日趋不利的外交困境，中国代表团在 4 月 23 日，由团长陆征祥具名，提出一份妥协方案：

> 1. 德国向五强与协约国宣布放弃它在山东的土地、权利与利益，以备归还中国。
>
> 2. 目前实质领有上述土地、权利与利益的日本，承诺在签订和约后一年内将之归还中国。
>
> 3. 中国同意以金钱补偿日本在攻占青岛时所花费的军事支出，赔偿的金额则由“四人会”决定。
>
> 4. 中国同意将整个胶州湾开为商业港。假如需要的话，中国将提供一块区域给条约国人民居住。①

这份妥协案的核心观念，大致沿用美国国务卿兰辛于 4 月 15 日所提出的建议，即五大国托管概念。② 此外也进一步将日本归还胶州的时间约束在和约签订后的一年内。比较有新意的是中国愿意以金钱来补偿日本的损失，并开胶州湾为国际商港及提供一块公共租界酬庸其他国家。换言之，中国代表团意在将其他列强势力引进山东，避免日本独占。然而，日本能接受其他国家插手？“四人会”又会因为中国的让步，而改变心意吗？

4 月 25 日的四人会，威尔逊总统、路易·乔治与克理蒙梭三人对于确认日本继承德国在山东权益基本上已无太大疑义，只剩与日本就其承诺的条件，进行讨价还价。对于中国所提的妥协方案，

---

① “From Lu Cheng-hsiang to Woodrow Wilson with Enclosure”, April 24, 1919, *PWW*, vol. 58, pp. 68-70；中国方面关于此次提案的记载，可见《收议和全权大使办事处函》，1919 年 4 月 26 日，《北京政府外交部档案》03—33/150—（1）。

② “Secretary's Notes of a Conversation Held in M. Pichon's Room at the Quai d'Orsay, Paris, on Tuesday, 15th April, 1919, at 3 p.m.”, *FRUS*: *PPC*, vol. 4, pp. 549-565.

“四人会”认为日本一定会拒绝，也就无讨论的必要。简言之，“四人会”虽然清楚日本的野心，但迫于战时密约，又担心日本退出和会，已决意向日本让步。会议席间，威尔逊对山东问题坚持的底线，已经退让为：日本在山东所获得的权益不能超出原先德国在山东所享有的。对于中日之间 1915 年条约与 1918 年换文中有关山东的安排，威尔逊坚持不予承认。[①]

4 月 26 日，美国国务卿兰辛与前远东司司长卫理与日本代表就“归还条件”进行磋商。[②] 兰辛与日本代表珍田子爵先针对“二十一条”问题，进行相当辩论，兰辛认为“二十一条”是日本以武力威胁与最后通牒获致，其条约效力是有问题的。珍田故意避谈“二十一条”，并讽刺说道“一个有四亿人口的国家（中国）埋怨他们是在压力下被迫签订条约，这实在是荒谬”，言下之意否认日本曾威胁中国签订有关“二十一条”等协议；他措辞强硬地辩称胶州是日本以武力“征服”德国军力所得，日本有权利保有此地。珍田并提到日本愿意将胶州归还中国，已充分体现日本的善意（generous intentions）。他埋怨美国总是怀疑日本善意，并谓日本是以主权国家身份参加会议，不是来接受审判。[③] 兰辛又试探中国以金钱补偿日本损失的可能性（中国的妥协方案），但被珍田当场否定。此外在会谈中，珍田又再度指责中国代表团的言行：北京政府训令中国

---

① 此次会议有关山东问题的谈话内容，可见“Hankey's and Mantoux's Notes of A Meeting of Council of Four”，April 25，1919，*PWW*，vol. 58，pp. 129-133.

② 日本方面关于此次会谈的记载，见《在法国松井大使致内田外务大臣（电报）》，1919 年 4 月 28 日，《日本外交文书》大正八年第 3 册上卷，页 261—263。在多次与兰辛会谈后，日本代表对兰辛的观感是其对日本的态度相当“冷淡”。

③ “A Memorandum by Edward Thomas Williams”，April 26，1919，*PWW*，vol. 58，p. 165-168.

代表要与日本充分合作，陆征祥在经过东京时亦承诺愿意合作，但中国代表后来竟宣称要直接归还胶州。最后，珍田再度威胁声称已经接到政府训令，如果得不到德国在山东权益，将拒签和约。[①]

还有一件与山东问题息息相关的大事，此即日本在国际联盟宪法问题的讨论上，提出极具争议的“种族平等”问题。对于威尔逊总统的国际联盟构想，日本朝野一致认为如果无法消除“国际间种族的偏见”，根本谈不上成立国际联盟。如要成立国际联盟，必须要将“种族平等”的精神纳入联盟宪法中。大致说来日本国内舆论对此事期望颇深。[②] 但当日本代表提出此案时，却遭到极大反弹。英国及其自治领（如澳洲、新西兰等）坚决反对，威尔逊总统亦顾及美国国内反对日侨舆情，日本所提之“种族平等”一案遂无法纳入国际联盟宪法。[③] 日本代表此时却利用“种族平等”一案的挫折，向英、美等国威胁道：

> 日本国内公众舆论对于“种族平等”一案的失败感到极度的关心，如果此时日本又在山东问题上遭受到同样的结果，情况将会十分严重……如果日本得到她在山东问题上的要求，日本对于“种族平等”一案的遭拒，仅会表示抗议。如若不然，假如日本又在山东问题上遭遇挫折，日本代表说不定将有其他

---

① 此次会谈详见，“A Memorandum by Edward Thomas Williams”, April 26, 1919, *PWW*, vol. 58, p. 165-168.

② 关于日本朝野对国际联盟与“种族平等”的看法，可详见臼井胜美：《凡尔赛华盛顿体制与日本》，收录在陈鹏仁译《近代日本外交与中国》，页 19—29。

③ 关于巴黎和会拒绝日本“种族平等”提议的经过，可参见罗伊·沃森·柯里：《伍德罗·威尔逊与远东政策》，页 246—249。

动作。[①]

换言之，即暗示如果同时在“种族平等”与山东问题两案上遭受失败，日本代表将有激烈的行动，或许将不惜拒签对德合约。

总结上述会议与会谈来看，可以发现：“四人会”中的美、英、法三国领袖已经对山东问题的处理方法达成共识，开始口径一致地说服中国接受日本继承德国山东权益的事实。以往威尔逊总统出面为中国说话争辩的情景亦不复见，取而代之是“四人会”共同对中国代表施加压力。虽然在感情上，威尔逊总统是同情中国的，但现实考虑却迫使他不得不改变原有立场。威尔逊总统的态度是影响到巴黎和会最终决议的主要因素，以下就针对中国代表团舆论要求方式的成效，与威尔逊总统由原先支持中国，后来却改为默许日本，这段心路历程的变化做一些讨论。

第三节　中国代表团舆论宣传的成与败

一、威尔逊总统的发言立论

自威尔逊揭橥“十四点原则”以来，无论是美国在华机构的积极宣传，还是中国人自己过分乐观的迷信崇拜，“民族自决”观念似已深入中国政府与民间单位。[②] 中国代表团拟定的外交策略，也是顺着“民族自决”主张，透过各种方式形塑或是反映中国舆情，

---

① 此为英国外相包尔福（Arthur James Balfour）转述日本牧野男爵的话，见“Hankey's and Mantoux's Notes of A Meeting of Council of Four”, April 28, 1919, *PWW*, vol. 58, pp. 179-180; *FRUS*: *PCC*, vol. 5, p. 317.

② 见本书第一章第二节。

藉此影响美国总统威尔逊。对于自己曾经热衷提倡的“民族自决”观点，以及中国代表团一而再、再而三的舆论宣传与要求，威尔逊总统的态度究竟如何？中国代表团的舆论战究竟有无发生效力？这些舆论要求对于威尔逊又有何种程度的影响？以下将分析威尔逊在和会上的发言立论，观察有无中国舆论宣传着墨的痕迹。

1919 年 4 月中旬以来，巴黎和会最高会议开始对山东问题进行最后关键性的讨论，期间威尔逊总统多次以山东议题，发表个人看法。首先在 4 月 15 日四人会上，威尔逊说道“中国之所以特别希望摆脱山东这块土地上的外国势力，乃因其对中国而言，起着能呼唤历史与宗教上最神圣记忆的作用”；另一方面，日本真正想要的也不是胶州，而是在山东的租界”。威尔逊坦言同情中国这一方，并呼吁在场诸位不要忘记“在未来全世界最大的危机可能就来自太平洋”。[①]

4 月 18 日四人会上，威尔逊表示担心布尔什维克（Bolshevik）[②] 会在远东地区滋长。他说道，欧洲在经历一场大战后，应该有一段时间可以暂时免除布尔什维克的威胁，但是亚洲的情况却不是如此，他比喻道：

> 在厚厚的树叶床底下，在黑暗里，隐藏着正在发展中、起着火花的纷争种子。在闷烧数月之后逐渐变大，从外表看不出来，然而直到某一刻，巨大的森林大火便爆发开来……[③]

---

① “Mantoux's Notes of A Meeting of Council of Four”, April 15, 1919, *PWW*, vol. 57, p. 358.

② 由列宁领导的激进的苏俄共产党。此处指的应该是激进的共产主义。

③ “Mantoux's Notes of A Meeting of Council of Four”, April 18, 1919, *PWW*, vol. 57, p. 454.

中国的情况便是如此。威尔逊认为在将来，危及世界和平的因子或许便会从那个角落发展开来。

在4月22日上午的“四人会”上，威尔逊对出席的日本代表说道：

> 在中国有许多易燃的物质，一旦点燃了，就很难熄灭，因为中国有四亿的人口。这些都是有征兆的，他对此感到相当忧虑。牧野男爵与珍田子爵都十分清楚中国人对山东这块圣地的尊敬，他（威尔逊）害怕在那里会点燃火焰的激情……①

同日（4月22日）下午的四人会上，威尔逊又强调，他绝对相信“世界舆论完全是同情中国的”，整个世界的关注之心也都放在中国“四亿人口”的身上。因此任何“忽略中国利益的政治家”，无疑在“玩一场危险的游戏”。②

由以上几次威尔逊有关中国问题的发言谈话，可以归纳两个重点：

> 1. 威尔逊个人毫无疑问的是同情中国，他也深信“世界舆论”是同情中国的。
>
> 2. 中国四亿人民的利益是不可以忽视的，否则远东地区将会成为未来战祸的发源地。

由此引发一个问题，为何威尔逊对“世界舆论”同情中国这一

---

① “Hankey's and Mantoux's Notes of A Meeting of Council of Four”, April 22, 1919, *PWW*, vol. 57, p. 606.

② “Hankey's and Mantoux's Notes of A Meeting of Council of Four”, April 18, 1919, *PWW*, vol. 57, p. 624.

点，深信不疑?[①] 另外威尔逊为何强调中国“四亿人口”的利益将因山东问题而遭受损害，而不是说中国（或政府）的利益将遭受损害？最后，威尔逊为什么认为，如果中国人民在山东问题上遭受损害，其结果将危及东亚，甚至世界的和平与安定？

由威尔逊认为“世界舆论”同情中国这件事，可以看出中国代表团舆论宣传策略是相当成功的。在山东问题争议上，中国是屈居弱势一方，可是中国代表团毫不气馁，多次采用鼓动国内舆论的办法来强化政府外交立场：除与国内政府、民间各单位团体密切联系外，也利用新闻媒体加深宣传效果，如王正廷便曾建议将国内民间团体来电登报。[②] 这种做法的目的在提高山东问题于世界舆论的能见度，将中国国内舆情对此问题的反应让世界各国知晓。另外，中国代表团“设法密嘱山东孔教会、山东省议会及参众两院之山东议员等分电英、法、美、意等国民意机关，申诉中国不能不收回之理由”的做法也是为了要达到同一目的。[③] 最后，是鼓动国内民意机关、民间团体直接致电和会英、美、法、义等国元首表达中国人民意见。[④] 换言之，将国内来电登报、鼓动国内民意机关致电强国民意机关、鼓动国内民意机关直接致电强国元首，这些手法都是中国代表团用来形塑有利于中国的“世界舆论”。从威尔逊的谈话中，

---

① 1919年在4月25日，在威尔逊与其新闻秘书贝克讨论山东问题时，威尔逊亦曾表示他知道世界舆论同情中国。见“From the Diary of Ray Stannard Baker”, April 25, 1919, *PWW*, vol. 58, pp. 142-143.

② 《中国代表团第十一次会议录》，1919年2月6日，《北京政府外交部档案》03—37/12—（2）。

③ 《中国代表团第七次会议录》，1919年2月1日，《北京政府外交部档案》03—37/12—（2）。

④ 《收法京陆总长电》，1919年3月31日，《北京政府外交部档案》03—33/150—（1）。

可以发现这套舆论宣传是相当成功的。

其次，中国代表团主要是以威尔逊“民族自决”观点为重点舆论要求，多次鼓动国内民意机关、民间团体出面表达中国人民对山东问题的看法；此外中国代表团也一再以山东问题关系亚洲（远东）和平为观点向英、美等国反映。所以“民族自决”主张与山东问题及远东和平的密切关系是中国代表团着重的论述方式。这种论述方式是为了契合威尔逊理想主义观点而来的，因为威尔逊十四点和平建议所体现出的世界观、思想观，便是以“民族自决”化解世界未来可能发生的战端。[①] 中国代表团投其所好地积极进行舆论宣传，威尔逊不可能无动于衷，是以免不了在谈话中会掺入中国代表团的要求。如果将 4 月上旬中国代表团策动的舆论宣传重点“应将胶澳由德国直接交还中国，以铲除将来东亚战祸之根苗”[②]（见本章第一节）与上述威尔逊谈话做一比较，可以发现威尔逊确已将山东问题与远东和平两者挂上关系，这正是中国代表团想要要求的重点。至于威尔逊强调中国人民“四亿人口”，也同样反映出中国代表团以人民为要求的结果。事实上，中国代表团鼓动民间舆论的要求方式不仅影响威尔逊个人，在美国代表团内部也引起相当回响，像美国前远东司司长卫理（Edward T. Williams）就曾以中国山东等地的民意机关、民间团体（“山东省议会、山东教育会与山东省商会”[③]）的来电为理由，要求威尔逊支持中国。

---

① 季辛吉（Henry Kissinger）著，顾淑馨、林添贵译《大外交》上册，智库文化，1998，页 295。

② 《收法京陆总长电》，1919 年 3 月 31 日，《北京政府外交部档案》03—33/150—（1）。

③ “From Edward Thomas Williams to Woodrow Wilson”, April 24, 1919, *PWW*, vol. 58, p. 71.

简言之，分析威尔逊总统以上的发言谈话，可以得知中国代表团舆论宣传对威尔逊的影响，是积极且正面的。然而，如果中国舆论宣传方式正确，威尔逊立场也明显倾向中国，为何威尔逊最终还是向日本让步，做出令中国失望的决定呢？以下进一步将讨论这个问题。

二、威尔逊总统态度转变的原因

威尔逊总统在 4 月 25 日与其随从葛瑞森的谈话中，亲口透露他对山东问题态度改变的主要原因：

> 英国与日本的密约意味着，当必须（与日本）摊牌的时候，英国会与日本站在一起……假如日本拒绝遵守十四项原则，也就表示它将退出和会，英国或许也会退出，加上已经退出的意大利，剩下的就只有美国与法国，如此所有和会的作用都将告失败，包括国际联盟。[①]

威尔逊认为目前胶州租借地处于日本实质占领中，如要强迫日本放弃，就必须动用武力。采取此行动的前提，必须是英、法等国领袖都支持他的主张。在意大利问题上，英国首相路易·乔治和法国总统克理蒙梭的确是“绝对支持”他的主张，但是对于山东问题，他们似乎都在“观望”。威尔逊确信，山东问题摊牌时，路易·乔治会因为与日本的密约，而站在日本的一方。所以在山东问题上坚持的结果，便是日、英、义三国一起离开和会，只剩美、法两国继续留在和会。换言之：

---

① “From the Diary of Dr. Grayson”, April 25, 1919, *PWW*, vol. 58, pp. 111-113.

……假如我（威尔逊）坚持所谓公正与正确的原则，日本、意大利与英国都将不会签署和约，如此我将担负起阻碍世界和平的罪名……我只希望能找出个方法来维持日本的面子问题，并保有国际联盟……[1]

以上即是威尔逊总统考虑山东问题的着眼点。简单来说，威尔逊所以放弃原则而接受日本主张，主要是为了——国际联盟。此外威尔逊又是如看待海内外舆论对于山东问题的反应呢？这点可以由同日（4 月 25 日），威尔逊与美国代表团新闻秘书贝克（Ray Stannard Baker）的谈话中略窥一二。首先是关于意大利问题与山东问题的比较：

中、日问题正在高昂中，总统承认这个问题的重大严重性。

我（贝克）询问他（威尔逊），当他在考虑意大利问题时，是否有同样的困扰，因为许多人都认为意大利的要求与日本的是一样的？他说道："不，并不特别有；不过你点出了一个大家都认为是如此的事实。"

其次是关于威尔逊对其"十四项原则"的态度：

他（威尔逊）告诉我（贝克），他对于他原则（"十四项原则"）的使用与评论，实在没有办法以一笑置之的方式来看待。他已经一再地阅看十四项原则来加深记忆……

最后是关于世界舆论与美国国内公众舆论对于山东问题的看法：

---

① "From the Diary of Dr. Grayson", April 25, 1919, *PWW*, vol. 58, pp. 111-113.

> 今晚我告诉他（威尔逊）有关新闻舆论……对他的赞赏。但是我认为他的情绪却是相当的低落。日本的问题（山东问题）正困扰着他。他说道，“他们（日本代表）并不是在吹嘘，他们会打道回府的，除非我们给他们那些他们不应该得的”。我说道，“世界的舆论是支持中国的主张”。他说，“我知道”。我说，“特别是美国的公众舆论（支持中国）”。他答道，“我也知道，可是假如意大利走了，而日本也走了，那世界联盟会变成怎么样呢？”①

由以上记载，可以确定威尔逊相当在意十四项原则，也常常阅看这些原则以免或忘。他担心别人质疑他是否真的坚持十四项原则，因为众所皆知威尔逊在处理意大利问题与日本问题时，似乎是两样作法。他也清楚世界与美国的舆论都支持中国，换句话说，如果在山东问题上退让，他将遭到海内外舆论的指责。这些问题的严重性，威尔逊并非不重视。可是，在他心中还有更为重要的——国际联盟。他坚信国际联盟是未来世界秩序得以稳定的磐石；如果为了坚持“民主自决”原则而失去国际联盟，将得不偿失。简言之，虽然放弃山东问题会使得威尔逊挂念于心的“十四项原则”的正义性遭受众人质疑，他个人亦会也因此遭受世界舆论的同声谴责，可是对威尔逊而言，这些都不及国际联盟对世界秩序的重要性。

威尔逊决定在山东问题上让步，遭受的压力却不仅限于上述他个人理念的受挫与世界舆论的责难。事实上，美国代表团内部几乎一致地同情中国，反对让步。美国代表团五位全权中，除了威尔逊本人，只有豪斯上校（Colonel Edward M. House）赞成对日让步，

---

① “From the Diary of Ray Stannard Baker”, April 25, 1919, *PWW*, vol. 58, pp. 142-143.

认为“采取会使得日本退出和会的举动，都是错误的”。[①] 其余三位全权（Robert Lansing，Henry White and General Tasker H. Bliss）都无法认同威尔逊的主张。兰辛首先在 4 月 28 日以“日本的主张与国际联盟”为题送了一份内容相当尖锐的备忘录给威尔逊总统，其中提到：

> （关于山东问题）我不得不得到一个结论：一个交易（bargain）已经达成了，那就是日本以同意签订和约来换取（和会）对他们要求的同意。假如是这样的话，这是一个邪恶的协定（iniquitous agreement）。
>
> 很明显的，总统准备这样做来避免日本的拒绝加入国际联盟。这是对民族自决原则的放弃，是将数以百万的中国人从一个外国主子手中交给另一个（外国主子）。这是另一个有违十四项原则、破坏公正和平的秘密协议……
>
> 我认为，与其放弃中国和牺牲我们在远东的尊严……倒不如让日本离开国际联盟。[②]

兰辛甚至和豪斯上校为山东问题发生口头争执。当兰辛对豪斯表示，“将胶州给日本就是出卖一个伟大原则（民族自决）”时，豪斯答道“我们早就已经这样在做了”。兰辛微怒道“没错，是已经在做了，就是这个该死（curse）的和会采用了这样的方法”。[③]

次日（4 月 29 日），兰辛、怀特与布理斯三位美国全权代表私下聚会商讨问题，决定由布理斯将军（General Bliss）出面写信告

---

① “From the Diary of Colonel House”, April 26, 1919, *PWW*, vol. 58, p. 153.

② “A Memrandum By Robert Lansing”, April 28, 1919, *PWW*, vol. 58, p. 185.

③ “A Memorandum By Robert Lansing”, April 28, 1919, *PWW*, vol. 58, p. 185.

知威尔逊总统他们对山东问题的看法。信中，布理斯详述日本继承山东利益的不正当性，他以譬喻方式反问威尔逊，“一个警察发现你的皮夹，他留下皮夹内的东西，只归还空的皮夹，但却宣称已履行责任。假如这样的行为是正当的，日本的要求将被宽容”“如果我们支持日本的主张，便是将中国的民主放弃给日本的普鲁士军国主义”。布理斯在信尾以措辞强硬的字句劝告威尔逊道：“即使是为了和平而去做坏事，也不能被视为是正确的。我们固然渴望和平，但是还有一些东西却是比和平更为贵重的，那就是正义与自由。”①

美国的远东问题专家卫理（美国前远东司司长）也异口同声地反对向日本让步。4 月 24 日，卫理写信向威尔逊总统报告美、英、法三国专家对山东问题看法时，② 他提醒威尔逊“任何租借地问题的解决……都必须根据租借地人民的自由接受（意愿），而不是根据其他国家或人民的军事利益或特权”，他反问“这些有关和平的条件不是已经获得所有国家同意了吗”。卫理指出，同意日本的要求也就违反了上述民族自决的原则。在信末，他说到“山东省议会、山东教育会与山东省商会已经来电恳请你的帮助”，“此时此地这个地区（山东）的人民已经清楚地说出（他们的看法）了”。③

威尔逊的新闻秘书贝克也致送一份备忘录给威尔逊，说道“世

---

① “From Tasker Howard Bliss to Woodrow Wilson”, April 29, 1919, *PWW*, vol. 58, pp. 232-234.

② 在 4 月 22 日下午的“四人会”上英国首相路易·乔治提问到，有关山东问题的处置，是依照中国与日本的协议，还是让日本继承德国在山东享有的原有权益，两者之间，何者对中国较为有利？会后决定将这个问题交由美、英、法三国的专家来检视讨论。卫理就是代表美国出席表达意见的美国专家。

③ “From Edward Thomas Williams to Woodrow Wilson”, April 24, 1919, *PWW*, vol. 58, pp. 70-73.

界的公众舆论，特别是美国与英属殖民地，是同情中国的”，美国对中国的责任在于“美国有特殊的道德责任去提倡所有可能的措施以维护中国的公正”，因为正是美国邀请中国参加战争的；“协约国都有道德责任”去避免做出任何伤害中国之事，因为这种行为，不但会违反他们当初参战的目标，也会危及战后“和平的基础——威尔逊总统所提出的十四点原则”。贝克继续说道，遗弃中国将会使一个有四亿人口的国家对于想要获得“公正与安全”感到“绝望”，同时也会为中国带来他们“所痛恨的军国主义”，更重要的，这会摧毁中国人民对于“理想主义”与美国力量的信心，使他们对西方国家感到愤慨；或许不久后中国便会臣服于日本之手，届时整个“东方都会武装起来，对抗西方”。①

总而言之，威尔逊总统与其他美国代表团成员（豪斯以外）对于山东问题看法的歧异在于：究竟是国际联盟重要，还是民族自决原则重要？虽然在同情中国的立场上，他们之间是无分轩轾的，但是当事情一定得分个轻重缓急、先后顺序时，威尔逊倾向于前者（国际联盟），而其他代表团成员则主张后者（民族自决原则）。这样的区别也是一种理想主义外交与现实主义外交的区别。威尔逊态度的改变，是迫于现实外交（战时密约、意大利退出和会、日本威胁退出等等）的压力，而从民族自决的理想退让下来。但令人讽刺的是，美国代表团就是因为深受威尔逊之前理想主义主张的影响（也可以说美国代表团的成员便是由于受到威尔逊理想主义的主导或感召而汇聚在一起的），而在国际事务的立场上，表现出理想主

---

① “A Memorandum by Ray Stannard Baker”, April 29, 1919, *PWW*, vol. 58, pp. 230-232.

义的色彩。换言之，美国代表团成员们所表现出的理性主义色彩，实际上也就是威尔逊本身过去思维的影子。所以美国代表团的内部之争，也就是威尔逊自己的过去思维与现在思维之争。有趣的是，他说服自己接受退让的理由却是他所谓未来世界秩序的基础——国际联盟。国际联盟是威尔逊理想主义的最具体展现。换言之，威尔逊认为他是为了理想主义（的化身，国际联盟），而屈服于现实外交。然而问题在于，为了实现理想主义而屈服的现实外交，到底属于理想主义呢，还是现实主义呢？美国代表团内部为了山东问题而呈现的矛盾性，在本质上，不过就是上述问题的具体化罢了！

大致而言，虽然代表团内部有不同意见，但是威尔逊的总统身份，注定他是美国外交主张的最高决策者。和会上有关山东问题的争执，也随着威尔逊总统的改变心意而急转直下，受战时密约约束的英、法元首也乐得愿意配合。四人会中争论的主题也不再是日本该不该获得这块租借地的问题，而是在经由日本之手把租借地还给中国时，日本究竟能保有多少权利。换言之，山东问题大势底定，剩下的只有技术性的细节磋商。

小　结

由中国代表团的舆论宣传方式以及巴黎和会上最后有关山东问题的讨论，可以得出一项结论，再成功的舆论宣传也抵不过国际现实环境。观诸和会里山东问题的演变与发展，威尔逊总统的支持，是中国得以持续与日本纠缠力争的基础。威尔逊自始至终是同情中国的，中国代表团努力的方向，也是想办法使威尔逊的同情化为更实际的支持。中国“联美制日”外交方针的成与败几乎系于威尔逊总统个人的意志取向。所以中国代表团的舆论宣传大都是以威尔逊本人及其所宣扬的理念为论述的对象与核心。为了达到上述目的，中国代表团多次利用各种方式去凸显、反应中国内外一致的舆论倾向，有时甚至不惜鼓动、安排、形塑舆论，用意无非是要能呼应威尔逊“民族自决”的主张。然而结果却事与愿违，不论中国舆论宣传多么成功，不论这些宣传多么地深入影响了美国代表团的态度，威尔逊毕竟还是选择向国际现实低头。就中国代表团来说，这是情势使然之故，非外交之罪。

另一方面，在美国驻华机构的积极宣传下[①]，威尔逊与他的“十四点建议”早已成为中国人心中正义与希望的化身。他的“民族自决”主张尤其大动人心，改变以往外交事务是政府闭门之事的旧观念，从此人民、国民、民族等就取而代之地成为国际事务处理上的最大考虑因素，所谓“国民外交”因此产生。威尔逊为中国带来了新的观念、乐观的未来，以致大部分中国知识分子均对巴黎和会寄予厚望。但和会开始后，山东问题发生，日本文攻武吓的动作随即而来，[②] 迫使北京的外交官只能以诉诸舆情的方式来抵御，间接使得中国民情受到相当大的激荡。但是大家还是相信威尔逊会主持公道，支持中国。到了和会即将对山东问题做出决定前，中国代表团为了举国内舆论以为外交之助，又不惜劳师动众鼓励国内各级民意机关、民间团体站出来，向世界以及威尔逊传达中国人民的心声。此举虽然满足了外交上的迫切需求，但却也进一步提高国内的民族舆情的热度，更为中国人民积极参与外交事务作了一次“漂

---

① 见本书第一章第二节。

② 日使小幡酉吉恫吓事件，见本书第四章第三节。

亮”的示范。可惜信奉理想主义的威尔逊为了他心目中一个更高层次的“理想”(集体安全、国际联盟)，不得不牺牲掉“民族自决”原则。一直被威尔逊“理想”引导前进的中国人，一直为外交事务或“民族自决”主张而奋力鼓动国内舆情的外交官们，希望就此落空，遗留下来的，是中国人对巴黎和会的热情，转为不满与激情。既有前例，人民很自然地再度积极参与外交事务，但炮口不再一致对外，而是朝向曾经动员过他们的政府，五四政治运动因此而生。为了威尔逊理想主义、外交事务而高涨不下的国内舆情也就此发生了大分裂，固然仍有部分坚持原有西方理想主义、民主主义的路子，但也有部分愤而改变原有步调，走向马列主义怀抱。

第六章　美国对“中日山东问题争议”后续效应的观察与评估

中日山东问题在巴黎和会上发酵后，除了各国代表团在和会上的彼此辩论角力之外，中国国内各派系也开始有所反应，除一方面采取行动抵制日本，同时也呼吁美国以及其他欧洲国家介入斡旋，支持中国在山东问题上的立场。北京政府大总统徐世昌即曾透过美国驻华公使芮恩施（Paul S. Reinsch，American Minister，Peking），直接寻求美国政府的援助，希望威尔逊总统（President Woodrow Wilson）能支持中国，促使日本尽快明确宣示准备如何处理山东问题，特别是日本准备何时归还胶州湾租界地、何时撤退日本驻军、胶济铁路与其沿线矿产该如何处理，以及经济特权的范围等问题。徐世昌认为日本代表在巴黎和会上对于山东问题处置问题的宣示太过笼统，以至于中国公众普遍充满不确定感，质疑日本的企图，故对于是否要签署和约，抱持很大的质疑。[①]

① “Paul S. Reinsch，American Minister，Peking to the Acting Secretary of State”，May 30，1919，*FRUS* 1919，vol. I，pp. 695-696.

而反对北京政府的西南势力，亦采取相当积极的作为，酝酿反日宣传攻势。广州政府诸领袖即透过美国驻广州总领事馆，希望将陈情电报代为传达给美国总统威尔逊以及英国首相劳合·乔治。在电报中，广州领导当局指控日本以战争威胁为手段，提出“二十一条”要求以及其他秘密协议，不但侵害到中国利益与主权完整，同时也将严重损及其他列强在华的条约权利，以及抵触美国总统威尔逊所揭橥的十四项和平建议。为了远东地区的和平，广州政府恳请威尔逊总统，采纳巴黎和会中国代表王正廷等人的建议，废弃“二十一条”以及秘密协议。[①] 美国国务院也非常重视这些电报，要求美国驻广州总领事馆应掌握广州领导当局的舆情状况，并完整地向国务院回报。不过，国务院也要求广州总领事馆往后在接受此类电报时，也应特别谨慎，因为美国政府不可能代广州当局传递电文。[②]

从上述情况不难想见，在山东问题争议引起的民族主义运动与舆论狂潮冲击下，中国各派系，除了亲日色彩较为鲜明的皖系与安福系外，可能均思寻求美国的协助，透过“联美制日”策略的运用，希望能够在巴黎和会山东问题争议上，取得与日本抗衡的着力点。事实上，美国海军亚洲舰队司令葛利维斯（Admiral Albert Gleaves，Commander-in-chief，Asiatic Fleet，音译）也认为在巴黎和会之后，中国人对于山东问题争议的态度，其实就是希望能够将其纳入中国门户开放政策的范围，并且由美国给予具体的支持，以

---

① 广州当局领导者在给威尔逊、劳合·乔治的电报中，署名的有伍廷芳、唐绍仪、孙中山、唐继尧等人。见“Albert W. Pontius，American Consul，Canton to the Acting Secretary of State”，April 23，1919，*FRUS* 1919，vol. I，p. 690.

② “William Phillips，Acting Secretary of State to Albert W. Pontius，American Consul，Canton”，April 25，1919，*FRUS* 1919，vol. II，p. 691.

抗衡日本的进逼。[①]

但是如果立场互换，改从美国的角度，来观察中日山东问题争议，或许也可发现其他有趣的面向。特别是当时除了中国曾企图利用舆论宣传，来影响美国决策外，日本政府与民间报纸同样也没有束手旁观，相反地，他们也积极发动舆论宣传攻势，一方面反击中国，另一方面也筹思如何制衡美国在此争议上的作为。处在中、日两国舆论宣传战的夹缝间，美国驻华外交使领与海军官员究竟如何自处？尤有要者，美国在华公民团体也没有置身事外，或许是受到中国民族主义运动的感召，或许是获得驻华使领馆的默许与支持，他们也积极涉入山东问题之争，表达对于中国立场的同情与关怀。换句话说，在中、日舆论宣传战的较劲舞台上，美国在华公众似乎也扮演着相当重要的角色，甚至还是中国反日运动的重要推手。这当然也使得美国政府在处理山东问题争议上，更感到棘手。

本章的研究取径，乃是深入探究美国实际在华的第一线人员，包括美国驻华的外交使领、海军官员，以及其他生活在中国的美国民间人士，例如商人、记者、传教士等，他们究竟如何看待此山东议题与公众舆论、群众运动在中国内部的酝酿与发酵，而他们本身又采取（或建议美国政府采取）何种作为或态度，来因应中国此一新形势的重大变化。换言之，本书的研究取向，偏向建构当时“在现场”的美国人，对于亲身见证中国局势演变发展后的观察与评估。而这些第一手的观察评估报告，当逐渐汇整到华府国务院，自然也会逐渐影响到美国政府当局后续的重大决策。

① “Observations on the Situation in the Far East”, Commander-in-Chief, Asiatic Fleet, Vladivostak, to the Secretary of the Navy, February 1, 1920, RIAC 893.00/3314.

第一节 威罗贝对日本在华活动的观察报告

早在一战甫结束，1919年1月，曾任中国政府顾问的美籍学者威罗贝（Westel Woodbury Willoughby）[①] 即将其对于中、日政情发展的观察报告，送交给美国国务院，以作为战后美国制订远东政策的参考。在这份观察报告中，威罗贝回顾一战期间日本政府对于山东问题发表的言论立场，认为在其言之凿凿的宣传口吻下，实则隐藏着帝国主义扩张的野心，如同先前攘夺中国东北地区一样，日本在山东的所为，完全无视于中国的主权，以及其他列强所强调的中国门户开放政策。

究其实际，以中日山东问题来说，当其争议逐渐浮出台面之始，日本政府即已多次试图利用舆论宣传策略，藉由国际媒体对外放话，澄清日本并无海外扩张的野心。例如在对德国宣战前夕的最后通牒中，日本"要求德国必须将胶州湾租借地移交给日本，以备完成归还中国的目的"，但归还中国是日本出兵中国的真正目的吗？时任日本首相大偎重信曾透过日本驻纽约领事馆的半官方言论机构（*The East and West News Bureau*），[②] 向美国人民疏通疑虑，解释

---

① 威罗贝是美国知名的政治经济学者，任教于约翰霍普金斯大学（Johns Hopkins University）。一战期间曾获邀来华演讲，并担任中国政府的政治顾问，对远东国际局势以及中国事务研究涉入甚深。在一战后的国际会议上，威罗贝曾几次担任中国政府的顾问，提供建议。威罗贝曾著有重量级论著，如 *China at the Conference: A Report*（Baltimore: The Johns Hopkins Press, 1922）、*Foreign Rights and Interests in China*（Baltimore: The Johns Hopkins Press, 1927）。

② 此言论机关乃是由日本驻纽约领事馆成立，但委托由日本公民以民间身份经营，以掩饰其官方色彩。见 Christian Collet and Pei-te Lien, ed., *The Transnational Politics of Asian Americans*（Philadelphia: Temple University Press, 2009）, p. 189.

“日本（在战时）所作所为，乃是秉持着明确的良知与正义，也会完全与同盟国协调一致。日本并无领土野心，而希望能够为作为东方和平的保护者”。大偎重信后来又利用公开场合，对外重申日本战时立场，强调日本的战争行动，只是为了自卫以及维护其合法利益，并不会逾越其他非必要的要求。大偎重信也透过给《纽约独立报》（*The New York Independent*）的电报，“以日本首相的身份，向美国人民以及全世界宣称日本并无私心，没有意图要获得更多的领土，也没想过要剥夺中国或是其他民族所享有的东西”。而与日本政府关系密切的路透社（*Kokusai Reuter News Agency*），也在日本政府的授意下，发表了正式声明，强调日本天皇所批准的政策，就是致力于符合与英国的同盟条约、与美国的相关协议以及对中国的承诺。①

威罗贝认为，如果比诸后来日本的实际作为，则会发现上述日本透过舆论宣传途径所一再重申的立场，与真正的事实经过，有很大的出入与疑问之处。威罗贝即指称，日本政府无论如何进行舆论宣传，均无法证明日本军事行动背后是基于良善动机，也无法提供真正令人信服的证据。特别是在对德宣战后，日本在山东采取的军事行动，很明显的逾越正当的程度：日军在青岛外围登陆，占领了由德国私人公司所经营的胶济铁路，日军更向西进军至青岛以西一百多哩的地方，远远超过中国政府所画出的交战区，目的是为了控制德国在山东的煤矿产地。在军事行动后的五个月，日本又提出所谓的“二十一条”要求，内容广泛，除了要求继承德国在山东的利

① “Observations With Reference to Political Conditions in Japan and China”, Second Report of W. W. Willoughby, January 30, 1919, RIAC 893.00/3305 1/2.

益外，还要求沿海港湾岛屿不得租让给第三国，日本并有权兴建从烟台到龙口的铁路，以便与胶济铁路衔接，并在山东沿岸规划新的通商口岸等。日本在最后通牒中，并强调日本牺牲了大量的血与钱，才获取了胶州湾地区，在中国同意日本前述要求下，日本愿意将胶州归还中国。而当战争结束后，事实上胶州湾地区早已完全为日本政府所控制，日本虽然名义上声称愿意将胶州湾地区归还中国，但却又提出条件，主张必须将胶州湾设立一个通商口岸，日本则有权在该口岸设置一个有拥有绝对管辖权利的租界，至于其他列强如有意愿，则可以另外规划一个国际租界。威罗贝指出日本上述所提出的诸多要求在性质上都是相当激烈的。特别是日本为确保其在山东的利益所采取的诸多行为，例如在胶济铁路沿岸设置宪兵队、在济南以及其他地区设立行政机构、控制电报线等。直言之，日本在山东的所作所为，甚至已经超出其宣称的合法利益，日本政府显然刻意放纵这种现象的出现。也因此，毋庸讳言地，日本已严重侵犯到中国人民的权利与利益。日本在东北、东蒙、山东以及福建都有野心，如果不加抑制，日本便会实质控制这些地区。尤有要者，除了前述地区外，即使在其他列强所谓的势力范围内，日本也都在积极地扩张其影响力，掠夺天然资源。[1]

从威罗贝给美国国务院的观察报告中，不难看出日本对于控制山东、染指整个中国的意图，而所影响的范围，也绝对不仅止于中国本身的主权与领土，甚至也部分侵害到其他列强在华的利益，因为日本的行动意图，除了与其他列强竞逐中国资源外，甚至不时带

---

① "Observations With Reference to Political Conditions in Japan and China", Second Report of W. W. Willoughby, January 30, 1919, RIAC 893.00/3305 1/2.

有排他性的垄断性质，也违背了美国所主张的中国门户开放政策。理所当然地，日本利用一战期间对德宣战后的军事与外交所为，极易招致西方列强的怀疑与猜忌，而日本的因应对策之一，即是利用舆论宣传策略，透过国际新闻媒体发声，向美国以及世界澄清并合理化日本的军事行动。战争时期的舆论宣传战对于日本来说，并不陌生，因为自中日甲午战争以降，日本外务省即已开始积极利用金钱攻势，掌握新闻媒体，对外宣传日本的正面形象，以争取国际认同。而威罗贝撰写此份报告的目的，部分原因即可能也是希望能够戳破日本所营造的国际舆论形象，揭露日本在华的侵略本质。① 事实上，回顾历史，威罗贝认为，从日本过去对中国及其人民的举止来看，已充分证明日本人认为无论在政治上或道德上，均不会给予中国人尊重，也因此日本穷尽所能地试图影响并控制中国，并漠视中国的利益以及中国门户开放政策。在历史上，自美国提出中国门户开放政策以来，1900 年至 1905 年的短暂期间，日本或许曾经一度拥护此政策，也展现出对于中国的真挚友谊。但显然好景不长，

① 中日甲午战争期间，日本即曾利用商业委托手段，间接控制舆论论调，让《泰晤士报》、路透社等国际媒体，替日本政府宣传与发声。見《在英公使青木周藏ヨリ外務大臣陸奥宗光宛英文電文》，1894 年 7 月 2 日，以及《在英公使青木周藏ヨリ外務大臣陸奥宗光宛英文電文》，1894 年 7 月 23 日，日本外務省外交史料館藏《外務省記錄》，《日清戦役二際シ外国新聞操縦関係雑纂》，B—5—2—18—9。（以下简称日本《外务省记录》）。亦可参见笔者先前的研究，见应俊豪《甲午战争期间日本对英新闻舆论宣传策略》，香港康乐及文化事务署、香港海防博物馆、香港浸会大学历史系、香港浸会大学近代史研究中心、香港中国近代史学会举办，“第四届近代中国海防国际研讨会”，香港，2015 年 3 月 6—7 日。事实上，威罗贝在评估报告中，即特别指出日本政府与路透社关系密切，该通讯社所发布有关日本与山东利益的消息，明显即是由日本政府刻意发出。见“Observations With Reference to Political Conditions in Japan and China”, Second Report of W. W. Willoughby, January 30, 1919, RIAC 893.00/3305 1/2.

在日俄战争以及《朴茨茅斯条约》签署后，日本很快地即抛弃了上述政策。因为日本领导者从中看到了甜头与无限的机会，故积极致力于扩张在中国与东亚的势力，冀图成为世界列强。自此以往，日本的国防政策有了巨大的变化，也从原先的自我防卫性质，逐渐转变为向外扩张的帝国主义。威罗贝坦承，任何一个国家运用适当手段，致力于扩张其政治影响力与权力，行为本身不应受到谴责，但是这样的作为，却不该建立在牺牲其他国家人民的利益上。事实上，日本为了扩张其势力，无所不用其极，完全不在乎过程中是否会牺牲其他国家的利益，而且对于这样的扩张侵略，也没有丝毫良心上的不安，一切日本几乎都视为是理所当然。显而易见的，日本确实是在学习过去普鲁士扩张侵略的铁血政策，以牺牲其他国家，尤其是中国，来换取其国力的提升。然而，普鲁士以牺牲他人成就自己的成功模式，却不被当时的国际社会所认可予接受。[①]

第二节　美国驻华使馆对于战后中国整体情况与群众运动发展的观察与评估

关于巴黎和会山东争议对中国内政现况的影响冲击，根据美国驻华公使馆给国务院的报告，确实已在地方社会与群众间引起重大变化。特别是五四政治运动发生后，反日舆论极度高涨：

> 愤怒、沮丧、失望感充斥整个中国，抵制日货运动也已在许多地方展开。某些地区，特别是在上海，恐怕会有普遍性的

① “Observations With Reference to Political Conditions in Japan and China”, Second Report of W. W. Willoughby, January 30, 1919, RIAC 893.00/3305 1/2.

排外运动，因为日本方面已证实其他列强将会支持日本。上海南北和平会议已告中断，双方代表都已请辞。这些代表在请辞前提出了八项声明，如拒绝承认巴黎和会山东问题决议、撤销中日军事参战军等。①

美国驻华公使芮恩施认为，整体而言，中国反日情绪多反映在抵制日货的行动，但在广州也有零星出现对日本人的直接暴力攻击事件。而在学生与商人的共同合作下，在长江流域以及华北地区都已出现有组织的反日团体。在北京，虽然已有宪兵出来压制群众情绪，逮捕数百名抗议份子，但情势依然严峻。中国群众的反日运动，除了直接针对日本人外，也开始攻击那些出卖国家利益、所谓的亲日派。② 因此北京的情况虽然看似平静，实则暗潮汹涌，故美国驻华公使芮恩施认为情势相当复杂。表面上，在强大反日运动的推动下，北京政府已经下令解除亲日派交通部次长曹汝霖、币制局总裁陆宗舆、驻日公使章宗祥等三大卖国贼的职务。无论是大总统徐世昌，还是安福系控制的国会，似乎均不敢撄舆论之锋，以免被打为卖国贼。不过，芮恩施相信，学运与群众力量势不可挡，政府内部的亲日势力会被排除出去，届时罢工、罢学、罢市等群众运动应该就会逐渐缓和下来，秩序也会恢复。③

---

① “Paul S. Reinsch, American Minister, Peking to the Acting Secretary of State”, May 16, 1919, *FRUS* 1919, vol. I, pp. 691-692.

② “Paul S. Reinsch, American Minister, Peking to the Acting Secretary of State”, June 7, 1919, *FRUS* 1919, vol. I, p. 696.

③ “Paul S. Reinsch, American Minister, Peking to the Acting Secretary of State”, June 9, 1919, *FRUS* 1919, vol. I, pp. 700-701; “Paul S. Reinsch, American Minister, Peking to the American Consul General, Shanghai”, June 10, 1919, cited from “Paul S. Reinsch, American Minister, Peking to the Acting Secretary of State”, June 24, 1919, *FRUS* 1919, vol. I, pp. 708-712.

在美国驻华公使馆1919年第一季报告中，即相当深入地评估巴黎和会前后中国公众在心态上的转变。巴黎和会召开前，中国公众普遍对其寄予厚望，认为在和会的协助下，中国应可以直接自德国手中收回胶州湾租借地以及山东利权。之后顾维钧在和会上精彩地申明中国在山东问题的立场等好消息传回中国后，更是激励着人心。虽然日本一度尝试透过驻华公使小幡酉吉直接对北京政府进行外交恫吓，威胁应约束中国代表团在巴黎和会上的言行，且不得日本同意前，即径自公布中日密约，否则将面临日本海陆大军的威胁。但是小幡的恫吓行动，不但没有达到约束中国代表团的目的，反倒适得其反，进一步刺激中国公众舆论，反日倾向也更加明显。而且中国代表团在舆论的支持下，也继续推行其外交策略，争取直接收回胶州湾以及山东利权。这股收回山东的浪潮，除了受到中国公众舆论大力推动外，同时也影响到其他外国在华公众舆论，他们也都表态支持中国立场，主张中国由德国手中取回山东。

事实上，美国驻华公使馆也分析，在过去几年里，中国外交政策一直以对日关系为主要重心，而中国与其他国家的关系，也都是以配合与因应中日关系而做调整。但是巴黎和会提供一个绝佳的契机，让中国有机会可以依赖其他列强的帮助，来抗衡日本的侵略行为。也因此，无论是巴黎和会，还是后来准备成立的国际联盟，都极度吸引着中国人的目光，如何援引国际势力来制衡日本，也就成为当时中国对外施为的关键核心。而在这些赖以制日的国际势力中，美国毋庸置疑地就是中国人最重视的合作对象。美国总统威尔逊在战时宣扬的理念，特别是民族自决主张，让中国人深信是为弱势国家发声，也因此他们普遍认为美国在战后和会上，会挺身而出为中国争取权利。影响所及，美国在中国人心中的声望，也达到历史上的高峰。中国极度亲美，对于美国所提各种方案，都抱以相当大的认同与支持。中国人信爱美国，也认为只要跟着美国走，在美国支持下，中国将可以取回他过去所失去的权利。[①]

然而，最终巴黎和会与美国却未能给予中国企盼已久的东西，日本的主张获得认可，而中国依旧未能收回胶州湾租借地与山东利权。高度期望与后来外交失败间的巨大落差，导致中国公众舆论怒火的爆发。在 1919 年第二季报告中，美国公使馆即指出山东问题所激起的群众怒火，几乎横扫全国，这是近代中西接触以来首见。不过，相当令美国公使馆关注的，是中国公众显然并未将巴黎和会的失败，归咎于西方国家，或是演变成排外行动，因为不但他们几乎没有公开指责美国，甚至连对英、法等国的仇恨言论也都很少。反之，他们仍继续向西方国家寻求援助，外国在华各社群团体均收到大量中国百姓的请愿书信。事实上，中国公众舆论将愤怒情绪，对向了其他另外两个对象：其一是北京政府内部的亲日派官员，中国公众普遍认为由于其错误的决策，出卖国家主权，导致无法顺利收回山东；其二，则是对向日本，痛恨日本的侵略以及贪得无厌，开始采取各种举动，来表达对日本的愤怒。在知识分子与学生带领下，商人、工人等各行各业也随之加入打倒卖国贼与反日行动，在有计划有组织的舆论宣传下，“外争国权、内除国贼”的口号响彻云霄，抵制日货也如火如荼地进行着，中国反日运动取得前所未有的动能。中国公众设定的第一个目标，亦即打倒卖国贼，后来随着曹汝霖、陆宗舆、章宗祥等人被迫去职而告完成。但第二个目标，

① “Report on Political and Economic Conditions for the Quarter Ending March 31, 1919”, Paul S. Reinsch, American Minister, Peking to the Acting Secretary of State, June 6, 1919, *FRUS* 1919, vol. I, p. 335.

反日以及抵制日货运动则方兴未艾。特别是在有组织公众舆论的推波助澜下，已成为一股强大的政治实力。美国公使馆注意到中国反日运动有一定的运作模式，整体而言，除了上海、广州等少数情况外，并不要求以暴力攻击个别日本人，而是倾向透过有秩序、有组织的方式，来抵制日货。而抵制日货运动，主要由学生与商会团体负责组织运作，除了拒买日货外，还包括抵制日船。美国公使馆评估这波抵制日货运动影响甚大，该期间日本在华贸易减少约七成左右。①

因此，美国驻华公使芮恩施观察到此波中国反日运动背后所体现的重大变化，有一些现象值得美国特别关注：

> 商会与学生全国性的运动，已经催生出一种前所未有的组织，以及影响到全中国的公众舆论陈述。如果一切顺利的话，一种真正的国家（意识）的再现，将会由此衍生而出……而追求国家统一的基础，也将会比南北军阀间的角力，更为健全。②

之后，芮恩施又再次向美国国务院强调，山东问题之争已经“在中国催生出一种有组织的公众舆论，能够对政府施加特定压力，并推动实际行动”，故也引起在华外人的普遍关注，他们认为中国“商业界以及知识界（学界）的领袖，已有能力带动社会大众、工厂工人、运输工人等”一起加入抗争行动。这种事态的演变，也使得对于在华外人社群非常有影响力的英文报纸《字林西报》（*The*

---

① “Report on Political and Economic Conditions for the Quarter Ending June 30, 1919”, Paul S. Reinsch, American Minister, Peking to the Acting Secretary of State, September 10, 1919, *FRUS* 1919, vol. I, pp. 364-368.

② “Paul S. Reinsch, American Minister, Peking to the Acting Secretary of State”, June 9, 1919, *FRUS* 1919, vol. I, pp. 700-701.

North China Daily News）逐渐改变态度。原先该报对于中国民族主义运动的态度仍比较保守，认同英国驻上海总领事以及上海公共租界工部局的“狭隘政策”（“narrow policy”），倾向介入处理群众运动。但是近来《字林西报》则明显改弦易辙，在其1919年6月21日的社论中，转而肯定中国民族主义运动的重要性，及其对中国未来发展的关键性作用。①

所以，美国驻华使馆评估在巴黎的中国代表团之所以拒签对德和约，主要的原因可能与北京政府的最终训令并没有太大的关系，而应该是顾虑到国内强大的公众舆论影响所致。特别是五四期间“打倒卖国贼”的行动，中国群众不但要求免除曹、陆、章等亲日派官员的职务，还肆意地对其施加暴力攻击，这意味着中国公众舆论对于维护国家主权的坚定立场，甚至不惜以暴力手段来制裁任何有损主权的政府官员。在寒蝉效应影响下，中国代表团如果不顾山东权益之争，而签署和约，届时必须面对公众舆论的强烈谴责，其回国时恐将遭到如同亲日派官员一样的下场，除了遭受到暴力攻击外，其公职生涯可能将因此告终。② 基于类似的政治盘算，大总统徐世昌声称巴黎和会签约问题须诉诸全民公决，而非由国会决定；

---

① 芮恩施在给国务院的报告中，特别提及在中国地位崇高的意见领袖张謇也出面关注山东问题之争。在其给大总统徐世昌的信件，张謇已明确指出中国目前所处的困境，与北京政府内部的亲日派（皖系、安福系）脱离不了干系，实难辞其咎。故芮恩施评估如果中国群众持续推动反日运动，打倒政府内的亲日势力，届时像张謇等优秀的意见领袖们，未来也可能都会挺身而出参与政治，这也有助于中国代议政治的形成。见“Paul S. Reinsch, American Minister, Peking to the Acting Secretary of State”, June 24, 1919, *FRUS* 1919, vol. I, pp. 708-712.

② “Report on Political and Economic Conditions for the Quarter Ending June 30, 1919”, Paul S. Reinsch, American Minister, Peking to the Acting Secretary of State, September 10, 1919, *FRUS* 1919, vol. I, pp. 364-368.

而国会后来虽通过拒签和约的决议，同样也应该是为了避免扛下山东问题失败的责任。[1] 换言之，是民间公众舆论，而非政府决策，最终督促并主导了中国在山东问题上的方向。

其次，美国公使馆也关注到中国政局南北对立、派系之争的情况，也随着反日运动的高涨，而有加剧的现象。特别是北京政府背后的军阀，恐怕还另有图谋。传言他们可能仿效民国初期袁世凯对付国民党的做法，故意纵容北京驻军兵变，以凸显必须仰仗他们来约束军队、稳定局势。[2] 美国公使馆分析，控制北京政府的安福系，过去几年在日本的支持上，显得盛气凌人，主张要对南方政府施加军事压力。而南方政府领袖则心灰意冷且危在旦夕。美国公使芮恩施即认为一旦日本得逞宰制中国，且英、法都屈服的话，则美国即使反对恐也枉然。日本似乎有计划地在破坏美国以及西方国家在中国的威信。除了日本报纸在恶意中伤美国外，日本在华使领机构也开始采取行动，例如日本驻南京领事即告知中国官员，在英、法表态支持日本下，威尔逊已在巴黎遭受到重大挫败。尤令芮恩施担心的，是日本政府的两面手法，一方面破坏中国人对美国的信赖，另一方面则利用亲日派系为工具，鼓吹中日亲善，加上军事反动势力（皖系）掌握着权力，中国倒向日本的态势恐将日益明显。民间反日的运动，也会被指责为扰乱社会秩序安定，而遭到镇压。任何不利于日本利益的行动或主张，日本将透过其在华的代理人出面处理。例如国际银行团即使提出整顿中国财政的完整计划，也会被这

---

① "Paul S. Reinsch, American Minister, Peking to the Acting Secretary of State", June 9, 1919, *FRUS* 1919, vol. I, pp. 700-701.

② "Paul S. Reinsch, American Minister, Peking to the Acting Secretary of State", June 9, 1919, *FRUS* 1919, vol. I, pp. 700-701.

些人污蔑为侵害中国的主权。如果中国无法从国际银行团获得援助，情况将会对日本更为有利，因为届时日本可以透过中间代理机制，再以金钱援助特定亲日派系，从而控制中国。值此危急时刻，如果以美、英为首的西方国家再坐视不管的话，日本将得遂其图谋，进一步稳固其在华势力。因此，美国公使馆认为美、英应挺身而出，鼓励并支持中国的独立力量，以抗衡那些受到日本指使与支持的亲日派份子。[1] 否则，万一巴黎和会因和议延宕不决，战胜国若无法及时与德国针对战后善后条件达成协议，列强自然必须持续将关注力集中于欧洲，无暇东顾中国问题，届时日本政府恐将利用此时机，与亲日的北洋军阀合作，由日本提供经费以及其他支持，动用武力镇压反日运动。这也是中国公众最担心的事情。[2]

所以，美国驻华公使芮恩施坚持要化解中国日益高涨的群众运动，不该采取强制的镇压行动，反而应该思考未来如何调整山东问题决议案，以还给中国人一个公道。此时此刻，日本政府已强烈感受到中国反日运动所造成的紧张情势，如果群众运动持续下去，日本政府或许也将被迫调整态度，对美国来说，也是有利之事。[3] 为了确认列强能够在处理中国民族主义运动时齐一阵线，避免卷入反日运动的怒火之中，成为中国人敌视的对象，美国驻华公使芮恩施

① “Paul S. Reinsch, American Minister, Peking to the Acting Secretary of State”, May 16, 1919, *FRUS* 1919, vol. I, pp. 691-692.

② Paul S. Reinsch, American Minister, Peking to the Acting Secretary of State, June 7, 1919, *FRUS* 1919, vol. I, p. 696.

③ “Paul S. Reinsch, American Minister, Peking to the Acting Secretary of State”, June 9, 1919, *FRUS* 1919, vol. I, pp. 697-698. 关于日本社会因为稻米短缺所造成的骚动，及其与中国反日运动之间的关系，也引起国务院的重视，要求美国驻日大使馆进一步调查。见 “Acting Secretary of State to Roland S. Morris, American Ambassador, Tokyo”, June 10, 1919, *FRUS* 1919, vol. II, pp. 699-700.

也特地与英、法国公使协商，取得共识与谅解，除了防止暴力行为出现的必要作为外，将不会采取镇压措施来处理群众运动。因为美、英、法三国公使都相当清楚，在中国民族主义情绪极度高涨之际，列强如出面对抗群众运动，将是极其不智的决定。[①]

尤有要者，一战期间美国在华享有的极高声望，也可能受到山东问题的拖累而告降低。虽然五四期间在华美国人对于中国民族主义运动的支持，以及美国公使馆不主张以武力压制中国群众运动的立场，博取不少中国公众的认同。但毋庸讳言的，日本在巴黎和会山东问题上的外交胜利，还是会对中国公众造成极大的失落感，认为长期深受中国人信赖的美国，没有在关键时刻支持中国。除了山东问题的挫败感外，如果在接下来的国际银行团援助中国计划，仍然由于日本的从中作梗而告胎死腹中，美国也没有采取实际行动在财政上支持中国的话，美国驻华公使馆担心过去几年美国辛苦在华建立的形象，恐怕因此遭到更大的打击。届时在中国公众的心中，美国或许仍是一个友善的国家，但却没有实际能力帮助中国。为了避免这种情况发生，纵使无法在山东问题上协助中国翻案，美国在经济援助上，还是应该尽其所能地提供支持。特别是中国政府内部的亲美势力不容小觑，他们一直企盼并寻求美国的支持，而不愿接受日本的经济提携。但是他们对于美国究竟愿意帮助中国到什么样

① 当时芮恩施向英、法两国公使馆表达列强应避免介入中国民族主义运动的建议时，法国公使立刻赞同，但英国方面，因公使朱尔典适巧不在北京，英国使馆官员原先不敢应承美国提议，但在朱尔典赶回北京后，也立刻意识到中国局势的紧张，赞同不介入中国群众运动。见 "Paul S. Reinsch, American Minister, Peking to the American Consul General, Shanghai", June 10, 1919, cited from "Paul S. Reinsch, American Minister, Peking to the Acting Secretary of State", June 24, 1919, *FRUS* 1919, vol. I, pp. 708-712.

的程度，却没有太大的信心。所以，如果在财政、经济等议题上，美国依然无法向其展现积极的态度，或许也会导致中国政府内部亲美与亲日派势力的消长。[1]

第三节　美国驻华海军与使领馆对于上海抵制日货与罢工运动的观察与反应

1919 年 6 月初，美国海军驻上海情报官（Naval Intelligence Officer，Shanghai）注意到上海情势的巨变，在其给驻华公使馆的报告中，即强调民众大罢工行动在即，上海公共租界工部局因担心怕罢工扩大，已准备驱逐租界内所有佩戴罢工徽章的中国人。美国海军情报官预测如果反外情绪继续累积的话，恐怕将会引起排外暴动。特别是日本为了因应此局势已增派海军来华，这又更加激怒了中国舆情。美国海军情报官认为日本的意图相当明显，即是想要将所有外人一同卷入，共同分摊现在专门针对日本的反日舆情。所以只要上海公共租界采取强制措施，出现镇压罢工运动，就能让日本阴谋得逞，因为届时中国人将会认为所有外人与日本人是同路人。为了避免上述情况出现，美国海军情报官建议美国当局应谨慎处理，虽然暂时无须采取反日态度，但还是应该与日本作一切割，以免遭到中国愤怒舆情的波及，惨受池鱼之殃。换言之，在具体作为上，美国应将上海罢工运动视为是中国内政问题，不应介入处理或镇压。美国海军情报官也反对此时列强共同增兵上海，因为如此恐

---

① “Report on Political and Economic Conditions for the Quarter Ending June 30，1919”，Paul S. Reinsch，American Minister，Peking to the Acting Secretary of State，September 10，1919，*FRUS* 1919，vol. I，pp. 368-369.

将更加刺激中国舆情，而日本大举增兵上海之举，也只会让美、英等国卷入危险局面。故当下最好的处置策略乃是列强共同采取克制态度，日本先停止其增兵行动，其他各国海军也仅保持一艘军舰驻防上海，就足以处理不时之需。[①]

美国海军驻上海情报官的报告，当然也引起驻华公使芮恩施的关注，他立刻要求美国驻上海总领事处理此事，不得出面制止或镇压罢工运动，以避免引起更为广泛的排外运动，也防止美国卷入与中国民族主义运动对抗的情况出现。因此，芮恩施命上海总领事应该发挥其影响力，与其他国家领事以及租界工部局共商因应对策，并尽可能节制警察行动，以免游行抗议示威最终演变成群众暴动。[②]

但是上海方面的局势依然十分紧张，上海商会联合会以及其他地区的商会组织也感受到紧绷的情势，已电告北京政府除非罢黜亲日官员，否则可能引起更大规模的普遍性暴动。为了避免学生运动进一步发酵，上海英美公共租界工部局已下令不准学生着制服进入租界，法租界工部局也采取类似措施。更为棘手的是，中国抵制运动也可能连带引起日本社会的骚动。法国驻日大使即观察到，日本既有稻米短缺问题造成的社会不安，可能受到中国反日运动进一步的撩动，故日本政府将会督促中国当局采取更为强硬的手段来镇压群众运动。[③]

---

① "American Naval Intelligence Officer, Shanghai to Paul S. Reinsch, American Minister, Peking", cited from "Paul S. Reinsch, American Minister, Peking to the Acting Secretary of State", June 9, 1919, *FRUS* 1919, vol. I, pp. 696-697.

② "Paul S. Reinsch, American Minister, Peking to the Acting Secretary of State", June 9, 1919, *FRUS* 1919, vol. I, pp. 696-697.

③ "Paul S. Reinsch, American Minister, Peking to the Acting Secretary of State", June 9, 1919, *FRUS* 1919, vol. I, pp. 700-701.

但美国驻华公使芮恩施依然还是重申前调，力持反对意见。他认为如果采取强制手段，中国群众情绪可能受到进一步的刺激，而使得局势更不易控制。而日本的图谋，不过乃在于将英美等国与日本绑在一起，藉由强调列强在华共同利益的重要性，鼓吹向中国当局进行干涉，镇压群众运动。如此，中国群众愤怒之火，将会从原先单独针对日本，转向其他国家，从而使得英美等国被迫承担日本本身应该负责的恶果。[①] 特别是日本在华的代理人，势将尽其所能地引导中国公众舆论，去敌视其他外国人，尤其是英国与美国人。可能在日本的指使下，故意散播带有反英美宣传意味的小册子，例如强调英国对于西藏的野心，以及宣称卖国贼与英美勾结准备将中国的铁路转移到美英两国手中。更令芮恩施担心的是，除了日军在上海的武吓行动外，上海租界当局也将采取类似动作，压制群众运动。芮恩施指责上海公共租界当局被“狭隘的商业主义”所控制，也因此中国人抵制外货运动，逐渐由日货波及英货，故他认为必须制止这种狭隘的心态。[②]

事实上，为了制止上海公共租界工部局介入镇压群众运动，芮恩施在 6 月 7 日、9 日（一日两次）、11 日，连续四次以电报联系美国驻上海总领事萨孟斯（Thomas Sammons，American Consul General，Shaghai，音译），关注上海公共租界内群众运动的演变态

---

① “Paul S. Reinsch，American Minister，Peking to the Acting Secretary of State”，June 9，1919，*FRUS* 1919，vol. I，pp. 697-698. 关于日本社会因为稻米短缺所造成的骚动，及其与中国反日运动之间的关系，也引起国务院的重视，要求美国驻日大使馆进一步调查。见“Acting Secretary of State to Roland S. Morris，American Ambassador，Tokyo”，June 10，1919，*FRUS* 1919，vol. II，pp. 699-700.

② “Paul S. Reinsch，American Minister，Peking to the Acting Secretary of State”，June 9，1919，*FRUS* 1919，vol. I，pp. 700-701.

势，明确表示美、英、法三国公使已达成不介入镇压群众运动的基本共识，并要求萨孟斯必须竭尽所能地阻止上海公共租界当局对中国民族运动采取任何镇压的行动：

> 你应努力沟通其他领事以及工部局当修正这样镇压的行动。我们应该尽量避免卷入到中国民族运动的对立面，除非演变实际的暴力行为，或是示威游行变质为暴动时，才需要采取必要的警备行动。但如果只是抵制（日货）运动，很幸运的，这并非我们的事情。①

芮恩施之所以要美国驻上海总领事竭力避免涉入镇压到公共租界内的民族运动，乃是因为担心美、英租界当局一旦介入，中国民族主义的愤怒之火，也将从原先的单一对日本，波及英、美，这绝非美国所乐见。即是之故，芮恩施指责上海公共租界工部局的镇压政策，“带有着非常恶意的成分”。由于美国在上海公共租界享有重大权益，故必须格外谨慎小心，不能因为工部局的错误决策，而损及美国的利益，故芮恩施也决定与英国驻华公使朱尔典进一步沟通，希望能够制止上海事态往不好的方面发展。②

美国驻上海总领事萨孟斯接到指示后，即积极疏通上海领事团内的其他国领事，主张不要介入中国群众运动，但英国以及比利时

---

① “Paul S. Reinsch, American Minister, Peking to the American Consul General, Shanghai”, June 10, 1919, cited from “Paul S. Reinsch, American Minister, Peking to the Acting Secretary of State”, June 24, 1919, *FRUS* 1919, vol. I, pp. 708-712.

② 关于上海公共租界该如何处理群众运动的争议，美国在华报纸《大陆报》（*The China Press*），也提出不同的看法，主张由上海领事团出面组织一项公开调查，除了讨论该如何因应罢工问题外，也应同时检讨租界本身的防卫机制到底如何运作，又该由何人主导。见“Paul S. Reinsch, American Minister, Peking to the Acting Secretary of State”, June 24, 1919, *FRUS* 1919, vol. I, pp. 708-712.

总领事仍认为不应准许中国学生团体回到其位于公共租界内的据点。为了防止学生与群众运动失控，英国海军曾派遣一艘炮舰驻防在上海海关附近，但美国总领事萨孟斯担心万一英国炮舰采取武力介入，恐引起重大危机，况且英国海军炮舰在场，也极易引起中国群众的疑虑，加深对英、美的敌意，故曾紧急与英国总领事协商，希望暂时撤退炮舰。但萨孟斯的要求，却遭到英国总领事的婉拒，并指称该舰的调度乃由英国海军驻上海情报官负责，并不归总领事节制。所幸后来因为北京传来消息，证实政府内部亲日派曹汝霖、陆宗舆、章宗祥等三大“卖国贼”已经去职，等于顺应了中国群众的主要要求，故上海紧张的情况立即获得舒缓，学运与罢工也随之结束。中国民族主义运动在表达意见过程中，展现的自制与理智行为，也获得上海外国人一定程度的尊重。①

特别是上海群众运动组织的领袖们，也已经在抗争过程中展现出其不凡的面向。根据美国公使芮恩施的观察，从署名“上海市民联合会”给美国驻上海总领事萨孟斯的信件内容中，即可以发觉其领袖们敏锐的判断力。他们没有不分青红皂白地把所有外人视为一个整体，相反地，他们有能力可以仔细区分出那些对于中国带有真挚情感的美、英人士，以及对中国群众运动的采取敌视立场的上海公共租界工部局，所以并不会因此随意迁怒于美、英人士。而且他们也极力避免另生事端，非常小心谨慎地处理抗争运动，尽量避免与英、美等国当局发生冲突，以及影响到外国在华利益。虽然外界

① 随着三国贼去职，上海学运与群众运动也暂告停止，但抵制日货运动则仍持续进行。后来上海公共租界巡捕在处理抵制运动时，还是有造成部分华人死伤的情况出现。见“Paul S. Reinsch, American Minister, Peking to the Acting Secretary of State”, June 24, 1919, *FRUS* 1919, vol. I, pp. 708-712.

盛传中国反日运动如果继续发展下去，恐将扩大成为普遍性排外运动，但这应该只是日本的阴谋，或是少数误判形势的英国记者所造成的。归根究底，日本一直试图操纵舆论，透过双面手法，影响中外人心，一方面积极向中国群众散播西方列强与日本在山东问题上的共犯结构，以鼓动中国群众转向敌视其他西方国家，另一方面则致力于影响西方国家百姓对于中国群众运动的观感，刻意营造中国排外的印象。如其阴谋得逞，将会导致中国与西方国家之间的矛盾与冲突，从而让日本获利，并从中国反日运动中脱身。因此，如果列强未能妥善处理山东问题之争，日本又继续在旁煽风点火，未来可能使得中国群众运动的方向，往对美国不利的情况走去，演变成普遍性的排外运动。①

简言之，上海公共租界工部局为了有效维持秩序，自然倾向制止在租界内出现任何形式的群众示威行动。但是工部局一旦选择动用武力介入并制止群众运动，双方之间即可能爆发流血冲突，这也将导致中国公众原先专门针对日本的运动目标变质，甚至演变成集体排外行动。根据美国驻华公使馆的分析，历经巴黎和会山东问题争议的失败刺激后，中国公众舆论与群众运动情绪均十分激昂，也极力寻找宣泄攻击的管道与对象。而其之所以没有将对西方国家的

---

① "Paul S. Reinsch, American Minister, Peking to the Acting Secretary of State", June 24, 1919, *FRUS* 1919, vol. I, pp. 708-712. 事实上，根据美国驻华使馆的报告，上海公共租界即谣言纷传，甚至有指日人故意在水井下毒，也有指日人在贩卖的食物上喷洒成分不明的白粉。散播这些谣言的目的不明，但极可能进一步激化中、日群众之间的冲突，从而将租界工部局也卷入其中，无法置身事外。见 "Report on Political and Economic Conditions for the Quarter Ending June 30, 1919", Paul S. Reinsch, American Minister, Peking to the Acting Secretary of State, September 10, 1919, *FRUS* 1919, vol. I, pp. 364-368.

失望与背叛感，转换成为普遍排外，主要原因即是群众运动的领导者，特别是知识分子以及学生领袖，极力约束群众运动。这些意见领袖十分清楚外国在华公众对于目前中国处境的同情态度，也知道与所有外国决裂，非但不能解决问题，反而会造成群众运动被孤立，甚至造成流血冲突。所以他们将群众运动目标专门只对向日本，即是为了避免与其他欧美列强发生不必要的冲突。但是上海公共租界当局如果持续对中国群众运动采取敌视态度，甚至动用警力或军力，镇压群众运动，一旦擦枪走火，造成群众重大死伤，届时将更难以控制局面。这也是美国驻华公使馆最不乐意见到的结果。

第四节　美国在华社群对“山东问题”争议的倾向

当中日山东问题在巴黎和会引起重大争议后，由于中国公众舆论渐趋激昂，在华的美国人社群更是亲身感受到中国民族主义意识觉醒后的巨大力量，故纷纷对国务院以及巴黎和会美国代表团提出建言，希望美国当局应关注中国民族舆论的发展，担忧如美国继续漠视此一态势，恐怕将引起中国局势的巨大变化，不但日本可能趁机控制中国政治，而一般百姓也可能由于强烈感受到被背叛的激愤心理，开始敌视美、英等西方国家，从而刺激出反外、排外运动。

与美国驻华使领机构关系密切、设立在上海的“美国在华商会”（American Chamber of Commerce of China）[①]，即从商业机会均等等角度切入，认为一旦让日本得遂其野心，继承德国在山东的利权，不但恐将破坏美国一直倡议的中国“门户开放”政策，也会让日本得以继续利用亲日的军阀派系，间接宰制中国政局，故决定介入“中日山东问题”之争，并委托美国驻华公使芮恩施将商会声明送交给美国总统以及国务卿：

> 在华美人非常关注（巴黎）和会要将山东利权给予日本之事，虽然日本宣称会将此利权归还中国，但是除非这些宣称能够获得保障，否则所有维持门户开放、投资机会均等等主张都将沦为废纸。而中国也将会被由日本所控制的军阀主义所侵蚀，从而导致整个世界陷入另外一个重大的灾难。[②]

从上述声明中，不难看出美国在华商会表态与中国同一阵线，并督促美国政府应挺身而出严肃关注日本在山东问题上的作为，维护美国向来坚持的中国“门户开放”政策。美国商会的要求，经由华盛顿国务院的转达，随即获得在巴黎美国代表团的响应，国务卿兰辛（Robert Lansing，the Secretary of State）乃奉威尔逊总统之

---

① “美国在华商会”于1915年6月成立于上海，推手是美国驻上海总领事萨孟斯，许多重要美国在华企业主都是该商会的创始委员，包括大来公司（Robert Dollar Company）、美孚石油公司（Standard Oil Company）、胜家缝纫公司（Singer Sewing Machine Company）、美国钢铁公司（US Steel Company）等。除了上海总领事萨孟斯外，美国驻华公使、代办以及领事等也均是该商会的荣誉会员。关于“美国在华商会”的成立背景及其重要性，见吴翎君：《美国大企业与近代中国的国际化》，联经，2012，页4—5。

② “American Chamber of Commerce of China to the President and the Secretary of State”, cited from “Paul S. Reinsch, American Minister, Peking to the Acting Secretary of State”, May 22, 1919, *FRUS* 1919, vol. I, p. 694.

命，表达将会慎重考虑此案的态度。[①] 整体来说，美国在上海的商业社群，从一开始即相当同情中国民族主义运动，主张列强不应介入镇压群众运动，致力于维护中美之间的传统友谊。[②]

除了商会外，在华的美国传教团体同样也极度同情中国的立场。美国海军亚洲舰队总司令葛利维斯在给海军部的报告中，也坦承美国传教团体不但同情中国的学生运动，并给予其实际支持。例如美国基督教青年会（Young Men's Christian Association，YMCA）在华的活动，即明显带有上述倾向，也因此引起日本方面的忌惮。[③] 事实上，由两百名英、美传教士组成的北京传教协会（Peking Missionary Association）甚至还通过决议案，决定分向英国与美国两国政府递交陈情书，具体指出中国现在由于对巴黎和会失望而出现的全国性运动，一旦英、美等国仍继续忽视其要求，恐将引起重大风暴，并会对远东的和平构成威胁。北京传教协会尤其担心中国人的愤怒可能会影响到西方在华的传教工作，故盼望两国政府能够改弦易辙，支持中国的要求。[④]

尤有要者，对于外人在华事务拥有相当重要发言权的“北京英美协会”也通过一项决议案，一方面肯定新国际局势的改变，不再标榜以秘密外交政治计算战争等旧方式来处理国际争端，另一方面

① “The Commission to Negotiate Peace, Paris to the Acting Secretary of State”, May 29, 1919, *FRUS* 1919, vol. I, p. 695.

② “Paul S. Reinsch, American Minister, Peking to the American Consul General, Shanghai”, 10 June 1919, cited from “Paul S. Reinsch, American Minister, Peking to the Acting Secretary of State”, June 24, 1919, *FRUS* 1919, vol. I, pp. 708-712.

③ “Observations on the Situation in the Far East”, Commander-in-Chief, Asiatic Fleet, Vladivostak, to the Secretary of the Navy, February 1, 1920, RIAC 893.00/3314.

④ “Paul S. Reinsch, American Minister, Peking to the Acting Secretary of State”, May 26, 1919, *FRUS* 1919, vol. I, p. 694.

则对于巴黎和会却依然决定将山东利权转移给日本感到失望，故十分同情中国的立场，该协会坚信这样的决议案势必在中日两国间造成极大的麻烦，也会对于中国以及其他国的经济利益发展，构成严重的阻碍。更必须给予关注的是，德国在山东夺取的权利，本质上就是1898年德国在山东发动侵略行动的结果。其他列强随之仿效，引起所谓的瓜分风潮，从而导致1900年华北地区的社会失序与后来的排外运动。同时，列强竞逐在华势力范围，后来也勾起日俄为争夺东北控制权的战争。换言之，晚清时期德国在山东攘夺利权，不但无助于远东地区的和平，破坏了中国的稳定，也影响到其他国家在华享有通商与贸易机会。也可以说，德国在山东之举及其后续影响，不但抵触了民族自决原则，也影响了其他列强在华的条约权利以及贸易投资机会。美国国务卿海约翰（John Hay）之所以提出中国门户开放政策，也正是肇因于此。职是之故，北京英美协会决议督促英美两国政府，调整在巴黎和会上的决议，以避免侵害到中国的安全以及世界的和平。①

美国在华报人同样也没有缺席，例如任职英文《大陆报》的商务编辑玮柏（Charles Herbet Webb, business editor, *The China Press*，音译）也在其给美国国务院的信件中，强调在中日山东问

① "Resolution Passed by the Anglo-American Association of Peking", June 6, 1919, Enclosure of "Paul S. Reinsch, American Minister, Peking to the Acting Secretary of State", June 10, 1919, *FRUS* 1919, vol. I, pp. 698-699. 美国驻华公使芮恩施在国务院的报告中，强调北京英美协会乃是由居住当地的杰出英美人士所组成，且其通过决议时，英美两国公使馆并未派员在场。

题争议上，美国必须扮演更为积极的角色。[①] 日本虽然在巴黎和会上承诺会将山东归还中国，但实际上却保留了胶济铁路一半的利益，这也意味着日本仍将继续实质控制该条铁路。而且在一战期间日本进攻德属青岛后，即已藉由部署军事警察以及民政机构，来强化对于青岛以及山东省的控制。虽然上述民政机构由于曾引起极大的争议，后来被迫撤销，但日本对于攘夺山东及其附属利权的野心，实已昭然若揭。在这样的情况下，玮柏认为以美国为首的列强应该出面向日本施压，并协助中国出资买回日本在胶济铁路所拥有的一半利益。而青岛往后也应该仿效上海模式，设立国际公共租界，但可以在公共租界旁另外设置一个日本租界，专供日人居住使用，如此方能让山东问题进一步国际化与公开化，以防止任何列强有尝试侵略并独占山东的意图。而美国也可以藉此展现其对中国坚定的友谊，并稍微弥补中国在巴黎和会所遭遇的挫败，同时确保中

---

① 《大陆报》乃是由美国人密勒（Tom Millard）于1911年于上海创立，并由克罗（Carl Crow）与玮柏等人协助担当编辑事务。密勒后来又创办《密勒氏评论报》（*Millard's Review of the Far East*），该报后来转由另外一位美国知名报人包威尔（J. B Powell）经营。而克罗则在一战期间受到美国公共新闻委员会（Committee on Public Information，CPI）的委托，负责主导美国对华宣传事务。在克罗的主导下，一战后美国在华新闻舆论宣传，基本上以推动“亲美”与“反日”舆论为主要论调。关于一战前后美籍报人在上海活动情况，及其与美国当时对华舆论宣传策略，可以参见 Paul French，*Carl Crow，A Tough Old China Hand：The Life，Times，and Adventures of An American in Shanghai*（Hong Kong：Hong Kong University Press，2006），pp. 17-24；Carl Crow，*China Takes Her Place*（New York：Harper & Bros.，c1944），pp. 1-7；Carl Crow，*I Speak for the Chinese*（New York：Harper & Brothers，1937），3rd ed.，p. 1；山腰宽敏：《五四运动与美国对于中国宣传活动再论》（“The Media Wars：Launching the May Fourth Movement，World War I and the American Propaganda Activities in China，Led by P. S. Reinsch and Carl Crow”），收录在台湾政治大学文学院编《五四运动八十周年学术研讨会论文集》，政治大学文学院，1999，页111—136。

国未来的安全。事实上，除了山东问题争议外，玮柏认为美国作为中国唯一信任的友邦，还应该作为中国抵抗日本对华侵略的坚强后盾，具体做法则是引进美国资本，并将其与中国资本联合起来。中国所有有关矿藏、制造等事业的经营，也都应该引入美国专家的指导，以美式机制、美式会计制度来经营，藉由美国方面的全面控制，应该可以将中国产业仿效美国贸易模式，予以进一步的扩大并获致成功。而将以美国为首的列强及其利益引进中国或山东，并非要扩大列强在华的影响力，而是作为抗衡日本入侵的最好办法之一。[①] 玮柏在信中所提出的见解，正足以体现一战后美人在上海重要社群“美国俱乐部”（American Club）的典型观感，认为中国非但无力抗拒日本，也没有自我改善进化的能力，如果此时美国及其他列强不挺身而出，引起中国改变，恐将使情况更为恶化，而日本也将达遂其野心。[②]

其次，在另外一份美系在华英文报《北京导报》（*The Peking Leader*）的一篇社论中，也严词批判日本在“山东问题”上的伪善与奸巧。首先是日本在一战期间即透过秘密外交，与英、法、俄、义等国私下协议由日本继承德国在山东的利益，且又透过“二十一条”要求，强迫中国接受。日本的所作所为，等于变相提早图谋如

---

① “America's Position & The Shantung Situation”, Mr. Webb, Business Editor, *The China Press*, Shanghai to the Department of State, Washington, August 3, 1919, RIAC, 893.00/3201.

② “Memorandum by Division of Far Eastern Affairs to the Third Assistant Secretary, Department of State”, August 11, 1919, RIAC 893.00/3201. 此俱乐部全称应为“在华美国大学俱乐部”（American University Club of China），乃是由大约 400 名在华的美国大学毕业生所组成。见“Paul S. Reinsch, American Minister, Peking to the Acting Secretary of State”, May 26, 1919, *FRUS* 1919, vol. I, p. 694.

何分赃战后的亚洲。之后，在巴黎和会上，当美国总统威尔逊力挺中国收回山东之际，日本则以退出和会作为要挟，再拉上英国（因为如日本退出和会，则英国可能也会跟进），以迫使威尔逊在山东问题上做出让步。而且为了及早让威尔逊放弃立场，日本代表团甚至私下以口头方式，向威尔逊允诺，将在一定期限内撤出在山东的军队。然而，当威尔逊为了说服中国接受，告知日本已做出尽早撤军的口头承诺后，日本代表团却又转而翻脸不认，公开表示不会承认任何有关于山东撤军的条件。日本的所作所为，已让中国人体会到强烈被背叛的屈辱感，先被日本强占山东，继被英、法、俄、义等国出卖，连最信任的美国，也成为日本设计中国的帮凶。由于日本一连串的算计与图谋，已经在美国引起不小的反弹情绪，美国国会对于拒绝批准凡尔赛和约的呼声也越来越高。《北京导报》强调，如果以美国为首的西方国家纵容日本的为所欲为，继续在中国与亚洲肆无忌惮地进行扩张行动，最终必将导致战争再起。

简言之，美国驻华公使馆观察到，与美国关系密切的社群，除了商会、传教协会以外，还有许多团体同样也提出类似的请求，纷纷发声希望影响美国对此案的决定。美国公使芮恩施即称“（在华的）外人与中国人从未如此激昂过”。[①]

小　结

早在 1919 年初威罗贝给美国国务院的评估报告中，即已清楚

① 事实上，例如前述“美国俱乐部”成员早在五四运动期间，即曾透过驻华公使芮恩施表达类似要求。见“Paul S. Reinsch, American Minister, Peking to the Acting Secretary of State”, May 26, 1919, *FRUS* 1919, vol. I, p. 694.

点出日本对于山东利权的攘夺企图，但威罗贝想要进一步提醒美国政府的，是必须注意日本在舆论宣传方面营造出的亲善假象。特别是日本在战时对美宣传上用力甚深，一再强调日本出兵山东，并非为了夺取领土，而是为了维护东亚和平；日本在山东的作为，既不会侵害中国主权，也不会影响到其他列强在华的条约权利，藉此希望能够化解美国对日本的疑虑之心。然而比诸日本后续的实际行动，威罗贝认为这些宣传充其量只不过是虚构的言语，因为自对德宣战、占领胶州湾以来，日本即透过驻军、掌握铁路干线、设置行政机构、控制通信设施等，积极致力于遂行对山东的实质占有。换言之，继南满、东蒙、福建后，山东即将成为另外一个日本在华的势力范围。威罗贝认为，日本既不尊重也无视中国主权，而日本在华的所作所为，更是早已偏离自我防卫，而在本质上仿效普鲁士扩张侵略的铁血政策，企图藉由牺牲中国，来成就日本牟取世界列强地位的霸业。因此，日本在华的侵略行动，不但不符合一战后国际社会的期待，也将严重抵触美国所拥护的中国门户开放政策。

而美国驻华使馆则关注到山东问题所引发的另外一个面向，即中国公众的觉醒，与社会舆论、群众运动的日趋激昂。特别是一战期间在皖系、安福系主政下，北京政府曾一度向日本倾斜，但战后国际局势的改变以及美国对世界秩序的重新架构，都对中国公众有很大的启发。在日本的强大压力下，中国人就像紧抓浮木的溺水者，渴望美国能够拯救中国，带领中国摆脱过去的耻辱，并制衡日本的侵略意图。然而巴黎和会山东问题失败的消息传来，造成中国公众极大的震撼，原先的极度乐观期望，遂转为满腔的怒火，化为激烈的学生与群众运动，其中一把火烧向了政府内部的亲日势力，另一把火自然则对向了日本。“内除国贼、外争国权”的口号，响彻云霄。美国驻华使馆认为山东问题所激发出横跨学界、商界、工人等各行各业的群众运动现象，是之前从来没有的，非但对北京政府本身构成强大的约束力，更让在华外人亲身见证到中国群众觉醒后的重大改变，亦即汇聚民间各阶层的力量，关心国事，甚至去影响国事。在实质意义上，原先的群众，也就转变成为名副其实的公众。中国公众意识觉醒后，在中外关系上，最显著的变化表征之一，就是在巴黎的中国代表团拒签对德和约一事。美国驻华使馆认为拒签举动，与其说是职业外交官的专业判断，倒不如说是沛然莫之能御的公众舆论，使得外交官必须选择依循舆论的走向，否则公众的怒火必将烧及其身。尤有要者，在知识分子的引导之下，中国群众运动明显采取较为理性的方式来看待中外关系，致力于节制群众怒火，避免延烧到其他列强，而产生普遍性排外行动，以便藉此集中全力对付日本，同时并积极拉拢美国等对中国抱持同情立场的列强，推动联美制日作为。

面对公众觉醒、群众运动四起后的中国局势变化，美国驻华使馆认为美国政府必须及时调整对华政策。其一，美国不应该站在群众运动的对立面。特别是中国群众运动多半汇集在上海等大都市，而这些城市的外国租界，则成为群众运动展现力量、争取国际支持的重要舞台。但就上海公共租界工部局而言，对于学生发起的游行示威活动，自然抱持戒慎恐惧之心，也担心群众运动一旦失控，可能演变成排外，危及租界安全与稳定。为了避免群众运动失序，传统的炮舰外交也就再度派上用场，除了当事者日本大举调动军舰来华至上海警戒外，英国等其他列强也做了类似安排。但是美国海军驻上海情报官却觉察到，此时进行海军武吓、镇压群众运动恐非明智之举，一旦列强海军武力与中国群众爆发流血冲突，极有可能演变成更大规模的中外对峙，从而使得英、美等其他列强从公亲变事主，卷入中日对抗的复杂局面。而美国驻华使馆更注意到，上海群众运动以及公众租界工部局的镇压倾向，背后还可能隐藏着日本的阴谋。一旦英国等列强接受日本的建议，采取军事高压手段来对付群众运动，只要发生流血事件，即可以将中国群众的怒火转向，从原先专门对日，转而对向所有列强，一来日本单独面对中国群众的压力立刻获得舒缓，二来日本更可藉此联合其他列强，一同以外交与武力干涉中国的群众运动。也因此美国公使馆要求上海总领事馆立即介入斡旋此事，试图影响上海领事团以及公共租界工部局对于群众运动的态度，以避免西方列强亲上火线与中国群众运动直接爆发冲突，而让日本解套。所幸群众运动的领导者，亦即知识分子，努力控制局面，切割西方列强与日本，并防止游行示威活动扩大成为排外暴动；再加上北京政府在最后关键时刻，决定对群众要求采取退让态度，罢黜了亲日派官员，局部消弭了中国群众愤怒之火，也免除了在上海租界可能发生的中外冲突。

其二，美国公使馆认为美国应密切注意日本图谋以及北京政府内部的发展，因为亲日派势力极有可能继续与日本勾结，透过权谋的运作，既可让列强噤声，也可从容镇压群众运动。美国公使馆认为日本政府在玩两面手法，一方面大肆宣扬美国总统威尔逊在山东问题上的退让，激发出中国人的被背叛感，破坏中美友谊与互信，鼓动群众的排外情绪，另一方面也可能利用皖系等亲日派武装力量，刻意纵容兵变的发生，除可冲击到一般士农工商的生命财产安全外，同时也可影响到列强在华商贸利益稳定，再堂而皇之地以群众运动导致社会失序、军队不安为由，以武力进行压制行动。届时，力求安稳的中国士绅以及西方列强，自然会对军队的镇压行动采取默视的态度。而更令美国公使馆担心的，是外交与内政进一步的纠葛不清。日本可能故意利用国际银行团的内部矛盾，掣肘一战后列强对华借款计划，同时透过舆论宣传手法，攻讦国际银行团，将整顿中国财政计划污名化为列强共管中国财政，声称其严重侵害到中国主权独立，藉此鼓动中国公众的反弹情绪，从而对西方列强产生怀疑猜忌之心；但是另外一方面，日本则可能透过秘密管道，将资金输往亲日的皖系军阀，使其成为一枝独秀的强大势力，以压制其他派系，并采取武力手段处理群众问题。所以值此危急时刻，为避免上述情况出现，美国公使馆认为美国政府应挺身而出，结合英、法等西方列强，一同出面介入，以防中国局势进一步恶化，沦为日本的禁脔。

结　论

自 1918 年初威尔逊揭橥“十四点和平建议”以来，中国公众对于威尔逊“民族自决”主张与理想主义，产生了深刻的体认与依恋，因此对于行将召开的巴黎和会，亦带着异乎寻常的眼光来看待，满心期许地迎接新时代的来临。可是威尔逊主义赋予中国这种过分乐观的期待，却随着巴黎和会中“山东问题”的演变而历经严酷的考验，遭到重大挫折。令人吊诡地，这种挫折的结果并未造成中国民族主义力量的消沉，相反的，竟仍如先前的乐观一样，同样引导出强大的民族主义力量。我们可以从“山东问题”的进展，窥看这种对威尔逊主义的期待，是如何在“山东问题”的层层起伏中发酵。简言之，巴黎和会作用下中国舆论与外交的互动过程，便是一种发酵过程。巴黎和会对中国之所以重要，不是因为它是第一次世界大战的终结、不是因为它是历经战火摧残后和平乐章的到来，毕竟这些对中国来说，都太过遥远而显得事不关己。在中国，巴黎和会的重要在于它是威尔逊主义与“山东问题”相汇流的舞台。做个简单的比喻，如果说在中国以往的世界里，外交与公众舆论是两个不易产生作用的个体，那威尔逊主义与山东问题交相汇流的巴黎和会，便是使舆论与外交二者产生作用的酵素，而当下立见的五四政治运动与往后风起云涌的群众运动，便是外交与舆论在酵素作用后的产物，巴黎和会对中国的重要性也就在于此了。

一、北洋外交的某些特质

由本书各章的讨论中，可以概略发现，有关巴黎和会时期北洋外交的一些特质。首先是身居外交前线的外交官们，在处理外交事务上，有相当大自主权。这一点与北京政府在看待外交事务时，所抱持的态度有所关联，顾维钧就曾回忆说到，当时担任大总统的徐世昌，虽然“完全了解对外关系的重要性……却缺乏自信，感到自己没有实际经验，因此将对外事务一任外交部去办”。[①] 陆征祥在中国巴黎和会外交里，所享有的部分外交与人事处置权，即是来自于此。此外，北京政府内部份杂的各种势力，以至于无法形成统一的决策中心，也是导致外交官有较多活动空间的因素。

第二项特质是某些外交官员与国内公众舆论界的互动特别热烈。这些互动并非是单方面，而是双方彼此互动的。外交官员基于个人特殊的目的（如打击政敌），或者为了坚定政府外交立场，透过新闻媒体的居中联系，与公众舆论界保持密切的关系。公众舆论界也是透过传播媒介，如电报、报纸等，直接与担负外交折冲的外交官员沟通，形成舆论的压力，影响外交官员的意向。就巴黎和会山东议题而言，这种外交官员与公众舆论界密切互动的结果，便是“中国代表团与其说是完全对中央政府负责，倒不如说是部分地对中国人民负责，或者至少是对中国社会中受过教育、有组织的一群

① 顾维钧：《顾维钧回忆录》，第一分册，页392—393。

人负责……事实上，由于公众舆论的压力，中国代表团违反政府的训令，在镜厅中缺席（未在对德和约上签字）”。[1] 换言之，这种互动在某种程度上，已经形成对北京政府外交决策权的伤害。

由以上两项特质，可以看出巴黎和会时期北洋外交一项显著的特性，北洋外交并非仅只是北洋政府的外交，而是由北京政府、有自主性的外交官与公众舆论界，共同塑造形成的。这种情况也就反映出北洋外交的复杂性与多样性。

二、外部场景与内在场景：国际政治与国内舆情

中国外交与舆论的互动是同时受到外在场景与内在场景的作用与影响。所谓外在场景指的是当时的国际情势与世界潮流，而内在场景讲的则是国内的政治环境与舆情面向。就外在场景而言，巴黎和会前中国所面对的国际情势，主要是威尔逊理想主义下“民族自决”的主张，与其所体现公理正义的新时代。

事实上，威尔逊主义所引领出的舆论旋风，不仅仅影响了中国知识分子的思考模式，更为整个世界带来新风气，“民族自决”的主张牵动着每一个受压迫民族的心。威尔逊主义在亚洲所孕育出的第一个成果便是发生在 1919 年 3 月的朝鲜独立运动，这个运动因为在 3 月 1 日开始爆发大规模的行动，是以又称为“三一运动”。朝鲜“三一运动”在本质上就是由于朝鲜人受到威尔逊理想主义、民族自决主张的刺激，进而产生出对日本在朝鲜殖民统治的反抗行动。

---

① Pao-chin Chu, *V. K. Wellington Koo: A Case Study of China's Diplomat and Diplomacy of Nationalism*, 1912-1966, p. 31.

中国的实际情况虽然与朝鲜不太相同，但同样受到日本压迫、企求解放的心情却是别无二致的。首先，这种企求解放的心情，在威尔逊主义在的积极宣传下，很容易导引出中国的“亲美”、“反日”舆情。威尔逊的民族自决主张，一方面给予中国人无限的希望美梦与无穷的想象空间，深深以为在美国的支持下，中国会获致平等的国际地位；同时，这一种依持美国与威尔逊的心态，又无可避免地会刺激中国“反日”情绪的高涨，以往受到日本威胁侵略却无处可伸的郁闷心情，如今在美国所声称的支持下，似乎获得了某种程度的解放。其次，中、日之间自近代以来所发展的特殊关系，使得中国人极易产生“反日”或“疑日”的公众舆情。因为自清末的甲午战争，以至于民国的“二十一条”要求，在在都刺激着中国民族主义情绪。日本多次恫吓威胁，固然替中国带来丧权辱国的条约束缚，同时亦酝酿出慷慨激昂的民族主义力量。在上述条件下，中国于是出现以“亲美”、“反日”舆论为主轴的对外公众舆论。

此外，从清末以至民国，知识分子界在质、量上已经获致充分的进展，辅以种种传播、语文等技术条件的成熟，使得全国性公众舆论开始出现。这便意味着公众舆论开始逐渐形成，同时累积力量去关心国事。

简单地说，在巴黎和会前夕，中国所面对的外在场景，是一个威尔逊理想主义思想充斥的国际体系；而内在场景，则是一群开始对中国国际事务有着强烈感受力的公众与一个民族主义情绪高涨的舆情环境。在这样内、外场景作用下，中国产生以“亲美”、“反日”为主轴，以民族主义为内涵的公众舆情。此时，巴黎和会山东问题适时的发生，更进一步挑动这样的舆情，于是乎在当时的中国外交事务与公众舆论间产生了激烈的互动。

三、外交与舆论互动的两种模式：“两种战线”[①]

外交与舆论间的关系其实很难界定清楚，有时是外交利用舆论，以为谈判之助，有时反是舆论利用外交事件大做文章。在本书的论述里，可以约略建构出外交与舆论互动的两种模式。

1. 内部战线

首先是有心人士，利用国内“反日”舆情的高涨，伺机藉由适当的“对日”外交事件，鼓动人心；其舆论的攻击目标，不尽然是对外的日本，亦有对内指向国内的敌对势力。

“对日”外交事件 —国内政治斗争（政客操纵）/“反日”舆论、传播媒介→ 目的：攻击政敌
影响：民族舆情高涨

这种模式，本书姑且称之为外交与舆论的“内部战线”，因为在这种模式底下，外交与舆论互动的主要目的，是着重在内缘因素上的，所关注的是国内的动向。我们可以由“研究系”的外交要求与中国代表团内部的“反日”问题中清楚看到这种倾向。以梁启超为首的“研究系”，从 1917 年力主中、日亲善，到 1918 年以后成为“反日”舆论的推手，其中转变所体现出的，并非只是以民族国家利益为主要考虑的思维方式，同时也隐含着私人党派之间赤裸裸的政治斗争。1918 年底以陆征祥为首的中国代表团，自出发后即风波不断，从北

---

① 第一次大战期间，美国为因应战争需求，施行舆论控制，谓为“巩固内部战线”(holding fast the inner line)。见 James R. Mock and Cederic Larson, *Words That Won the War: The Story of the Committee on Public Information*, 1917-1919, p. 4. 当时中国国内因外交事件而兴起的舆论战，可依目标对象分为“内部”与“外部”两种，此处引用上述“战线”一词，将本书外交与舆论互动的两种模式称为“两种战线”。

京、日本到巴黎，“亲日”与“反日”力量便不断作用施力彼此抗衡。巴黎和会山东问题发生后，中国代表团内部这种“亲日”与“反日”论述之争，就更加明显。如果仔细观察，不难发现，有人为因素在其中酝酿作势，其动机则仍不脱私人党派之见。（互动模式见表 7-1）

表 7-1　内部战线

国内舆情动向	1. “亲美”。2. “反日”。3. 民族主义情绪有日趋高涨的态势。				
刺激	重大外交事件	大借款风波	币制顾问	巴黎和会议题	巴黎和会议题（山东问题）
过程	操纵、推动外交与舆论互动的人士	研究系	研究系	梁启超、研究系	王正廷
	对象	安福系、新交通系、日本	安福系、新交通系、日本	安福系、新交通系、日本	顾维钧、梁启超、刘崇杰
	方式	报纸揭露、鼓动舆情。	报纸揭露、鼓动舆情。	1. 提倡国民外交。 2. 报纸宣扬。 3. 组织团体。 4. 开讲演会。 5. 参与政府施政（外交委员会）。	1. 报纸揭露（电报）。 2. 利用学生的爱国情绪。
	主要目的	打击政敌。	打击政敌、影响外交。	分政敌之权、影响政府外交决策。	打击政敌。
结果	外交上的结果	无多大的影响	美国驻华公使介入，聘用日人为币制顾问一案胎死腹中	坚定政府“对日”外交立场。	坚定政府外交立场。
	国内舆情上的结果	“反日”舆情加温。	“反日”舆情加温。	“反日”舆情加温。	“反日舆情加温”。

在上述外交与舆论这样的互动里，外交事件成为内政事务炒作的材料，经由某些特定人士的蓄意操作，将原本归属于外交事务的讨论收进国内事务的争斗里，也就是将外交融入内政之中。

2. 外部战线

外交与舆论互动的另一个面向，是着重对外层次的。负责实际外交折冲的外交官员，为了因应弱势外交的困境，因此援引国内舆论的力量来为外交之助。

“对日”外交事件 —外交谈判（外交官、政府官员）／“反日”舆论、传播媒介→ 目的：抗衡日本
影响：民族舆情高涨

这种模式，本书称之为外交与舆论互动的“外部战线”，因为外交与舆论互动的原始目的，为对付外国的外交压力，其着眼点即所谓民气可用。外交官员透过人为有意的安排，将国内激荡一致的舆情，蜕变成为外交谈判桌上最有利的要求工具。这种模式是由袁世凯政府在1915年中、日“二十一条”交涉时，初次使用藉以抗衡日本的压力。之后北京政府的外交官员便援用此法来抵制日本一次次的文攻武吓。1919年2月的小幡酉吉恫吓事件，以及巴黎和会上有关山东问题的争执谈判里，都可以发现中国外交官员运用此种外交舆论作战的痕迹。他们或者经由泄密方法，或者透过秘密安排，形塑出所需的国内舆论情况来因应外交谈判的要求。这种外交与舆论互动的模式，是将国内舆情吸纳至外交事务上，藉由鼓动、反映国内舆情，藉以诉诸其他同情中国的大国，来推动处于弱势的外交谈判。（互动模式见表7-2）

表 7-2　外部战线

国内舆情动向	1.“亲美”。2.“反日”。3. 民族主义情绪有日趋高涨的态势。		
刺激	重大外交事件	小幡酉吉恫吓事件	巴黎和会议题（山东问题）
过程	操纵、推动外交与舆论互动的人士	北京外交部（陈箓）	巴黎中国代表团、研究系、北京外交部、山东督军省长、上海交涉署
	对象	美国与日本（联美制日）	美国与日本（联美制日）
	方式	向美国使馆泄密、报纸揭露、鼓动舆情。	串联民间团体、民意机关共同致电英、美、法、义等国首要。
	主要目的	制衡日本的要求。	诉诸中国民众心声，希望影响巴黎和会决策。
结果	外交上的结果	坚定政府“对日”外交立场。美国总统威尔逊下令关心此事，日本暂时不敢动辄声言威胁动武。	美国代表团深受影响，但迫于国际现实，威尔逊最后放弃支持中国。
	国内舆情上的结果	“反日”舆情加温。	“反日”舆情加温。

3. 剖析

无论是“内部战线”还是“外部战线”的发生，都与一个重要因素密切相关——传播媒介。由于当时的传播媒介，如报纸、电报等迅速而便捷的居中联系，使得国内公众舆论能与外交事件进行密切的互动。若非有成熟的传播条件帮助，上述所谓的挟舆论以为外交之助，或者是利用外交事件以为内争之用，都将无法发挥作用。所以适当的传播条件，为巴黎和会前后外交与舆论的互动，提供了滋长的温床。

此外，从两种战线与“反日”舆论互动过程中，可以约略归纳出几个特色：

（1）“反日”、“疑日”舆论在当时已成为相当盛行的意识形态，是以一旦有可供发挥利用的宣传材料，这种舆论随时可以召唤出更为庞大的力量。此一局面的形成，主要是由于中、日两国近代以来种种不公的交涉模式，给予中国人过大的刺激，引发强烈的民族意识所致。当然，其他人为有意的渲染造势，亦是加深这个倾向的助因。

（2）“反日”舆论的运用有时被牵扯进中国内部政治势力的斗争里，而在“反日”舆论形塑的过程中，报纸是最常被用来号召与扩大“反日”舆情的工具。所以在敌对的政治势力间，在野弱势的一方致力于透过报纸大事渲染、煽风点火，营造“反日”舆论，攻击政府劣迹；执政有力的一方则动用军警力量施行舆论控管，藉由查封报馆，来达到降低舆论热情的效用。这是一种内部战线的宣传与反宣传作战。至于孰胜孰败，取决于时代大环境是否已然完全被“反日”舆情所牵动。

（3）党派利益有时是超乎民族利益之上。由段祺瑞一派与“研究系”间的相处模式可以发现，当“研究系”与段派同为执政联盟的一员时，与日本提携亲善、大举借款，对“研究系”来讲似乎都是无可厚非的权宜之计。然而当双方因党派利益而分道扬镳后，“亲日”问题却被“研究系”给大幅提升至民族问题上，“亲日”与“卖国”也就成为化不开的共生体。换言之，“研究系”的外交要求有时是随着党派利益而改变，民族利益固然是不可忽略的重要考虑，但很多时候民族利益不过是为党派利益服务的舆论要求工具。

(4) 政治内争与“反日”舆论间有密切关系。“反日”舆论是国内政治斗争的利器，但在被反复利用的过程中，“反日”舆论也会逐渐吸收力量。随着民众情绪被一再挑起，这股力量会逐渐强大，进而成为一种普遍的意识形态，那时“反日”舆论将与民族主义观点互相结合，成为无法抗拒的舆论浪潮，不但政府对外交涉的弹性深受限制，中国人的思考模式亦会有所改变。

最后必须注意的，这两种战线产生的动机大不相同，一是为了对内，一是为了对外，但是却殊归同途地促成了中国民族“反日”舆情的高涨。显而易见的，五四政治运动的发生与往后更加激昂的学生运动与群众运动，似乎都在这外交与舆论的密切互动中，埋下了待发的因子。

四、两种外交：从“外交→舆论”到“舆论→外交”

在上述外交与舆论互动的两种战线上，我们可以清楚发现，在五四以前，特定重大外交事件是刺激公众舆情高涨的最主要因子。此时中国“对日”公众舆情的动向，是受到外交事件影响的；有心人士在这形塑过程间，居中操纵，有意无意间促成中国“对日”舆情的大致情况。在这样的过程中，外交事件无疑的是形塑中国对外舆论的重要因素，所以外交与舆论的关系为“外交→舆论”。然而在历经“两种战线”的层层运作下，加以国际政治外交的现实与无情，中国民族主义情绪终于在“山东问题”上爆发开来，形成五四政治运动。受此刺激，中国的政治路线也不再仅仅遵循威尔逊或西方民主主义的模式，而有部分走向马列主义[①]的阶级斗争与工人运动。[②] 马列主义与民族主义的混合，使得中国的公众舆情更趋复杂与多样性，外交与舆论的互动也就不再那么单纯了。

这些重大变革，使得上述“外交→舆论”过程产生很大的变化，民间公众舆论不再如同以往只是被动地呼应外交事件，在极度高昂的民族主义气氛下，公众舆论开始尝试主动地影响政府“对日”外交。民族主义思维于是成为中国上下考虑“对日”外交时，最重要的决定性因素。此时外交与舆论的关系遂逐渐成为“舆论→外交”。“外交→舆论”与“舆论→外交”两种外交模式最大的不同，在于中国“对日”外交的弹性与否。在“外交→舆论”模式里，政府方面可以相当弹性地去处理“对日”问题，举凡中日借款、同盟等等无一不可；固然民间“反日”的舆情会形成某种程度的反弹，但大体而言其力量不足以影响政府外交决策。如在巴黎和会以前的北洋政府时期，袁世凯、段祺瑞等主导的“对日”外交中，可以清楚看到这种外交弹性。然而在五四以后，民间公众舆论逐渐发挥力量，“舆论→外交”的模式开始浮出台面，政府在外交上的自主权愈见萎缩；加上后来又发生举国震惊的五卅惨案，使得“舆论→外交”终于成为中国在“对日”外交上的主要思考方式。在国民党政府时期的“对日”外交上可以发现，民间饱含民族主义

① 事实上，在五四运动发生的前夕，马克思主义的宣传与散布就已经有“急遽增加”的趋势，而相关中文著作的问世与刊行，更为后来中国共产主义建立了“观念上的基础”。见 Maurice Meisner, *Li Ta-chao and the Origins of Chinese Marxism* (Cambridge: Harvard University Press, 1967), p. 115.

② 最快在 1915 年之后，中国的报纸就已经常常报导有关工人罢工的消息，到了 1919 年左右，有关工人的报导则更为广泛。Arif Dirlik, *The Origins of Chinese Communism* (New York: Oxford University Press, 1989), p. 65.

情绪的公众舆论，常常成为政府在考虑“弹性对日”政策时，最大的掣肘。[①]

简言之，巴黎和会与五四政治运动，是中国外交史上一个非常重要的分水岭。1919 年之前是“外交→舆论”模式盛行的时代，而之后则是“外交→舆论”与“舆论→外交”两种模式过渡交错的时期，直至五卅发生以后，“舆论→外交”正式成为中国“对日”外交的主流路线。必须注意，在这样的演变过程中，上述外交与舆论互动的两种战线，外部战线与内部战线，依然扮演着重要地位，有时甚至起着触媒的作用。

五、外交、舆论与五四政治运动

中国在巴黎和会山东问题上遭受失败的消息传来中国后，爆发了影响后世深远的五四政治运动。然而，五四政治运动与本书论述的重心“外交与舆论互动的两种战线”之间有着什么样的关联呢？以下引用五四政治运动发生后，张謇为此特别致电徐世昌与段祺瑞的一纸电文来做说明。电文中称：

> 方事（五四政治运动）之起，政府观察以为党派作用，由一二人所指使，于是时而威吓，时而敷衍；岂知国人知识，已较胜七八年前。今舆情激愤，全在外交失败。若外交问题不能解决，言乎威吓，适足损威；言乎敷衍，适足丧信，愤何能

① 无论是“九一八”事变、“一二八”事变之后的交涉，还是塘沽停战协议的谈判中，都可以发现过分高昂的民族舆情，使得政府在拟定对日政策上，产生很大的困扰，究竟该从民族主义观点来看中、日问题，还是从目前现实上最有利的角度来着眼外交。

> 乎？今日试召罢学、罢市、罢工之人，询以是否受人运动，虽懦者亦将忿怒……非党派势力所能到，亦非党派思虑所能及，何党派之云？[①]

张謇这纸电文透露了山东问题发生以来，外交问题与中国国内舆情互动的真实面向。五四运动之初，北京政府的思考模式清楚反映了频频出现在当时国内政局里，即有心人士利用外交事件，以煽动国内舆情攻击当权的运作模式；是以当五四政治运动初现端倪时，北京政府会淡然处之。然而，由于屡次的煽风点火与外交事件的一再刺激，终将会使得国内的公众舆情走向失控的临界点，此时公众舆情已非是国内党派势力所能操纵与左右，某种程度上将自发性地出面约束或抵制政府的外交施政，[②] 五四政治运动便是这种情况的具体化。五四政治运动恰巧是一个明显的分界点，五四之前，无论是挟国内舆论以为外交之助，还是利用国内“反日”舆论，遂行党派政治斗争之实，均不约而同地导致国内公众舆情的茁壮，一直到五四才爆发开来。五四时的政治运动，已经与民族主义情绪交相汇流，诚如张謇所言的是“今日试召罢学、罢市、罢工之人，询以是否受人运动，虽懦者亦将忿怒”、“非党派势力所能到，亦非党派思虑所能及，何党派之云”，从今而后，以民族主义为主轴的公众舆情就此成型，不再单纯地受人运动，不再盲目地为党派所用，而是一股深入人心的自主性意识形态。换言之，从山东问题的发生到五四政治运动爆发，呈现出的是一种“质变”的过程：五四之前

① 张謇：《为山东路事致徐总统、段督办电》，1919 年，《张謇全集》第一卷“政治”，页 409。

② Pao-chin Chu, *V. K. Wellington Koo: A Case Study of China's Diplomat and Diplomacy of Nationalism*, 1912-1966, p. 22.

是以“两种战线”为外交与舆论互动的主要模式；五四之后，虽然“两种战线”仍然有其运作的空间，但是以民族主义与高昂公众舆情为主流的意识形态，却主导了往后外交与舆论互动的基本路线。

我们可以这样地说，巴黎和会之前，外交与舆论互动的“两种战线”最后为五四政治运动的到来完成了铺路的工作；然而五四政治运动却不是这“两种战线”原先所预期的，它是国内公众舆情与民族主义情绪混合下而形成的。外交与舆论的“两种战线”为了各自的目的，促成了激昂的公众舆情与民族主义情绪，而激昂的公众舆情与民族主义情绪则跳脱出“两种战线”的窠臼，互相交融地促成了五四政治运动。当初运作这“两种战线”的始作俑者——外交官与政客们，都没有预期到会有这样的结果。“无心插柳柳成荫”，适足以为本书的最后脚注。①

六、美国的观察因应与后续影响

中日山东问题争议与五四政治运动发生后，除了美国第一线驻华外交与海军官员敏锐觉察到中国局势的骤变外，其他在华的美国公民，包括商业人士、记者、传教等各类民间社群团体等也都有类似的认知，强烈感受到中国公众觉醒后的强大力量，也认为美国政府应该采取更为积极的作为，来防止日本野心的得逞，避免中国局势的失控。故在山东问题争议上，他们大都立场倾向中国，同情中国在巴黎和会上的遭遇，主张重新调整对于山东问题的安排。他们

① 此为汪荣祖老师在2000年5月19日的“第六届全国历史学（研究生）论文讨论会”上为笔者论文中有关外交与舆论互动关系，所作的评语。

虽然理解中国群众运动的要求与正当性，但更担心美国等西方列强如果再束手旁观，坐视日本对中国的侵略野心，觉醒后的中国公众力量，在进一步的刺激下，也有可能演变成排外行动，从而影响到一般商务以及传教活动的进展。况且日本在山东的所作所为，不但可能会重演晚清时期德国强租胶州湾后，所造成的列强各占势力范围与瓜分风潮，也势必严重抵触到美国历来坚持的中国门户开放政策，影响到美商在华的投资与商贸利益。因此，于情于理，美国实在没有再漠视中国局势恶化、置之不理的理由。

事实上，透过舆论宣传策略以及上述美国在华社群的持续发声，"山东问题"也逐渐成为美国国内所关注的重大议题。1919 年来华访问的美国前参议员巴顿（Theodore E. Burton，ex-Senator of the U. S.），在上海"美国大学俱乐部"（American University Club）上的演说，即强调美国越来越关注中国与日本事务，虽然美国希望能够与中、日两国保持友好关系，但由于山东主权归属问题争议的出现，也使得美国公众舆论出现了分裂，以美国总统威尔逊为首的一派主张接受巴黎和会有关山东问题的决议，并将此问题交给后续成立的国际联盟来协调解决，另外以参议院与许多政治领袖为主的一派，则主张拒签和约，或是必须另外带有保留条件。[①]

整体来说，受到一战后国际局势与观念的改变，西方列强对于中国的态度比诸战前已有显著的改变，从原先较具积极性的扩大在华利益，转变为维持现状，并在既有的条约规范下，尊重中国的主

---

① "American University Club: Luncheon to Senator Burton", *The North China Herald and Supreme Court & Consular Gazette*, 15 November 1919. p. 430.

权独立与领土完整。[①] 在巴黎和会山东问题争议发酵后，美国总统威尔逊即曾多次针对中国议题，发表看法，呼吁列强应尊重中国主权，也担忧如继续无视中国要求，中国人的愤怒与不满，恐怕也会造成未来远东局势的不稳定，而让布尔什维克活动有可乘之机。[②] 虽然威尔逊本人后来也未能在山东问题上坚持原先立场，但从其过往的言论观点，还是可以清楚看出对中国处境的同情与支持之意。而之后在1921—1922年召开的华盛顿会议，则可视为是巴黎和会的延伸，以处理部分和会未竟之事：五大强国的海军军备限制，以及远东及太平洋问题。[③] 而会议召开的主要逻辑思维之一，即是希望透过国际秩序的重新调整与架构，消弭未来可能的区域竞争与对立冲突，以维护世界和平。尤其在远东及太平洋问题上，华盛顿会议通过了所谓的“中国问题决议案”，亦即“罗脱四原则”（Root

---

① 受到战时威尔逊的民族自决主张，以及战后布尔什维克反帝宣传的影响，尊重中国主权的观点，逐渐成为一战后列强对华的主流论述。见 Claude A. Buss，*The Far East：A History of Recent and Contemporary International Relations in East Asia*（New York：The Macmillan Company，1955），p. 164；Akira Iriye，*After Imperialism：The Search For a New Order in The Far East*，1921-1931（Cambridge：Harvard University Press，1965），pp. 2-3；季辛吉（Henry Kissinger）著，林添贵、顾淑馨译《大外交》，智库文化，1998，页291—327。

② “Mantoux's Notes on A Meeting of Council of Four”，18 April 1919 & “Hankey's and Mantoux's Notes on A Meeting of Council of Four”，22 April 1919，Arthur Stanley Link，ed.，*The Papers of Woodrow Wilson*（Princeton：Princeton University Press，1966-1994），vol. 57，p454 & p. 606.

③ 华盛顿会议的召开，目的在处理英日同盟、维持东亚均势、制衡日本在中国的扩张等影响远东局势发展至关重要的问题，但是更为直接的动机，则是为了处理五国海权问题，试图透过规定各国主力舰吨位数比例的做法，避免列强再度陷入一战前的海军军备竞赛。美国尤其担心与日本之间的海军军备竞赛，可能导致庞大的开支。见 Warren I Cohen，*America's Response to China：A History of Sino-American Relations*（New York：Columbia University Press，1990），pp. 86-87；Westel W. Willoughby，*China at the Conference：A Report*，pp. 277-332.

Resolution)，以及签署《九国公约》，正式界定列强往后对华的基本方针：尊重中国的主权独立与领土完整，让中国能在完整无碍的情况下，发展出一个强有力的政府，列强也不利用中国现况发展，扩大在华利益，同时并确保列强彼此在华投资与商业机会的均等。[①] 中日山东问题之争，也以两国会外协议的方式，在以美国为首的西方列强旁观见证下，达成了共识，由中国以额外付款的形式，顺利取回了山东利权。[②] 后来英文报纸一度恭维这是美国将其中国门户开放政策扩大成为列强共识的伟大成就，甚至是已将“门罗主义”适用到中国，而成为亚洲门罗主义。[③] 某种程度上，所谓华盛顿会议体制，也由此建立，维系了战间期远东秩序一段时间。究其实际，美国之所以强势介入一战后中国局势的安排，固然有其宏大的国际现实政治考虑，但是对于那些远在华盛顿，“不在场”的决策者而言，这些“在场”的美国人，包括使领与海军官员，以及其他民间团体，他们所看到的中国现况发展，以及所提出的第一手观察

---

① “罗脱四原则”，乃由是美国代表罗脱（Elihu Root）根据中国代表团所提备忘录中的诸多要求，归纳整理而成的四大原则，足以体现华盛顿会议中国问题决议案的主要精神。此四项原则，后来也就成为《九国公约》的前四项规定。值得注意的是，在华盛顿会议远东委员会的讨论过程中，日本代表团也宣读声明，表态支持“门户开放原则与在华机会均等”。见“Root Resolution”，Enclosure A of “Washington Conference，1921-1922：The Open Door in China；Note by the Board of Trade Section，Preliminary Discussion”，13 March 1922，FO371/8014；“A Treaty between All Nine Powers Relating to Principles and Policies to Be Followed in Matters Concerning China”，U. S. Naval War College，*International Law Documents：Conference on the Limitation of Armament with Notes and Index*，1921（Washington：Government Printing Office，1923），pp. 342-351.

② 幣原喜重郎，外務省調査部第一課編《ワシントン會議の裏面觀其ノ他》，載広頼順浩監修、編集、解題《近代外交回顧錄》第3卷，ゆまに書房，2000，頁127—179。

③ “Transition from Strong to Weak Diplomacy”，*The China Weekly Review*，12 September 1925.

评估报告，也应是华府决策者在拟定政策过程中，相当重要的参考数据。因为决策者透过这些观察评估报告，更清楚地看到了中国现况发展的未来，以及美国如束手不理可能造成的结果。

参考书目

【主要史料来源】

一、中文部分

档案与史料汇编

1. 程道德等编《中华民国外交史资料选编二，1919—1931》，北京，北京大学出版社：1988。

2. 程道德等编《中华民国外交史资料选编一，1911—1919》，北京，北京大学出版社：1988。

3. 督办鲁案善后事宜公署秘书处编《鲁案善后月报特刊》，台北，文海出版社重印，1987。

4. 李家璘、郭鸿林、郑华等编《北洋军阀史料》吴景濂卷，天津，天津古籍出版社，1996。

5. 林开明编《北洋军阀史料》徐世昌卷，天津，天津古籍出版社，1996。

6. 鲁案中日联合委员会编《鲁案中日联合会议纪录》，台北，文海出版社重印，1987。

7. 陆征祥：《参与欧洲和平大会分类报告》，缩影资料，台北，

“中央研究院”近代史研究所藏。

8. 彭明编《中国现代史资料选辑》第一册，北京，中国人民大学出版社，1985。

9. “中央研究院”近代史研究所藏《北京政府外交部档案外交档案》，1912—1927。

10. 张一志编《山东问题汇刊》，台北，文海出版社重印，1986。

11. 中国第二历史档案馆编《中华民国史档案数据汇编》第三辑，南京，江苏古籍出版社，1991。

12. 中国科学院历史研究所第三所近代史数据编辑组编《五四爱国运动数据》，北京，科学出版社，1959。

13. 中国社会科学院近代史研究所编《秘籍录存》，北京，中国社会科学出版社，1984。

14. “中央研究院”近代史研究所编《中国近代史资料汇编：中日关系史料》，台北，“中央研究院”近代史研究所，1974。

15. 朱心佛编《还我青岛》，台北，文海出版社重印，1919。

报纸、杂志

1.《晨报》。

2.《东方杂志》。

3.《申报》。

二、外文部分

档案与史料汇编

1. (United States) Department of State. *Foreign Relations of the United States: Paris Peace Conference*, 1919. 8 vols. Wash-

ington D. C.: Government Printing Office, 1958. (FRUS)

2. (United States) Department of State. *Records of the Department of State Relating to the Internal Affairs of China*, 1910-1929. Washington, D. C.: The National Archives, 1960. (RIAC)"中央研究院"近代史研究所图书馆藏，微卷档案（Microfilm）。

3. (United States) U. S. Naval War College, International Law Documents: Conference on the Limitation of Armament with Notes and Index, 1921 (Washington: Government Printing Office, 1923.

4. Link, Arthur Stanley, ed. *The Papers of Woodrow Wilson*. 69 vols. Princeton: Princeton University Press, 1966-94.

5. 日本外务省外交史料馆藏《外务省记录》，アジア历史资料センター数字数据（https://www.jacar.go.jp/）。

6. 日本外务省编《日本外交文书》大正八年（1919 年）三册（6 卷）、巴里讲和会议经过概要一册，东京，日本外务省，1970。

7. 京都大学人文科学研究所编《日本新闻五四运动报导集成》，京都，京都大学人文科学研究所，1983。

报纸、杂志

1. *The China Weekly Review*

2. *The North China Herald and Supreme Court & Consular Gazette*

【其他参考书目】

一、中文部分（包括译著）

个人文集、书信集、日记、回忆录

1. 蔡元培：《蔡孑民（元培）先生言行录》，台北，文海出版社，1973。

2. 蔡元培：《蔡元培先生全集、续编》，台北，台湾商务印书馆，1991。

3. 曹汝霖：《曹汝霖一生之回忆》，台北，传记文学，1980。

4. 陈独秀：《陈独秀自传》，香港，现代出版公司，1969。

5. 陈独秀：《独秀文存》，九龙，远东图书公司，1965。

6. 顾维钧（Koo，V. K. Wellington）著，中国社会科学院近代史研究所译《顾维钧回忆录》，北京，中华书局，1982。

7. 黄远庸：《黄远生遗著》，台北，文海出版社，1987。

8. 蒋梦麟：《新潮》，台北，传记文学出版社，1967。

9. 李璜：《学钝室回忆录》，台北，传记文学出版社，1973。

10. 梁启超：《梁任公（启超）先生知交手札》，台北，文海出版社，1974。

11. 梁启超：《饮冰室全集》，台北，新兴书局，1962。

12. 陶菊隐：《陶菊隐回忆录》，台北，汉京文化事业有限公司，1987。

13. 许德珩：《为了民主与科学：许德珩回忆录》，北京，新华书局，1987。

14. 颜惠庆著，上海市档案馆译《颜惠庆日记》，北京，中国档案出版社，1996。

15. 颜惠庆著，姚崧龄译《颜惠庆自传》，台北，传记文学出版社，1989。

16. 张謇、张謇研究中心、南通市图书馆编《张謇全集》第一卷“政治”，南京，江苏古籍出版社，1993。

专书

1.《巴黎和会、1919年的凡尔赛和约、华盛顿会议、凡尔赛—华盛顿体系》，北京，三联书店，1956。

2. Pfalezgraff Jr.，Robert L.，and James E. Dougherty 著，胡祖庆译《国际关系理论导读》，台北，五南图书出版公司，1993。

3. 安德森，班纳迪克（Anderson，Benedict）著，吴叡人译《想象的共同体：民族主义的起源与散布》，台北，时报文化，1999。

4. 蔡元培：《蔡元培传记资料》，台北，天一出版社，1979—85。

5. 曾虚白编《中国新闻史》，台北，台湾商务印书馆，1966。

6. 陈箓：《止室（任先）先生年谱·诗存》，台北，文海出版社，1995。

7. 陈三井：《近代中法关系史论》，台北，三民书局，1994。

8. 陈益民编《老新闻——民国旧事（1924—1927）》，天津，天津人民出版社，1998。

9. 陈引弛编《自述与印象：梁启超》，上海，上海三联书店，1997。

10. 陈长河：《北洋军阀统治时期的党派》，北京，档案出版社，1994。

11. 陈治世：《国际法》，台北，台湾商务印书馆，1990。

12. 晨报编辑处、清华学生会编《五卅痛史》，台北，文海出版社，1986。

13. 崔丕：《近代东北亚国际关系史研究》，长春，东北师范大学出版社，1992。

14. 丁文江编著《梁任公先生年谱长编初稿》，台北，世界书局，1959。

15. 董霖：《顾维钧与中国战时外交》，台北，传记文学出版社，1984。

16. 都柏著，辛继霖译《舆论与宣传》，台北，黎明文化公司，1971。

17. 方汉奇：《中国近代报刊史》，太原，山西教育出版社，1981。

18. 费成康：《中国租界史》，上海，上海社会科学院出版社，1998。

19. 费正清（Fairbank，John），张理京译《美国与中国》，北京，世界知识出版社，2000。

20. 凤冈及门弟子编《民国梁燕孙先生士诒年谱》，台北，台湾商务印书馆，1978。

21. 傅启学：《中国外交史》，台北，台湾商务印书馆，1994。

22. 高克：《外交家与战争——顾维钧外交官生涯片段》，上海，上海人民出版社，1996。

23. 高郁雅：《北方报纸舆论对北伐之反应——以天津大公报、北京晨报为代表的探讨》，台北，台湾学生书局，1999。

24. 戈公振：《中国报学史》，台北，台湾学生书局，1964。

25. 顾维钧：《参与国际联合会调查委员会中国代表处说帖》，台北，文星，1962。

26. 郭廷以：《近代中国史纲》，香港，香港中文大学出版社，1986。

27. 季辛吉（Kissinger，Henry）着，顾淑馨、林添贵译《大外交》，台北，智库文化，1998。

28. 金问泗：《从巴黎和会到国联》，台北，传记文学出版社，1984。

29. 臼井胜美著，陈鹏仁译《近代日本外交与中国》，台北，水牛出版社，1989。

30. 臼井胜美著，陈鹏仁译《中日关系史（1912—1926）》，台北，水牛出版社，1989。

31. 柯里，罗伊·沃森（Curry，Roy Watson）著，张玮瑛、曾学白译《伍德罗·威尔逊与远东政策》，北京，社会科学文献出版社，1994。

32. 赖光临：《梁启超与近代报业》，台北，台湾商务印书馆，1968。

33. 赖光临：《七十年中国报业史》，台北，“中央”日报社，1981。

34. 赖光临：《中国近代报人与报业》，台北，台湾商务印书馆，1987。

35. 雷正先、郑自来编《大革命时期的青年活动》，武昌，武汉大学出版社，1997。

36. 黎普曼（Lippmann，Walter）著，林珊译《舆论学》，北京，华夏出版社，1989。

37. 李恩涵：《北伐前后的革命外交（1925—1931）》，台北，“中央研究院”近代史研究所，1993。

38. 李良栋：《误区与超越：当代中国的社会舆论》，北京，中共中央党校，1995。

39. 李绍盛:《华盛顿会议之中国问题》，台北，水牛出版社，1973。

40. 李仕德：《北伐前后时期中英外交关系之研究（1925—1928）》，台北，“国史馆”，1999。

41. 李毓澍：《中日二十一条交涉》（上），台北，“中央研究院”近代史研究所，1966。

42. 梁启超：《欧游心影录（节录）》，台北，中华书局，1966。

43. 刘建明：《当代舆论学》，西安，陕西人民出版社，1990。

44. 刘建明：《当代中国舆论形态》，北京，中国人民大学出版社，1989。

45. 刘建明：《基础舆论学》，北京，中国人民大学出版社，1988。

46. 刘彦著，李方晨增补《中国外交史》，台北，三民书局，1962。

47. 罗光：《陆征祥传》，台北，台湾商务印书馆，1967。

48. 吕芳上：《从学生运动到运动学生：民国八年至十八年》，台北，“中央研究院”近代史研究所，1994。

49. 吕芳上：《革命之再起：中国国民党改组前对新思潮的响应（1914—1924）》，台北，“中央研究院”近代史研究所，1989。

50. 孟森：《明清史讲义》，台北，里仁书局，1982。

51. 米庆余、熊沛彪编《日本百年外交论》，北京，中国社会科学出版社，1998。

52. 南海胤子编《安福祸国记》，台北，文海出版社重印，1920。

53. 潘英：《恶梦与幻梦交织下之近世中日关系》，台北，明文书局，1990。

54. 芮恩施（Reinsch，Paul S.）著，李抱宏、盛震溯译《一个美国外交官使华记》，北京，商务印书馆，1982。

55. 桑兵：《晚清学堂：学生与社会变迁》，上海，学林出版社，1995。

56. 沈云龙：《徐世昌评传》，台北，传记文学出版社，1979。

57. 石源华：《中华民国外交史》，上海，上海人民出版社，1994。

58. 史俊明：《中日国际史》，台北，文海出版社，重印1919年版。

59. 孙莹、丁惠希：《大革命时期的中外关系》，武昌，武汉大学出版社，1997。

60. 唐启华：《北京政府与国际联盟（1919—1928)》，台北，东大图书公司，1998。

61. 陶菊隐：《北洋军阀统治时期史话》，北京，三联书店，1957。

62. 陶文钊、梁碧莹编《美国与近现代中国》，北京，中国社会科学出版社，1996。

63. 陶文钊：《中美关系史（1911—1950)》，重庆，重庆出版社，1993。

64. 汪晖、陈燕谷编：《文化与公共性》，北京，三联书店，1998。

65. 王纲领：《欧战时期的美国对华政策》，台北，台湾学生书局，1988。

66. 王铁崖：《中外旧约章汇编》，北京，三联书店，1982。

67. 王晓德：《梦想与现实：威尔逊“理想主义”外交研究》，北京，中国社会科学出版社，1995。

68. 王芸生：《六十年来中国与日本》，北京，三联书店，1982。

69. 吴沧海：《山东悬案解决之经纬》，台北，台湾商务印书馆，1987。

70. 吴翎君：《美国大企业与近代中国的国际化》，台北，联经，2012。

71. 吴翎君：《美国与中国政治（1917—1928）》，台北，东大图书公司，1996。

72. 武寅：《从协调外交到自主外交——日本在推行对华政策中与西方列强的关系》，北京，中国社会科学出版社，1995。

73. 项立岭：《中美关系史上的一次曲折——从巴黎和会到华盛顿会议》，上海，复旦大学出版社，1997。

74. 辛继霖：《舆论与宣传》，台北，黎明文化，1973。

75. 许焕隆：《中国现代新闻史简编》，郑州，河南人民出版社，1988。

76. 杨玉圣：《中国人的美国观》，上海，复旦大学出版社，1996。

77. 余伟雄：《王宠惠与近代中国》，台北，文史哲出版社，1987。

78. 袁道丰：《顾维钧其人其事》，台北，台湾商务印书馆，1988。

79. 张朋园：《梁启超与民国政治》，台北，食货出版社，1978。

80. 张启雄：《恢复外蒙主权交涉（1917—1920）》，台北，蒙藏委员会，1998。

81. 张启雄：《外蒙主权归属交涉（1911—1916）》，台北，“中央研究院”近代史研究所，1995。

82. 张忠绂：《中华民国外交史（一）》，台北，正中书局，1955。

83. 中华文化复兴运动推行委员会编《民初外交》（上），《中国近代现代史论集》第二十三篇，台北，台湾商务印书馆，出版年不详。

84. 周策纵著，周子平等译《五四运动：现代中国的思想革命》，南京，江苏人民出版社，1996。

85. 资中筠，陶文钊编《架起理解的新桥梁——中美关系史研究回顾与展望》，合肥，安徽大学出版社，1996。

专书论文与期刊论文

1. 邓汉祥：《我所了解的段祺瑞》，收录在中国人民政治协商会议全国委员会文史资料研究委员会编《文史资料选辑》第26辑，北京，中国文史出版社，1980。

2. 范体仁：《记五四运动前后北京若干团体》，收录在中国人民政治协商会议全国委员会文史资料研究委员会编《文史资料选辑》第61辑，北京，中国文史出版社，1979。

3. 顾维钧：《巴黎和会的回忆》，《传记文学》第7卷第6期。

4. 黄自进：《从“二十一条要求”看吉野作造的日本在华权益观》，台北，“行政院国科会科资中心”，1995。

5. 金光耀：《顾维钧与第一次大战初期的中美外交》，陶文钊、梁碧莹编《美国与近现代中国》，北京，中国社会科学出版社，1996。

6. 金问泗：《山东问题之我见》，《传记文学》第9卷第1期。

7. 李恩涵：《北伐前后收回关税自主权的交涉》，中华复兴运动推行委员会编《中国近现代史论集》第24编，台北，台湾商务印书馆，1986。

8. 李喜所：《中国留学生与五四运动》，收录在台湾政治大学文学院编《五四运动八十周年学术研讨会论文集》，台北，政治大学文学院，1999，页721—745。

9. 梁敬錞：《巴黎和会中国代表名单审定之过程》，《传记文学》第 25 卷第 6 期。

10. 刘冰天：《关于徐树铮与安福俱乐部》，收录在中国人民政治协商会议全国委员会文史资料研究委员会编《文史资料选辑》第 26 辑，北京，中国文史出版社，1980。

11. 刘振生：《安福系的形成及其内幕》，收录在中国人民政治协商会议全国委员会文史资料研究委员会编《文史资料选辑》，第 26 辑，北京，中国文史出版社，1990。

12. 卢松泉：《在五四时期的经历片段》，收录在中国人民政治协商会议全国委员会文史资料研究委员会编《文史资料选辑》第 61 辑，北京，中国文史出版社，1979。

13. 罗章龙：《回忆五四运动和北京大学马克思学说研究会》，收录在中国人民政治协商会议全国委员会文史资料研究委员会编《文史资料选辑》第 61 辑，北京，中国文史出版社，1979。

14. 沈尹默：《我和北大》，收录在中国人民政治协商会议全国委员会文史资料研究委员会编《文史资料选辑》第 61 辑，北京，中国文史出版社，1979。

15. 唐启华：《1919 年北京政府“修约外交”的形成与开展》，《兴大历史学报》第 8 期。

16. 唐启华：《1927 年天津英租界归还谈判——兼论北伐时期英国对华政策》，《中华军史学会会刊》第 2 期。

17. 唐启华：《北京政府时期海关总税务司安格联（Francis Aglen）之初步研究》，《“中央研究院”近代史研究所集刊》第 23 期。

18. 唐启华：《北京政府与国民政府对外交涉的互动关系，1925—28》，台北，行政院国科会科资中心，1995。

19. 唐启华：《北洋政府时期中国在国际联盟行政院席位的争取，1919—28》，《兴大历史学报》第6期。

20. 唐启华：《民国初年北京政府“修约外交”之萌芽（1912—1918）》，《兴大文史学报》第28期。

21. 魏良才：《一九二〇年代后期的美国对华政策：国会、舆论与压力团体的影响》，《美国研究》第10卷第1、2期合刊。

22. 夏琴西：《天津商界两次罢市纪要》，收录在中国人民政治协商会议全国委员会文史资料研究委员会编《文史资料选辑》第61辑，北京，中国文史出版社，1979。

23. 许德珩：《五四运动六十周年》，收录在中国人民政治协商会议全国委员会文史资料研究委员会编《文史资料选辑》第61辑，北京，中国文史出版社，1979。

24. 叶恭绰：《西原借款内幕》，收录在中国人民政治协商会议全国委员会文史资料研究委员会编《文史资料选辑》第3辑，北京，中国文史出版社，1980。

25. 叶恭绰：《一九一九年南北和议之经过及其内幕》，收录在中国人民政治协商会议全国委员会文史资料研究委员会编《文史资料选辑》第26辑，北京，中国文史出版社，1980。

26. 叶景莘：《巴黎和会期间我国拒签和约运动的见闻》，收录在中国人民政治协商会议全国委员会文史资料研究委员会编《文史资料选辑》第2辑，北京，中国文史出版社，1980。

27. 俞劲：《关于火烧赵家楼的一点回忆》，收录在中国人民政治协商会议全国委员会文史资料研究委员编《文史资料选辑》第61辑，北京，中国文史出版社，1979。

28. 湛小岑：《我所知道的觉悟社》，收录在中国人民政治协商会议全国委员会文史资料研究委员会编《文史资料选辑》第61辑，北京，中国文史出版社，1979。

29. 张春兰：《顾维钧的和会外交》，《“中央研究院”近代史研究所集刊》第23期。

30. 张达骧：《我所知道的徐世昌》，收录在中国人民政治协商会议全国委员会文史资料研究委员会编《文史资料选辑》第48辑，北京，中国文史出版社，1981。

31. 周叔廉：《西原借款》，收录在中国人民政治协商会议全国委员会文史资料研究委员会编《文史资料选辑》第35辑，北京，中国文史出版社，1980。

学位论文

1. 陈家彦：《中日二十一条交涉：权力与战术》，台北，政治大学外交研究所硕士论文，1997。

2. 陈圣士：《近代中国报纸社论之演变》，台北，政治大学新闻研究所硕士论文，1958。

3. 陈昭璇：《币原喜重郎的对华政策（1924—1927）》，台北，政治大学历史研究所硕士论文，1984。

4. 陈政吉：《华盛顿会议后至北伐前英国对南方政府之态度（1921—1926）》，台北，中国文化大学史学研究所硕士论文，1989。

5. 柯俊宇：《袁世凯政府对二十一条要求谈判之研究：兼论英美之干涉》，台北，中国文化大学政治学研究所硕士论文，1998。

6. 李鑫：《舆论与新闻》，台北，政治大学新闻研究所硕士论文，1956。

7. 廖敏淑：《巴黎和会与中国外交》，台中，中兴大学历史学研究所硕士论文，1998。

8. 林孝庭：《外交家伍朝枢与近代中国》，台北，政治大学外交研究所硕士论文，1997。

9. 林宗贤：《威尔逊、中国与巴黎和会》，台北，辅仁大学中国历史研究所硕士论文，1971。

10. 卢育俊：《欧战后期中日关系之演变》，台北，政治大学历史学研究所硕士论文，1983。

11. 彭先进：《段祺瑞推动中国参加欧战之研究》，台北，台湾大学历史研究所硕士论文，1970。

12. 王凤真：《顾维钧与巴黎和会》，台中，东海大学历史学研究所硕士论文，1981。

13. 赵薏苡：《一九二六年法权会议与中美关系》，台北，中国文化大学中美关系研究所硕士论文，1984。

二、外文部分

专著

1. Borg, Dorothy. *America and the Chinese Revolution*, 1925-1928. New York: American Institute of Pacific Relations, The MacMillan Company, 1947.

2. Burns, Richard Dean and Edward M. Bennett, Eds. *Diplomats in Crisis: United States-Chinese-Japanese relations*, 1919-1941. Santa Barbara, Calif: ABC-Clio, 1974..

3. Buss, Claude A. The Far East: A History of Recent and Contemporary International Relations in East Asia. New York: The Macmillan Company, 1955.

4. Chin, Wen-ssu. （金问泗）*China at the Paris Peace Con-*

ference in 1919. New York: St. John's University Press, 1961.

5. Chu, Pao-chin. (朱宝缙) *V. K. Wellington Koo : A Case Study of China's Diplomat and Diplomacy of Nationalism*, 1912-1966. Hong Kong: Chinese University Press, 1981.

6. Cohen, Warren I. *America's Response to China*. 3rd ed. New York: Columbia University Press, 1990.

7. Collet, Christian and Pei-te Lien, ed. *The Transnational Politics of Asian Americans*. Philadelphia: Temple University Press, 2009.

8. Crow, Carl. *China Takes Her Place*. New York: Harper & Bros., c1944.

9. Crow, Carl. *Foreign Devils in the Flowery Kingdom*. New York: Harper & Brothers, c1940.

10. Crow, Carl. *I Speak for the Chinese*. 3rd ed. New York: Harper & Brothers, 1937.

11. Dirlik, Arif. *The Origins of Chinese Communism*. New York: Oxford University Press, 1989.

12. Fairbank, John King. and Edwin O. Reischauer. *China: Tradition and Transformation*. Boston: Houghton Mifflin, 1973.

13. Fairbank, John King. *China: A New History*. Cambridge, Mass.: Belknap Press of Harvard University Press, 1998.

14. French, Paul. Carl Crow, *A Tough Old China Hand: The Life, Times, and Adventures of An American in Shanghai*. Hong Kong: Hong Kong University Press, 2006.

15. Griswold, Alfred Whitney. *The Far Eastern Policy of the*

United States. New Haven：Yale University Press，1962.

16. Hilderbrand，Robert C. *Power and the People*：*Executive Management of Public Opinion in Foreign Affairs*，1897-1921，Chapel Hill：University of North Carolina Press，c1981.

17. Hobsbawm，Eric J. *Nations and Nationalism since* 1780：*Programme*，*Myth*，*Reality*. New York：Cambridge University Press，1992.

18. Iriye，Akira.（入江昭）*Across the Pacific*：*An Inner History of American-East Asian Relations*. Chicago：Imprint Publications，Inc.，1992.

19. Iriye，Akira. （入江昭）*After Imperialism*：*The Search for a New Order in the Far East*，1921-1931. Cambridge，Mass.：Harvard University Press，1965.

20. Iriye，Akira. （入江昭）*Japan and the Wider World* ：*From the mid-nineteenth Century to the Present*. New York：Longman，1997.

21. Jefferson，Mark Sylvester William. *The Mark Jefferson Paris Peace Conference Diary*. Ann Arbor，Michigan：UMI，A Bell & Howell Co.，1993.

22. King，Wunsz，（金问泗）compiled. *V. K. Wellington Koo's Foreign Policy-Some Selected Documents*. Arlington：University Publications of America，Inc.，1976.

23. King，Wunsz.（金问泗）*China at the Paris Peace Conference in* 1919. New York：St. John University Press，1961.

24. Lansing，Robert. *The Peace Negotiations*：*A Personal*

Narrative. Boston, New York: Houghton Mifflin company, 1921.

25. Link, Arthur Stanley. *Wilson the Diplomatist: A Look at His Major Foreign Policies*. Baltimore, Maryland: Johns Hopkins Press, 1957.

26. Meisner, Maurice. *Li Ta-chao and the Origins of Chinese Marxism*. Cambridge, Mass.: Harvard University Press, 1967.

27. Mock, James R. and Cederic Larson. *Words That Won the War: The Story of the Committee on Public Information*, 1917-1919. New York: Russell & Russell, c1939.

28. Nairn, Tom. *The Break-up of Britain: Crisis and Neo-nationalism*. London: NLB, 1977.

29. Powell, John Benjamin. *My Twenty-five Years in China*. 2nd ed. New York: Macmillan, 1945.

30. Rozman, Gilbert. Ed. *The Modernization of China*. New York: Free Press, 1981.

31. Said, Edward W. *Orientalism*. New York: Vintage Books, 1978.

32. Seymour, Charles. *Letters from the Paris Peace Conference*. New Haven: Yale University Press, 1965.

33. Smith, Daniel Malloy. *Robert Lansing and American Neutrality*, 1914-1917. New York: Da Capo Press, 1972.

34. Temperley, H. W. ed. *A History of the Peace Conference of Paris*. London: H. Frowde, and Hodder & Stoughton, 1920-24.

35. Williams, William Appleman. *The Tragedy of American*

Diplomacy. New York: Dell Pub. Co., 1972.

36. Willoughby, Westel Woodbury. *China at the Conference: A Report*. Baltimore: The Johns Hopkins Press, 1922.

37. Willoughby, Westel Woodbury. *Foreign Rights and Interests in China*. Baltimore: The Johns Hopkins Press, 1927.

38. 币原喜重郎:《外交五十年》,东京:读卖新闻社。1951。

39. 竹下勇:《海军外交官:竹下勇日记》,东京都:芙蓉书房,1998。

40. 牧野伸显:《回顾录》,东京:中央公论社,1987。

41. 芳泽谦吉:《外交六十年》,日本:自由,1958。

论文、期刊

1. 山腰宽敏:《五四运动与美国对于中国宣传活动再论》(The Media Wars: Launching the May Fourth Movement, World War I and the American Propaganda Activities in China, Led by P. S. Reinsch and Carl Crow),收入台湾政治大学文学院编《五四运动八十周年学术研讨会论文集》,台北:政治大学文学院,1999。

2. 币原喜重郎,外务省调查部第一课编《ワシントン会议の里面观其ノ他》,载広赖顺浩监修、编集、解题《近代外交回顾录》第3卷,东京,ゆまに书房,2000。